Barbara Marciniak · Die Lichtfamilie

Barbara Marciniak

Die Lichtfamilie

Neue Botschaften von den Plejaden

BAUER
Verlag Hermann Bauer
Freiburg im Breisgau

Die Deutsche Bibliothek – CIP-Einheitsaufnahme

Marciniak, Barbara:
Die Lichtfamilie : neue Botschaften von den Plejaden / Barbara Marciniak. [Dt. von Andreas Zantop]. – 1. Aufl. – Freiburg im Breisgau : Bauer, 1999
Einheitssacht.: Family of light (dt.)
ISBN 3-7626-0701-X

Die amerikanische Originalausgabe erschien 1999 bei Bear & Company, Inc., Santa Fe, New Mexico, USA, unter dem Titel
Family of Light – Pleiadian Tales and Lessons in Living

Übersetzung: Andreas Zantop
Lektorat: Dr. Sonja Klug

1. Auflage 1999
ISBN 3-7626-0701-X

Einband: Spirits of Arts – Ananda Kurt Pilz, Stolberg/Agentur Holl
Satz: CSF · ComputerSatz GmbH, Freiburg i. Br.
Druck und Bindung: Ueberreuter Buchproduktion, Korneuburg
Printed in Austria

Für meine Familie: meine Mutter und meinen Vater,
Bertha und Ted, für meine Brüder
Donald, in liebevollem Angedenken, und Ted
sowie seine Familie und für meine Schwestern
Karen und Joan wie auch ihre Familien.

Für all die Lektionen des Lebens und der Liebe,
die wir miteinander geteilt haben.

Inhalt

Danksagung

Wir durchleben als ein planetarisches Ganzes eine noch nie zuvor dagewesene Zeit grundlegender Veränderungen. Das Verfassen dieses Buches, *Die Lichtfamilie*, hat mein Leben verändert – manchmal mit einem plötzlichen Schock, doch meistens ging die Veränderung langsam vonstatten; anfangs fast unmerklich, doch Schritt für Schritt entfalteten und wandelten sich immer mehr mein Bewußtsein und meine Wahrnehmung meiner selbst sowie der Welt um mich herum. Die Urheber der *Lichtfamilie* sind die Plejadier – meine weisen, humorvollen und wundersamen Freunde, die mit mir vor mehr als zehn Jahren zu arbeiten begannen. Allen voran gebührt ihnen die Bestätigung und der Dank für die Energie und die Einsicht, die sie in diesem Buch mit uns teilen. Und wer sind die Plejadier? Um die Wahrheit zu sagen: Ich weiß es nicht; doch wer immer sie auch sind – sie lehrten mich den Wert des Lebens. Für ihre Liebe, Führung und Inspiration bin ich ihnen unendlich dankbar.

Mein Dank richtet sich an viele Menschen für ihre harte Arbeit, Liebe und Unterstützung, die dieses Buch erst möglich gemacht hat. Ganz besonders möchte ich meiner Schwester Karen danken: für ihre herausragenden Beiträge zu meinen Lebenslektionen, für ihre Hingabe zu mir und den Plejadiern über all die Jahre und am meisten für die Transformation, die sie in ihrem eigenen Leben vollzogen hat. Dafür, daß ihre Wahl immer auf Lebendigkeit und Gesundheit fiel, und dafür, daß sie bis zum Abschluß des Buches immer verfügbar war. Karen, dir gebührt meine größte Dankbarkeit, mein Respekt und all meine Liebe.

Dank geht auch an Susan Draughon und Rose Bissonnette für ihre Teilnahme am Empfang dieser Botschaften, fürs Halten der Energie und für das Er-Leben dieses Buches.

Mein Herausgeber bei Bear & Company, John Nelson, verdient hier eine besondere Erwähnung. Seine Geduld, Entschlossenheit und Finesse sowie die zahllosen Stunden harter Arbeit, die er geleistet hat, trugen zu einem ganz großen Teil zur Produktion der *Lichtfamilie* bei. Meinen herzlichsten Dank an dich, John, für deine Gaben, und meine Bewunderung für deinen Einsatz, die Energie zu halten und dein Leben zu transformieren.

Dank auch an Barbara und Gerry Clow für ihre Inspiration, Treue und Geduld mit diesem Projekt, ebenso wie an die Mitarbeiter von Bear & Company: Jody Winters für ihre Öffentlichkeitsarbeit, Diane Winters für die Auslandsrechte; auch Dank an Pooter, Amy, Chris, Karen, Rob und Bob. Ich weiß die Unterstützung von euch allen bei Bear zu schätzen.

Außerdem möchte ich danken: Laurel und Marty Carlson für ihre Unterstützung am Computer, Wendy Warner und Erin MacMichael für die Tonbandabschriften, Sonya Moore fürs Lektorat, Melinda Belter für das Innendesign sowie Sandra Honeycutt für die künstlerische Innengestaltung. Herzlichen Dank, Peter, für die vielen Überarbeitungen! Und meinen Dank für das ausgezeichnete Titel-Design von Gaelyn Larrick und ihr Team bei Lightbourne.

Und zuletzt, doch am allerwichtigsten, meinen Dank an all die Menschen, die mich über die Jahre unterstützt haben, an meine Leser und Hörer und besonders meine Gruppe zu Hause, die sich mit spielerischer Widmung dem Ziel verschrieben hat, mit ihren Gedanken der Realität eine neue Form zu verleihen.

In meinem Namen und dem der Plejadier – jene wundersamen, rätselhaften Wesen, die ich zu meinen Freunden zähle: Ich biete euch all meine Liebe und Wertschätzung für die Gelegenheit, dieses einzigartige Büfett des Wissens darzureichen. Und vielleicht werdet auch ihr durch die Lektüre – und das Er-Leben – der *Lichtfamilie* eine Wandlung erfahren.

Vorwort

Seit mehr als zehn Jahren besteht zwischen einer Gruppe multidimensionaler Wesen, die sich selbst als Plejadier bezeichnet, und meiner Schwester Barbara eine enge Energieverbindung einmaliger Art. Der Fluß plejadischer Energien in das Leben von Barbara, mir und das zahlloser anderer Menschen war von Veränderung gekennzeichnet. Der Erfolg der ersten beiden Bücher der Plejadier, *Boten des neuen Morgens* und *Plejadische Schlüssel zum Wissen der Erde*, und die viele Post, die wir erhielten, war zuweilen überwältigend. Tausende von Briefen trafen über die Jahre aus allen Teilen der Welt ein, und ich war wirklich erstaunt über die vielen herzlichen Reaktionen auf die plejadischen Lehren. Menschen schrieben und drückten ihren Dank aus: natürlich an die Plejadier für das uns überbrachte Wissen und an Barbara dafür, daß sie diese Lehren empfing, weitergab und *lebte*. Diese Briefe geben ein Bild von vielen Menschen ab, die in einer nahezu völlig aus dem Gleichgewicht geratenen Welt auf der Suche nach Sinn und Bedeutung sind. Vieles von dem, was sie schrieben, brachte ihre tiefen Gefühle zum Ausdruck, während sie mit uns ihre Visionen und Träume, ihre Siege und Triumphe wie auch ihre Ängste und Qualen teilten. Sie sagten, daß sie sich eigentlich mehr galaktisch als menschlich fühlten, und viele erwähnten ihr Gefühl der Verbindung mit dem Sternsystem, das als Plejaden bezeichnet wird. Und zu unserem Erstaunen sagten so viele von ihnen immer wieder: »Ich weiß, ich bin ein Mitglied der Lichtfamilie.« Die Plejadier sagen, daß die Mitglieder der Lichtfamilie Systemsprenger sind, die durch die Zeit zu Systemen reisen, die einer Veränderung bedürfen, und die dabei helfen, den schnellen Zusammenbruch dieser Systeme herbeizuführen. Es wurde so sehr zur Gewohnheit vieler Briefschreiber, sich selbst mit dem Status »Mitglied der Lichtfamilie« zu versehen, daß Barbara und ich schon scherzhaft erwähnten, eines Tages ein Buch mit dem Titel *»Die Lichtfamilie«* herauszubringen.

Alles geschieht zu seiner Zeit, und vor einigen Jahren, als der Ruf nach einem weiteren »P«-Buch laut wurde, begannen wir, unsere Ideen in dieser Richtung zu besprechen. An einem bestimmten Punkt waren wir uns sicher, bis zum Ende des Jahres 1996 ein neues Buch veröffentlichen zu können. Dazu kam es jedoch nicht. Doch zu Halloween 1996, mit dem Mond im Krebs, gingen Barbara und ich ans Werk, die Energien für den Beginn des neuen Buches bereitzustellen. Im Dunkel des Abends, umgeben von Kerzen, Kristallen und mit klaren Absichten, vollführten wir eine Zeremonie in meinem Kreisgarten mit dem Ziel, die Energien herbeizurufen, die uns beim Prozeß, dieses Werk zu schaffen, unterstützen würden.

Dieses neueste Buch der Plejadier war insofern anders, als daß die Plejadier jedes einzelne Kapitel für sich channelten. Barbaras Absicht war es, zu bestimmten günstigen Zeitpunkten Channel-Sessions abzuhalten, wie zum Beispiel zu Voll- und Neumond, und das gesamte fürs neue Buch benötigte Material bis zur Frühlings-Tagundnachtgleiche 1997 von den Plejadiern zu empfangen. Unsere erste Session fand an einem Winterabend Mitte Januar bei Barbara zu Hause statt. Unsere beiden Freunde Susan und Rose sowie ich selbst hielten sozusagen die Frequenz, während Barbara die Plejadier channelte. Als die »Ps« zur ersten Buch-Session in unsere Realität traten, waren sie sehr glücklich, daß der ganze Prozeß endlich angelaufen war. Das erste, was sie taten, war, jede von uns Frauen aufzufordern, geistig mit dem Kometen Hale-Bopp Kontakt aufzunehmen, der sich zu diesem Zeitpunkt durch den Steinbock bewegte, jedoch an unserem Nachthimmel noch nicht sichtbar war. Sie sagten: »Visualisiert einen riesigen Dom oder eine gigantische Blase, einen Springbrunnen mit einer heilenden Essenz aus flüssigem Licht. Ihr werdet im Sonnenschein gebadet, und gleichzeitig umgibt euch diese Fontäne aus Energie und ihr feiner Sprühnebel. Seht euch selbst, wie ihr in der Sonne liegt, völlig entspannt, wobei diese große Blase – eine Sphäre aus flüssigem Licht in Bewegung – euch umgibt. Behaltet diese Vorstellung bei und kontaktiert gleichzeitig Hale-Bopp.« Sie forderten uns auf, diese Vorstellungsbilder aufrechtzuerhalten, denn so würden wir eine Botschaft über uns und darüber, wer wir sind, zum Kometen senden, während wir zugleich die Frequenz offenhielten. Unsere anfänglichen Buch-Sessions fanden in kurzen Abständen durch die Winterzeit hindurch statt. Vor jeder neuen Zusammenkunft besprachen wir die vorhergehende Session, wobei Barbara die Zeremonie abhielt und ihren Gong spielte. Nachdem die Energien herbeigerufen worden waren, kauerten Susan, Rose und ich mit angezogenen Beinen auf dem Sofa und lauschten den Plejadiern, wie sie mit dem nächsten Kapitel ihre Erzählungen fortsetzten.

Solltet ihr vielleicht schon einmal mit den plejadischen Energien in Kontakt gekommen sein, wißt ihr, daß dies gleichbedeutend ist mit Veränderung. Diese Veränderung ist eine Anpassung an ein bestimmtes Energieniveau und verlangt eine innere Bereitschaft. Veränderung ist oft unvorhersagbar, und die »Ps« sagten: »Wie ihr mit Chaos umgeht, ist ein Test eurer Entwicklungs- und Wandlungsfähigkeiten; Veränderung führt neue Erfahrungen herbei, und so lernt ihr.« Jede von uns, die in dieser Anfangsphase des Buches mit dem Stoff in Berührung kam, stellte bestimmte Herausforderungen an sich selbst; es war unser jeweiliger persönlicher Tanz mit dem Chaos und der Veränderung. Der Wind der Wandlung schlug mir persönlich nach ungefähr einem Monat der Arbeit kräftig ins Gesicht. Ich erwachte eines Morgens und war schlichtweg unfähig, mich zu bewegen. Wir hatten an jenem Tag für die Mittagszeit eine Buch-Session vereinbart, und so rief ich meine Schwester an, um ihr zu sagen, daß ich mich nicht wohl fühlte. Und das war noch untertrieben; ich fühlte mich so schwach, daß ich mich tatsächlich nicht umherbewegen konnte. Barbara, Susan und Rose kamen dann später am Tag noch bei mir vorbei, um zu schauen, wie es mir ging, und es war gut, daß sie das taten, denn die nächsten drei Tage verbrachte ich im Bett, dämmerte dahin und bekam von dem, was um mich herum geschah, fast überhaupt nichts mit. Meine Freunde und meine Familie brachten mich dann wieder zu Kräften, und nach nicht allzu langer Zeit war ich wieder gestärkt und gesund. Mir war klar, daß dieser Zusammenbruch wie ein rotes Warnsignal war, denn ich hatte eine Fehlfunktion der rechten Körperhälfte, die über die Jahre langsam eingesetzt und sich verstärkt hatte, bisher starrköpfig ignoriert und mit einem Achselzucken abgetan. Was immer es war – ich glaubte, damit schon irgendwie klarkommen zu können. »Also bitte«, dachte ich, »ich bin ein geistiges Wesen, das daran glaubt, seine eigene Realität zu erschaffen, und ich selbst würde nie eine körperliche Fehlfunktion an oder in mir manifestieren.«

Ich glaube an die Führung durch mein höheres Selbst, und kurz nach meiner Erfahrung des Zusammenbruchs entfaltete sich eine Reihe synchronistischer Ereignisse in meinem Leben. Das Ergebnis davon war, daß ich mich ungefähr zur Zeit der Frühlings-Tagundnachtgleiche unter einem Computer-Tomographen wiederfand. Der Befund? Ein Gehirntumor. Schock, Unglaube und Verleugnung folgten. »Ausgerechnet ein Tumor? Von allen Wahrscheinlichkeiten sollte ich ausgerechnet diese Wahlmöglichkeit manifestieren?« An jenem Abend suchte ich den Himmel nach dem Kometen Hale-Bopp ab; irgendein Gefühl legte mir nahe, Akzeptanz zu üben, und ich erklärte gegenüber mir selbst: »Ich werde dies heilen.« Und das war es, was ich unweigerlich in Angriff nahm. Mit einem ganzheitlich geschulten Heiler, einer ganzen Sammlung an Heilkräutern und mit Hilfe eines Geräts, das sich Photonen-Schallwandler nannte, machte ich mich an die Arbeit mit der Absicht, den Tumor innerhalb von drei Monaten, bis zur Sommersonnenwende, zum Schrumpfen zu bringen. Außerdem nahm ich mir meinen Emotionalkörper vor, um tief in mich hineinzuhören und die Antwort darauf zu finden, weshalb ich unbewußt einen Gehirntumor hervorgebracht hatte.

Das letzte der Hauptkapitel dieses Werkes, Kapitel 12, war am 22. April 1997 fertiggestellt: Es war der Tag der Erde und Vollmond. Wir waren guter Dinge, und als die »Ps« wieder in unsere Realität traten, sagten sie uns: »Kapitel 13 wird an späterer Stelle folgen; ihr werdet wissen, wann die Zeit dafür gekommen ist, und ihr werdet zu einer Übereinstimmung damit gelangen. Ihr werdet euch wissend und humorvoll zublinzeln, während die stürmischen Winde des Wandels um euch herumfegen. Die richtige Zeit wird kommen; es wird einige Schlußfolgerungen und auch einige bizarre unergründliche Vorkommnisse geben. Siege. Doch hier und jetzt werden wir nach gewohntem Muster der Geschichte fortfahren. Entspannt euch.«

Während sich unsere Lebenslektionen in diesen Zeiten außergewöhnlicher Veränderungen und Beschleunigungen vor uns entfalten, haben die Plejadier mir immer wieder zu verstehen gegeben, daß die größten Herausforderungen auch immer die besten Gelegenheiten darstellen und daß das, was wir wir nicht erleben wollen, den größten Sieg in sich birgt. Ende Juni stand für mich eine weitere Tomographie auf dem Plan. Das Ergebnis war, daß der Tumor genauso groß war wie im März – er hatte die Größe eines Tennisballs. »Wow, trotz aller Energie, die ich aufgebracht hatte, war ich nicht imstande gewesen, den Tumor zum Schrumpfen zu bringen!« Dies war mein erster Gedanke, als ich die Ergebnisse erfuhr. Einige Minuten lang sah ich mich als Versagerin. Es wurde mir sehr schnell klar, daß kein Joker namens Wunderheilung in den Karten zu finden war, die das Leben an mich ausgeteilt hatte. Der Geist gab mir also Lektionen vor, von denen ich keine einzige für mich gewählt hätte, wenn sie sich mir in tausend verschiedenen Möglichkeiten präsentiert hätten. Ich wandte mich an meinen Arzt und sagte: »Nun gut. Ich wäre ihnen dankbar, wenn sie mir dann bitte die Adresse dieses Hirnchirurgen geben würden, damit ich mich mit ihm in Verbindung setzen kann ...« Noch bevor der Tag zu Ende war, stand der Termin für die Operation.

Kein Zweifel: Ich sah mich der größten Herausforderung und Angst meines Lebens ausgesetzt. Mein schönes langes Haar würde im Zuge der Operation dran glauben müssen, wenn sie zum Zwecke der Tumorentfernung meinen Schädel oben rasieren und den Knochen auffräsen würden ... Was für eine Prüfung! Ich erinnerte mich nochmals an die Worte der Plejadier: »Eine Krise ist eine Gelegenheit, alte erstarrte Verhaltensmuster, die im Innersten gefangengehalten werden, zu zerschlagen.« Ich gab nach und setzte mir zum Ziel, die mir auferlegten Qualen mit so viel Anmut und Leichtigkeit wie möglich zu konfrontieren. Ich war imstande, entlang des Wegs dieser Erfahrung meine Ängste abzulegen, und die Liebe wurde zu meinem größten Verbündeten. Ich nahm zu allen Kontakt auf, mit denen ich mich verbunden fühlte, und bat sie, mir ihre Liebe und ihren Segen zu geben. Es gab Menschen, bei denen der Gedanke, sie zu diesem Zweck anzurufen, mich erschaudern ließ, doch hinterher fühlte ich mich hervorragend. Ich öffnete mich der Liebesfrequenz und erhielt als Gegenleistung eine wahre Fülle an Liebe von meiner Familie, meinen Freunden, alten Bekannten, Ärzten, Krankenschwestern und Nachbarn – von jedem. So sah ich meiner Herausforderung mit Liebe gestärkt entgegen und ging aus der fünf Stunden dauernden Operation schadlos und überglücklich hervor.

Der post-operative Heilungsprozeß gab mir die Gelegenheit, einige der Verhaltensmuster, die mich gefangengehalten hatten, aufzudecken, zu verinnerlichen und umzuwandeln. Jetzt, 14 Monate nach dem »Cranial-Lifting«, wie es die Plejadier nannten, sehe ich wie eine völlig neue Person aus und fühle mich auch so. Ja, in der Tat: Manchmal braucht es eine Erschütterung bis in die Grundfesten unseres Wesens, bevor wir bereit sind, eine Veränderung vorzunehmen.

Ich glaube und hoffe, daß meine Geschichte, meine Lebenslektionen, euch zum Innehalten veranlassen, um euch in Erinnerung zu rufen, daß alles, was das Leben zu bieten hat, Lektionen sind. Spielt das Spiel des Lebens mit Esprit, und denkt bitte daran, es auch mit Liebe zu tun. Verwandelt all eure Begegnungen mit dem Leben in Gelegenheiten, die Lektionen der Liebe zu lernen.

Ein ganz spezielles Dankeschön an meine Schwester Barbara und die Plejadier für ihre Liebe, Unterstützung und Freundschaft.

Karen Marciniak
September 1998

Einführung von den Plejadiern

Seid gegrüßt, liebe Freunde. Es ist uns ein großes Vergnügen, wieder einmal an eurer Realität teilhaben zu dürfen und für eine Weile mit euch den Weg der Abenteuer und Selbstentdekkung zu reisen. »Welche Reise?« mögt ihr euch berechtigterweise fragen, denn oft hat es den Anschein, als ob ihr euch im Kreise bewegt, und die Vorstellung eines großen Abenteuers in eurem Leben ist vielleicht, im täglichen Diktat und Dogma eures Daseins, ein schwer nachzuvollziehender Wunschtraum. Doch erlaubt uns trotz alledem, euch eine Weile zu begleiten; als Freunde, die euch etwas Unterhaltung darbieten und euch helfen wollen, leichten Herzens voranzuschreiten, während wir euch auf die Zeichen und Symbole auf dem Weg aufmerksam machen.

Wir sind außergewöhnliche Geschichtenerzähler, oder zumindest behauptet man das von uns, und auch wir haben uns scheinbar endlos im Kreise gedreht – wir haben also vieles gemeinsam. Unsere Bestimmung ist dieselbe wie eure, denn wir sind genau wie ihr, nur in einer anderen Version und Form der Realität und genauso von Fallen und Gräben umgeben, wie ihr es von euch selbst glaubt. Was für eine Art Paradoxon ist dies? Und überhaupt: Wer sind wir, die sich als eure Verwandten bezeichnen?

Und weshalb liegt uns so viel daran, eure Reisebegleiter zu sein? Nun, dies müßt ihr für euch selbst herausfinden.

Wir erzählen euch phantastische Geschichten und sind Freunde eines köstlichen unbeschwerten Humors – mit der Absicht, die Dinge zu entschlüsseln, mit allem gebührenden Respekt, und so gut wir können. Unser Bestreben ist es, der Existenz einen Sinn abzugewinnen, indem wir die Teile eines multidimensionalen Puzzles zusammenfügen, das bisher unbekannte Gesellschaftsformen umfaßt. »Wie können Teile eines Puzzles multidimensional sein – und was ist überhaupt Multidimensionalität?« Wir hören jetzt schon eure Fragen, und wir garantieren euch, daß ihr, bevor diese Reise zu Ende geht, noch viel mehr Fragen haben werdet.

Und so bitten wir euch: Dürfen wir uns euch anschließen und in eure Realität eintreten, natürlich nur nach vorheriger Einladung eurerseits? Denn nur nach erfolgtem Zeichen und eurer ausdrücklichen Erlaubnis ist es uns gestattet, als Teil eures Lebens in Erscheinung zu treten. Geht tief nach innen und fühlt in euch hinein, bevor ihr antwortet. Versucht, eine Antwort zu erhalten, denn eure Einladung an uns als Freunde und Begleiter wird mit Sicherheit in eurem Leben einige grundlegende Veränderungen herbeiführen, und einige unter euch sind ja offensichtlich ganz zufrieden mit dem, was sie umgibt. Vielleicht seid ihr nicht wirklich an multidimensionalen Realitäten interessiert und faßt diese Ideen als unhaltbare Fiktion oder Hirngespinste auf, die ihr mit eurem logischen Denken, das zu erlangen ihr euch so teuer erkauft habt, gleich wieder auseinandernehmt und fragmentiert. Sollte dies zutreffen, wäre es für euch am besten, das Buch gleich jetzt wieder beiseitezulegen. Vielleicht kommen wir dann zu einem späteren Zeitpunkt an anderer Stelle wieder zusammen. Wenn wir andererseits jedoch eure Neugierde geweckt haben und ihr euch aufgefordert fühlt weiterzulesen, dann soll es so sein.

Am besten ist es immer, mit der Wahrheit zu beginnen. Und Fakt – wenn es denn so etwas gibt – ist auch, am besten immer mit der Wahrheit zu enden. »Und zwischendrin, entlang des Wegs?« mögt ihr vielleicht fragen. Nun, die Wahrheit ist auf der ganzen Reise das Wesentliche, doch das gegenwärtige Paradoxon hat auch mit eurer Sicht der Dinge zu tun, denkt daran. Wir sind Reisende in der Zeit, so könnte man uns am besten beschreiben. Wir nennen uns Plejadier, obwohl wir auch auf viele andere Namen und Bezeichnungen hören. Wir sind so real, wie ihr euch als real empfindet. Wenn wir in euer Leben treten, treffen wir uns in einem engen Zeitrahmen, der, wie ihr glaubt, sich in der festen physischen Welt der dritten Dimension abspielt. Ihr seid für uns faszinierend, und vielleicht denkt ihr am Ende unserer gemeinsamen Reise über euch selbst ebenso. Doch nun ist es Zeit, mit dem Erzählen der Geschichte anzufangen, und so beginnen wir.

KAPITEL 1

Die Realität als Spiegel

Aus unserer Sicht sind wir Geschichtenerzähler, und wir freuen uns sehr über die Gelegenheit, in eure Realität einzutreten; sei es, daß ihr unsere Stimmen hört, unsere Worte lest oder schon so fein eingestimmt seid, daß ihr die Stille eines Sommernachmittags und unser Flüstern, unsere Echos und unsere Stimmen im Wind hören könnt. Wie auch immer ihr also auf uns trefft: Wir sind erfreut, für eine Weile eure Aufmerksamkeit zu erhalten.

Wir sind Plejadier; so zumindest bezeichnen wir uns selbst. Aus eurem Blickpunkt heraus fällt es euch jedoch sicher ebenso schwer, uns einen Namen zu geben, wie es uns in bezug auf euch fällt. Es mag den Anschein haben, daß ihr euch selbst kennt; ihr habt Namen, Adressen und auf alle Fälle Nummern, die euch identifizieren. Vielleicht werdet ihr in Kürze mit Computer-Chips und Programmen versehen, vielleicht werdet ihr holographiert, automatisiert und zu Roboterwesen umfunktioniert. Ihr werdet in diese Richtung gelenkt. Wißt ihr, wer ihr seid?

Wir sind ein Kollektiv von Energien, bewußt und lebendig. Das, was wir als unsere Heimat bezeichnen, ist ein kleiner Sternhaufen am Himmel, euch bekannt unter dem Namen Plejaden. Dieser Sternhaufen nahm in allen Kulturen der Welt einen besonderen und wichtigen Platz ein, und einige von euch sind dort hingereist oder hätten dies gern getan oder haben sich in ihren Träumen an diesen Ort erinnert. Viele Erdbewohner haben auf eine Verwandtschaft mit den Plejaden hingewiesen, genauso wie mit anderen Sternsystemen, denn wir sind mit Sicherheit nicht die einzigen Spieler in dieser Geschichte.

Wir sind Plejadier, und manche sagen uns nach, daß wir unserer Gestalt nach euch ähnlich sind. Andere behaupten wiederum, wir seien mit Reptilien verwandt oder von blauer Farbe oder Formwandler, die ihre Gestalt wechseln können. »Wie lautet die Antwort?« mögt ihr euch fragen. Nun, mit Sicherheit finden wir unser Zuhause außerhalb eurer Welt vor, und doch sind wir ein Teil eurer Welt. Ihr seid mit uns wesensverwandt, und deshalb möchten wir unseren Blickpunkt mit euch teilen. So wie wir eure Welt betrachten, sind wir in der Lage, die Zeit wahrzunehmen, als wäre sie ein fortlaufendes Tagebuch; wir können uns einen beliebigen Punkt darin herausnehmen und diesem folgen. Was allerdings gar nicht so leicht ist, versteht ihr? Denn da sind diejenigen, die solchen Punkten in der Zeit nachjagen, deren einzige Ambition es ist, bestimmte Punkte in der Zeit zu lokalisieren und sich dann dort hineinzubegeben. Sie sind »Zeitspringer«, entweder von Berufs wegen oder aufgrund ihrer Ziele und Absichten. Dies ist ein Konzept, das eure Welt am Ende des 20. und zum Beginn des 21. Jahrhunderts erst zu lernen und zu verstehen beginnt.

Eine besondere Form von Energie strömt zu diesem Zeitpunkt mit enormer Kraft auf eure Welt ein, und dies in Formen, die zum jetzigen Zeitpunkt für euch völlig unsichtbar sind, da euer Sehvermögen hierfür noch nicht entwickelt ist. Eure anderen Wahrnehmungen sagen euch jedoch, daß ihr jetzt gerade in einer der absurdesten Zeiten lebt. Alles ist auf den Kopf gestellt. Ihr befindet euch genau am Punkt des Zusammenbruchs eurer Zivilisation, und das ist der Grund, weshalb wir als eure Verwandten – multidimensionale Wesen, die mit euch in Beziehung stehen – jetzt gerade hier sind. Ganz besonders wollen wir mit euch unsere Sicht dessen, was in eurer Welt geschieht, teilen. Wir betrachten uns selbst sowohl als Lehrer als auch als Schüler, als Kameraden und Freunde – und mit Sicherheit als Rebellen und Abtrünnige. Wir lieben es, uns selbst als »Systemsprenger« zu bezeichnen und diejenigen in der Lichtfamilie ausfindig zu machen, die ebenfalls Systemsprenger sind. Wir alle sind Teil der Lichtfamilie, und all diejenigen von euch, die sich zu unseren Worten und Energien hingezogen fühlen, wissen von der Lichtfamilie. Ihr seid einer oder eine von uns, und vielleicht habt ihr schon unsere Geschichten gehört und euch über ihre Herkunft gewundert. Wir werden euch einiges über diese Geschichten erzählen und darüber, was mit euch geschieht.

Während ihr so von Tag zu Tag lebt, fragt ihr euch wahrscheinlich, was eigentlich los ist. Warum verändert sich alles ständig? Warum geraten so viele Menschen aus dem Gleichgewicht? Was soll das alles bedeuten? Warum sind im täglichen Leben Täuschung und Lügen an der Tagesordnung und Teil des Spiels? Wo bleibt die moralische Integrität? Wo die Verantwortung? Wo ist Verläßlichkeit? Wo ist Mitgefühl? Wo Freundschaft? Wo ist Liebe? Wo ist Heirat, wo Partnerschaft? Nun, wo sind sie? In einer Kultur, die in sich selbst zusammenfällt, einer Kultur, die sich selbst auf den Kopf stellt, sind diese Qualitäten nicht mehr vorhanden. Ihr lebt in einer Zeit, in der ihr als Pioniere neues Terrain erschließt, in der ein grundlegender Wandel der Wahrnehmung stattfindet – und in der euch der gesamte Wohlstand eines Zeitalters zufällt. Wenn ihr diesen Wohlstand ansammelt, werdet ihr herausfinden, daß das, was ihr da eigentlich sammelt, eure Fähigkeit zur Wandlung eurer Wahrnehmung ist. Dies ist der Grund, weshalb wir hier sind.

Bei unserem Streben, danach zu fragen und herauszufinden, wer wir sind und warum unsere Welt so ist, wie sie ist, fanden wir einen Weg, in eure Welt hineinzugelangen, die Welt, die ihr als »Erde« bezeichnet. Die Welt, in der ihr lebt, ist der Ort, wo ein Teil eurer Aufmerksamkeit konzentriert ist; es gibt jedoch noch so viel mehr von euch, was ihr bisher noch nicht erkundet und kennengelernt habt. Unsere Absicht in dieser absurdesten aller Zeiten ist es, euch darauf aufmerksam zu machen, daß diese Absurditäten einen ganz bestimmten Grund haben: Ihr seid nämlich im Begriff, einen Wandel vorzunehmen von einer sehr starren, linearen, begrenzten und kontrollierten Art und Weise zu leben und euch auszudrücken, hin zu einer Öffnung der Wahrnehmung, gleich einem Fächer, zu größeren Formen von Ausdruck und Funktion.

Unsere Absicht dabei ist es, euer Bewußtsein aufzurütteln. Ihr seid so viel mehr, als euch jemals gesagt wurde. Selbst denjenigen von euch, die sich schon mit vielen Dingen beschäftigt haben, die sich als Adepten des Mystizismus, der Spiritualität, des Schamanismus und des Okkulten bezeichnen, sagen wir trotz allem: Bewahrt euch eure Schuldlosigkeit, eure Demut, euren Respekt und euer Streben danach, im Leben immer weitere Räume zu schaffen. Ohne diese Einstellung werdet ihr, im Hinblick auf all das, was ihr jetzt wissen müßt, von eurem eigenen Licht geblendet werden und euch von eurer Quelle abschneiden. Und dies ist genau die Prüfung, die die Absurdität dieser Zeiten der Menschheit aufgibt: Werdet ihr imstande sein, eure Wahrnehmung neu auszurichten?

Schaut euch die verschiedenen Lebensbereiche an, in denen erkennbar wird, daß eure Freiheiten doch stark beschnitten werden. Es wird euch nicht gestattet, eure Meinung frei zu äußern, und es wird euch auferlegt, folgsam wie Schafe das zu tun, was euch gesagt wird. Geld als solches bedeutet überhaupt nichts mehr; Autos kosten Tausende und aber Tausende von Mark; die Preise für nahezu alles sind unerhört hoch, von der Ausbildung bis hin zur Kommunikation. Euer Zuhause, euer Heim ist auch in Gefahr. Könnt ihr euch euer Heim noch leisten? Woher bezieht ihr eure Nahrungsmittel? Es kostet heutzutage unwahrscheinlich viel Geld, auch nur ein bißchen Spaß zu haben. Und die Kinder spielen nicht mehr mit Stöcken und Steinen, weil sie Angst vor der Erde haben.

Euch wird erzählt, daß es überall von Krankheiten wimmelt, und so habt ihr eine Angst vor eurem eigenen Körper entwickelt, der dadurch wie erstarrt, gepanzert und verschlossen erscheint. Die Beziehungen zu Freunden, zur Familie und zu denen, die ihr liebt, fallen auseinander. Euer Verständnis der Sexualität lag noch nie so im dunklen wie jetzt. Der Mißbrauch der sexuellen Energie, wie er durch Perversion und Fehlleitung okkulter Kräfte zum Ausdruck kommt, hat noch nie ein so offen ausgedrücktes Ausmaß wie jetzt angenommen. Um dies zu verstehen, müßt ihr wissen, daß der Mißbrauch dieser Energie ein Werkzeug in der Hand von Priestern, Päpsten und Präsidenten ist. Vielleicht kann man dieser Aufzählung noch Pharaos, Patriarchen und eine Reihe weiterer »Ps« hinzufügen. Eure Religionen, eure Ausbildungssysteme und eure Führungspersönlichkeiten haben ihren Sinn und ihre Bedeutung verloren – und es fehlt ihnen vollständig an Mitgefühl und Einfühlungsvermögen. Ihre Vision für die Menschheit ist von Kälte gezeichnet; es ist keine Vision der Wärme. Die Neue Weltordnung ist auf keinen Fall eine das Herz erwärmende Vision.

Die gewaltigen Energiewellen, die jetzt euer System erfassen, bringen bei jedem von euch Veränderungen auf körperlicher Ebene hervor. Auch als ein planetarisches Ganzes geht ihr jetzt durch viele Veränderungen. Deshalb kommen wir, eure plejadische Verwandtschaft, jetzt zu euch. Als wir uns aufmachten, mehr über uns selbst zu erfahren, stießen wir auf Wege, die uns zu euch führten. Wir fanden heraus, daß wir uns selbst verstehen konnten, indem wir mit euch Kontakt aufnahmen und zu arbeiten begannen und eurer Welt unsere Energie und Aufmerksamkeit widmeten. Wenn es eins gibt, das wir auf unserer Reise durch die Existenz erfahren haben, dann ist dies die Gewißheit, daß die *Realität als Spiegel* existiert. Nun werden einige von euch sagen: »Ah ja, das kennen wir, davon haben wir schon oft in vielen verschiedenen Begriffen gehört: Was du säst, das wirst du ernten. Gedanken sind kreativ und erschaffen Dinge. Du erschaffst deine eigene Realität.« Stimmt. Hier und jetzt ist es jedoch sehr wichtig, dieses Konzept wirklich voll zu verstehen, denn es ist eines der wesentlichsten zeitlosen Gesetze der Existenz!

Wir wußten: Wenn die Realität sich immer wieder spiegelt, und wenn wir uns zu euch auf der Erde hingezogen fühlen, dann muß es da irgend etwas geben, was dies verursacht. Über die letzten zehn Jahre hinweg, nach eurer Zeitrechnung, haben wir euch studiert und unterrichtet, und wir kamen in eure Welt, um euch Informationen zu geben, die euch an einem kritischen Zeitpunkt eurer Entwicklung helfen sollte: dem Zeitpunkt des Zusammenbruchs eurer Zivilisation. Ihr fragt euch nun vielleicht: »Warum, wenn man fragen darf, geschieht all dies?« Und wieder andere unter euch werden dies abtun und einwenden: »Ach was, die Zivilisation bricht schon nicht zusammen. Schau: Ich fahre ein größeres Auto, habe mehr Geld, kann mir teures Parfum, Lederschuhe, Kaschmir-Pullover und Weltreisen leisten – mehr als je zuvor!« Ja, das stimmt. Einige Menschen sitzen sozusagen im Schoße des Luxus zu diesem Zeitpunkt. Würdet ihr jedoch eure Augen öffnen und genau hinschauen, so würdet ihr entdecken, daß nur sehr wenige unter euch so leben. Für die überwältigende Mehrheit der Menschen in eurer Welt ist das Leben ein ständiger Kampf, auf den sie sich allerdings eingelassen haben. Damit wollen wir sagen: Sie glauben das, was ihnen erzählt wird. Sie gehen zur Schule und hören auf ihre Eltern oder auf wen oder was auch immer, was da als Autorität auftritt, und sagen: »So ist es nun einmal.« Auch wenn es für diesen merkwürdigen Gehorsam viele Gründe geben mag, so ist dies doch ein typisch menschlicher Charakterzug, oder zumindest einer, der sich schon seit langer Zeit durch die menschliche Existenz hindurchzieht.

Und doch, ihr lieben Menschen, falls es euch noch niemand gesagt haben mag: Ihr seid eine der machtvollsten Kräfte, die, so könnte man sagen, in einem geheimen Versteck dieses Universums dem Blick aller anderen Wesen entzogen wurde. Dies sagen wir euch nicht, um uns bei euch einzuschmeicheln, und gewiß schon gar nicht, um eure Egos zu füttern. Es geht einfach um dies: Wenn ihr machtvoll seid, könnt ihr euch mit dieser Macht selbst zugrunde richten – genauso wie ihr mit ihr Universen erschaffen könnt. Und der Grund, weshalb wir hier das Thema Absurdität in eurer Zeit und den Verfall eurer Zivilisation anschneiden, ist der, daß ihr eure Macht gerade jetzt dazu benutzt, euch zugrunde zu richten, statt mit ihr neue Universen zu erschaffen! Viele Lebensformen wissen um diese Macht, denn das Universum ist unermeßlich groß, und schon in dieser einen Galaxis summt es nur so vor Bewußtsein. Viele von euch wissen, daß ihr mit Sternsystemen in Verbindung steht, deren Lebensformen intelligent sind, und daß es auf allen Planeten eures Sonnensystems in der einen oder anderen Form intelligentes Leben gibt, denn euer Sonnensystem ist nicht unbedingt das, als was es euch erscheint. Die Planeten, als Energiekörper, stehen in einer ganz besonderen Beziehung zueinander; sie sind sozusagen Ergebnis eines universalen Plans, so wie ein Auto das Ergebnis eines Konstruktionsplans ist. Man wirft ja nicht einfach zufällig verschiedene Dinge zusammen und erwartet dann, daß diese Anhäufung von Zufälligkeiten tatsächlich als Fortbewegungsmittel dienen kann. Ihr habt euch vielmehr ein Verstehen von gewissen Grundgesetzen angeeignet und um das Verfahren herum eine ausgefeilte Wissenschaft entwickelt – eine Wissenschaft, die den Anschein hat zu funktionieren, weil ihr an sie glaubt. Ihr habt sie hervorgebracht, weil ihr machtvolle Schöpfer seid; wenn ihr euch allerdings nur dieser einen Wissenschaft widmet und euch auf sie allein fixiert, kann es euch passieren, daß ihr den Blick für weitere Wissensgebiete verliert, und dann für weitere und immer weitere – denn es existieren garantiert noch viele andere Bereiche des Wissens und der Wissenschaft. Die Realität ist ein Spiegel; wofür ihr euch auch immer entscheidet, es zu erschaffen – es kann funktionieren, wenn ihr an eure Macht glaubt und die entsprechenden Tricks kennt! Nun, unsere Absicht ist es, euch einige einschlägige Tricks weiterzugeben, einige Lebenslektionen zu vermitteln, so daß ihr durch diese stürmischste aller Zeiten leicht hindurchkommen könnt.

Als Lichtfamilie seid ihr alle Systemsprenger, die durch die Zeit reisen und sich in Systeme hineinbegeben, die dringend einer Veränderung bedürfen. Ihr bewegt euch in diese erstarrten Systeme hinein und führt ihren raschen Zusammenbruch herbei, weil ihr Licht weitertragt. An dieser Stelle wollen wir euch bitten, kurz innezuhalten und euch zu fragen, was Licht eigentlich ist und woher es kommt. Wie viele Formen hat es? Was tut es noch – außer daß es euer Zuhause und eure Straßen erhellt? Wenn Licht seine Form oder Farbe verändert, wenn es in Form von Blitzen den Himmel erleuchtet, verändert es dann euer Bewußtsein? Wenn Sonnenfinsternisse am Tage und Mondfinsternisse in der Nacht euch in ihren Bann ziehen – was geschieht wirklich in eurem Wesen, wenn Licht sein normales Muster auf solche Art verändert? Licht, aus einem bestimmten Blickwinkel heraus betrachtet, ist Information.

Wenn wir unser Licht mit euch teilen, werden wir mit euch in einen Austausch treten, sozusagen von Verstand zu Verstand, um die Bandbreite eurer Wahrnehmung zu weiten, um Zeitkorridore über den Weg eurer DNS zu öffnen, so daß ihr euch wieder an euer tatsächliches geschichtliches Erbe und das eures Planeten erinnert. Euch wurde beigebracht zu glauben, der Mensch der Frühzeit sei aus Erdhöhlen gekrochen oder aus dem Garten des Paradieses verbannt worden, hätte sich dann über einige tausend Jahre langsam entwickelt, wobei er sich durch Eiszeiten hindurchkämpfte und zwischendurch das Rad erfand. Nun, dies ist mit Sicherheit nicht der Fall. Eure Herkunft, eure eigentliche Heimat und die eurer Vorfahren sind die Sterne. Ihr seid Sternensaat; ihr und euer Planet seid ganz gewiß nicht das Unfallopfer eines »Urknalls«. Wie schon gesagt, alles entspringt einem Plan, und dieses Universum »tickt« so, wie es das tut, weil es so geplant ist. Vielleicht könnt ihr euch kein Bild vom Konstrukteur, vom Ingenieur und dem ganzen Produktionsstab des Projekts machen; d. h. jedoch nicht, daß diese nicht tatsächlich existieren. Als ihr noch Kinder wart, gab es ja ebenfalls eine Menge Dinge, die ihr euch nicht vorstellen konntet. Selbst jetzt, wo ihr Erwachsenen als »Grünschnäbel« nach mehr greift, gibt es alle möglichen stellaren Einflüsse und Zeichen, von denen ihr euch kein Bild machen könnt, die jedoch Monat für Monat auf euer Bewußtsein einwirken, während ihr im Begriff seid, ins 21. Jahrhundert einzutreten. Tatsächlich schaffen wir für euch eine energetische Öffnung, indem wir euch helfen, als wertvolle Wesen mit konstruktiven Zielen und völliger Eigenverantwortung in dieses neue Jahrhundert einzutreten.

Die Herausforderung, die euch dabei begegnet, ist, eure Freiheit wiederzuerlangen – und das bedeutet nicht, die Regierung zu bekämpfen oder das Militär, dessen Gedankenkontrollprojekte oder sonstige Kräfte, die euch anscheinend in der dritten Dimension gefangenhalten möchten. Auch wenn es so scheint, als ob ihr zerdrückt und eurer Individualität beraubt werden sollt – es gibt immer ein größeres Bild der gesamten Geschichte.

Im alltäglichen Leben stellt ihr vielleicht manchmal euren gesunden Menschenverstand in Frage, eure bisherigen Ziele, auch eure Entscheidungen über das, was von Mal zu Mal zu tun ist, weil ihr von der ganzen Komplexität des Lebens überwältigt seid. Wir wollen euch dazu nur sagen: Das Gesamtbild dieser Sache ist sehr viel umfangreicher, als ihr es euch vorstellen könnt – also lehnt euch zurück und entspannt euch! Das Leben auf der Erde umfaßt sehr viel mehr, als ihr dachtet; erschöpft euch also nicht schon vorab, denn es kommt noch mehr. Wir wollen euch einfach helfen, durch diese Zeiten hindurchzukommen. Im Idealfall erschaffen wir energetische Öffnungen direkt durch euch hindurch, was es euch einfacher macht, euch zu entspannen und zu verstehen, wer ihr in diesem Prozeß immenser Veränderungen eigentlich seid.

Vielleicht fragt ihr euch: »Warum seid ihr Plejadier hier, warum tut ihr all dies?« Nun, als Antwort darauf können wir euch dies sagen: »Wir lernen von euch, und dadurch lernen wir uns selbst besser kennen – denn die Realität ist ein Spiegel.« Ihr seid auf der Landkarte der Existenz nicht allzu leicht auszumachen. Könnt ihr euch vorstellen, daß die gesamte Existenz und die Zeit in einem einzigen Augenblick zusammenfallen und dort stattfinden? Könnt ihr euch dann vorstellen, jemand findet euch trotzdem: eine Stecknadel von der Dicke eines Viertelmillimeters in einem kosmischen Heuhaufen . . . Nun, auf der Suche nach uns selbst haben wir euch gefunden, und wir stellen mit euch Versuche an, denn wir begreifen euch und die gesamte Existenz als einen großen Versuch. Alles, was ihr unternehmt, spiegelt das wider, was ihr glaubt, und so ist es unsere Absicht, euch Energie in Form von Ideen zufließen zu lassen, die ihr, die Menschheit, vielleicht als Überlebenswerkzeuge verwenden könnt. Ein handlicher Begriff übrigens, »Überlebenswerkzeuge«. Und was ist es genau, das ihr überleben müßt? Die Wandlung des Ausdrucks von linear zu multidimensional, die Öffnung des geschlossenen Fächers – eines Fächers ähnlich derer, wie sie die japanischen Geishas oder die amerikanischen Südstaaten-Ladies benutzen.

Diese Wandlung ist kein einfacher Prozeß; aus diesem Grund werden wir einige der schwierigsten Bereiche ansprechen. Ihr müßt eure physischen, emotionalen, mentalen und geistigen Körper in Form halten. Es gibt viele Möglichkeiten, dies zu tun, und hier ist etwas, das wir als wichtig erachten und an euch weitergeben möchten: Wann immer ihr ein Leben auf der Erde abschließt, habt ihr die Gelegenheit, dieses Leben nochmal Revue passieren zu lassen und zu sagen: »Hmm, schau mal an, was ich so in dem Leben gemacht habe . . .« Was uns überaus glücklich machen würde, wäre, wenn wir euch sagen hören könnten, daß ihr viele Lebenslektionen gelernt habt, jede für euch ein kleines Goldstück. Und was das angeht, würden wir gern einiges an Gold zu euren Lebenserfahrungen beisteuern. Dieses Gold ist jedoch mehr als nur ein wertvolles Metall, das man bei der Bank für materielle Reichtümer eintauschen kann. Es wäre etwas zu einfach, wenn wir in der Lage wären, einfach mit einer Ladung Gold bei euch vorzufahren und sie in euren Garten abzuladen mit den Worten: »Hier, ihr lieben Menschen, ist euer goldenes Licht. Nun auf zur Bank und das Ganze eingetauscht!« Einige von euch wollen keine Anstrengungen unternehmen, um an die Wahrheit heranzukommen, von der sie meinen, daß sie ihnen zusteht, während sie auf ihrem Thron sitzen: »Schau, ich verdiene es.«

Bitte erinnert euch daran: Als Lichtfamilie bewegt ihr euch in Systeme hinein, um in ihnen Veränderung zu bewirken. Ihr zeigt neue Wege auf – doch sehr oft müßt ihr die schwierigsten Aspekte des jeweiligen Systems von innen begreifen lernen, bevor ihr Veränderungen herbeiführen könnt. Ihr tretet in ein System ein, um seine Tiefen bis in die feinsten Details auszuloten, so daß ihr mit anderen in Beziehungen treten und sie verändern könnt – wie eure Familie und eure Freunde. Obwohl der Rest der Welt vielleicht nicht glauben mag, daß er der Lichtfamilie angehört, ist er doch ebenso Teil von ihr. Alle sind Teil von ein und demselben. Die Geschichte, die wir erzählen, ist die der Menschheit; sie ist eine Geschichte darüber, im Kosmos als eine große Familie zu leben, eine Familie, die – genau wie alle anderen Familien – ihre Sorgen und Probleme hat. Es gibt einen Zweig dieser Familie; wir nennen sie die Familie des Dunkels. Als Lichtfamilie ist eines unserer Bestreben, mit euch zusammen die Familie des Dunkels zu erkunden, den Zweig unserer Familie, der im Schrank versteckt gehalten wird, dessen wir uns schämen, der uns peinlich ist und der uns demütigt. Und um die Verwirrung über Namen, Etiketten und Begriffe komplett zu machen: Euer Zweig der Lichtfamilie, die Systemsprenger, werden häufig von beiden Zweigen der Familie als die schwarzen Schafe gebrandmarkt!

Während ihr die gewaltige Öffnung für neue Energien spürt – etwas, was wir als »Licht-Infusion« bezeichnen könnten –, ist natürlich ein Blick auf die dunkle Seite der ganzen Geschichte unvermeidlich.

In der Welt der Dualität, die ihr bewohnt, wird Licht durch Schatten definiert, wie es z. B. in der Fotografie der Fall ist. Folgendes kann geschehen: Je mehr Licht ihr abstrahlt, desto mehr erkennt ihr die Schatten, die das Licht definieren. Einige von euch waren dabei vielleicht etwas zu naiv, haben das Spiel zu bereitwillig mitgespielt und auf jene gehört, die als Autoritäten auftraten, statt für sich selbst zu denken. Es ist nun mal so, daß der Mensch nicht gerade zu eigenständigem Denken ermutigt wird. Auf der ganzen Welt ist Massenprogrammierung das Motto. Man sagt euch, was ihr denken sollt, und ihr bezahlt auch noch ein gutes Stück Geld dafür. Doch diese Art von Energiemißbrauch führt sehr schnell dazu, daß sich die Menschen wie kleine, voneinander abgetrennte Fragmente betrachten, Bruchstücke ohne weitere Verbindung zum Ganzen. Jedesmal, wenn solch eine Fragmentierung stattfindet, bricht das Ganze sehr schnell in sich selbst zusammen. Die einzelnen Teile können nicht über einen längeren Zeitraum voneinander getrennt bleiben; dies funktioniert nur eine kurze Zeit. Versteht ihr das? Wenn ihr euch einmal die Natur anschaut, die Pflanzen, Tiere oder euch selbst, dann erkennt ihr, daß Fortpflanzung unmöglich ist, wenn die einzelnen Teile isoliert voneinander im Raum stehen. Die Wahrheit ist: Seit Tausenden und Abertausenden von Jahren wurde euch eine ganze Reihe falscher Informationen eingegeben, und deshalb kam es zu einer Abtrennung der einzelnen Wesen voneinander im Hinblick auf das, was jedes Wesen glaubt und denkt – abgetrennt vom klaren realen Denken, abgetrennt von anderen und sich selbst. Eure Sicht der Welt baut auf dieser Idee der Trennung auf, und diese Sicht der Dinge ist nicht unbedingt die weiseste ...

Nun, in dem Moment, wo kosmische Energie auf eurem Planeten eintrifft, fängt dieses Grundprinzip an, in sich selbst zusammenzufallen, genau wie ein veraltetes, sich selbst überlassenes Gebäude am falschen Platz. Dazu müßt ihr wissen: Man kann solche Strukturen aus der Zukunft betrachten, um sich ein Bild der nachfolgenden Generationen zu machen. Eure Vorfahren haben auf diese Weise Bauten errichtet, die weit länger hielten, als eure modernen Gebäude es jemals tun werden, denn sie hatten ein tieferes Verständnis für den Kosmos. Sie waren sowohl mit dem Himmel als auch der Erde in direktem Kontakt, und sie bezogen ihre Inspiration aus der Vorstellung, daß alles um sie herum lebendig ist. Sie betrachteten den Äther, das geistige Prinzip, die unsichtbaren höheren Existenzbereiche, als das fünfte Element nach Erde, Wasser, Feuer und Luft.

Diese unsichtbaren höheren Existenzbereiche benutzen wir, um von den Plejaden aus mit euch in Verbindung zu treten, euch gewissermaßen »zu elektrisieren«, mit euch Spaß zu haben, von euch zu lernen und euch wieder die Energie zukommen zu lassen, die ursprünglich eure ist. Betrachten wir eure Welt aus unserem Blickwinkel, erscheint sie uns wie die Seite eines Buches. Wir können auf vielerlei Weise darin »herumblättern«, können erkennen, was vor euch kam und was nach euch folgen wird. Ihr, die ihr allerdings auf dieser einen Buchseite lebt, habt in den meisten Fällen keine Vorstellung von diesem erweiterten Blickwinkel. Wir nehmen an, daß ihr wißt, was sich vor euch zugetragen hat; wir wissen aber auch, daß ihr nicht die ganze, doch ziemlich verrückte Geschichte kennt. Als wir zum erstenmal auf euch trafen, hatten wir das Gefühl, daß wir euch vielleicht dabei helfen könnten, etwas Besseres auf eure Buchseiten zu schreiben.

Nun gibt es Wesen, die sich innerhalb eines sehr begrenzten Denkgebäudes bewegen; sie haben das Gefühl, wenn sie ein Buch über die Existenz schreiben, dann muß sein Inhalt für immer festgeschrieben bleiben. Aus eurem Blickwinkel heraus bezeichnet ihr diese Wesen vielleicht als Gottheiten. Sie leben in einer Art Gemach des Göttlichen, in dem sie ihr eigenes Zuhause haben. Dort haben sie Regeln und Gesetze, weitaus umfangreicher als eure, doch genauso begrenzt im Denken. Und mit ihnen beginnt die Geschichte, wie sich unter euch Verwirrung breitgemacht hat, als ihr es diesen Gottheiten überlassen habt, das Denken für euch zu übernehmen. Wesen, die ihr angebetet, denen ihr nachgeeifert, deren Ansichten ihr nie in Frage gestellt habt, haben für euch Gesetze erlassen, die nicht länger eurem Wohlbefinden zuträglich sind. Eigentlich hatten diese Gesetze noch nie funktioniert; doch gerade jetzt, wo die künstliche Trennung zwischen den Menschen sich massenhaft ausgebreitet hat, ist so viel Sand im irdischen Getriebe, daß die Zahnräder eurer

Zivilisation wirklich zu einem knirschenden Stillstand kommen. Dies könnt ihr ansatzweise um euch herum erkennen: mehr und mehr Menschen ohne Arbeit, höhere Schulden als je zuvor usw. In eurer verzweifelten Anstrengung, mit den Veränderungen Schritt zu halten, euch mehr Raum zu schaffen und die starken Energien zu verarbeiten, die jetzt auf euch einwirken, verliert ihr den Kontakt zum praktischen Leben und einen Teil eures gesunden Menschenverstandes. Wir erwähnten ja bereits, daß eure Freiheit auf dem Spiel steht. Eure Freiheit steht und fällt mit eurer Ver-Antwortung – zwei Wörter –, eurer Fähigkeit, auf das, was jetzt in eurer Welt geschieht, die richtige Antwort zu finden, richtig darauf zu reagieren. Denn: Wenn ihr nicht imstande seid, mit 3 D, der dritten Dimension, richtig umzugehen –, wie wollt ihr dann mit Multidimensionalität richtig umgehen?

Unter vielen von euch herrscht die Auffassung, daß der richtige Umgang mit 3 D bedeutet, sich einfach schneller zu bewegen, mehr Technologie zur Verfügung zu haben, mehr Menschen kennenzulernen und überhaupt sich zu beeilen, hierhin und dorthin zu kommen. Doch ein Tip: Auch wenn sich alles beschleunigt – nehmt zwischendurch den Fuß vom Gas und lehnt euch mal zurück. Nehmt euch wieder Zeit, dem Gesang der Vögel zu lauschen, den Klängen der Natur, dem Knistern und Knacken von Holz in einem Feuer. Geht mal wieder hinaus unter freien Himmel. Seid einfach ihr selbst. Nehmt euch Zeit für euch selbst und lernt euer Bewußtsein zu weiten und eure innere Stimme zu hören. Und stellt dieser Stimme eure Fragen; erfahrt alles, was sie euch mitteilen kann. Wenn ihr euren Fächer, also euch selbst, öffnet, mit einem Gehör für diese Stimmen in eurem Kopf, erfahrt ihr eine Öffnung zum Abstrakten hin. Die Menschheit wurde lange Zeit davon abgelenkt, in abstrakten, nichtlinearen Begriffen zu denken. Das heutige Leben ist ziemlich verfestigt und linear. Doch damit beraubt ihr euch einer großartigen Möglichkeit, neue Erfahrungen zu sammeln, und zwar in einem Grenzgebiet, in dem viele von euch zu Künstlern im Umgang damit werden müssen. Eine sehr große Anzahl von

Menschen muß jetzt die Kunst eines höheren Denkens entwickeln, um die anstehenden Veränderungen in verständliche Begriffe zu übersetzen. Die alten Ägypter bezeichneten diese innere Stimme im Kopf als *Ka*. Sie sahen es als ein Double oder eine Erweiterung des eigenen Selbst an, welches ihnen Führung und Inspiration zuteil werden ließ. Verwechselt diese Stimme bitte nicht mit dem sogenannten Besessensein; dies ist etwas ganz anderes.

Worum es uns hier und jetzt geht, ist, euch zu inspirieren und euch wissen zu lassen, daß ihr auf dieser Reise mit uns dieses alte mystische Konzept des Ka wieder zum Leben erwecken sollt, denn auf eurem bisherigen Weg geriet dieser abstrakte Aspekt menschlicher Entfaltung in Vergessenheit, weil ihr nicht mehr auf der Suche nach dem Abstrakten wart. Und doch klopft es jetzt wieder an eure Tür mit der Aufforderung, tiefer in euch selbst hineinzuforschen. Interessanterweise spiegelt das Internet, das weltweite Computer-Netzwerk auf eurem Planeten, die Zusammenführung eurer eigenen inneren Informationswege und psychischen »Datenautobahnen« genau wider. Haltet Ausschau nach Führung. Erforscht eure Herkunft, denn diese Stimme, das Ka, diese Inspiration – das seid ihr selbst. Ihr müßt lernen, inmitten dieser absurdesten aller Zeiten euer wahres Erbe zu erkennen und anzutreten. Das Ka wird euch dabei unterstützen, das Leben von linear auf multidimensional umzustellen. Es ist ein wichtiger Schlüssel zum Verständnis eurer selbst, ein wesentliches Überlebenswerkzeug. Vergeßt dies nicht.

In dem Maße, wie euer System zusammenbricht und die euch so vertrauten Annehmlichkeiten des Lebens in den nächsten Jahren verschwinden werden, in dem Maße werden sich euch auch neue Gelegenheiten bieten und alte, verloren geglaubte Dinge wieder zum Vorschein kommen. Fast einer Explosion gleich, werden diese neuen geistig-psychischen Kräfte und Energien auf planetarischer Ebene viele rasche Veränderungen herbeiführen. Diese Veränderungen sind die Vorboten eines neuen Denk- und Wahrnehmungsverständnisses, mittels dessen ihr euch aus der Trennung herausbewegen und zu einem Ganzen, Menschheit genannt, zusammenfinden werdet. Es wird eine Weile den Anschein haben, als wenn dies nur per Internet geschieht, über das die Menschen offensichtlich bereits miteinander verbunden sind – jedoch nur auf elektronischem Wege. Viele von euch, die Computern und der ganzen Technik nicht soviel abgewinnen können, werden sich langsam vorwärtsbewegen und den Entschluß fassen, sich endlich einen Internet-Anschluß zuzulegen und in den Verbund einzutreten. Doch: aufgrund von euch noch unbekannten Plänen, aufgrund der starken Energiestöße und der rasch erfolgenden geophysikalischen Veränderungen auf der Erde werden eure elektronischen Gitter und Netzwerke bald zusammenbrechen. Viele von euch werden sich in der klassischen Situation »Wie gewonnen, so zerronnen« wiederfinden. Wird die Elektrizitätsversorgung weiterhin funktionieren? Werden ausreichend – oder überhaupt irgendwelche – Nahrungsmittel und Wasser zur Verfügung stehen? Zum Ende dieses Jahrzehnts kann es schon einigen von euch passieren, daß ihr ein- bis zweiwöchige Phasen ohne eine ausreichende Versorgung mit Frischwasser, Strom und Nahrung überdauern müßt. Von da aus könnte sich die Aufeinanderfolge von Veränderungen beschleunigen. Alles, was ihr nun tut, jeder Augenblick jedes Tages, zählt.

Man hat versucht, euch glauben zu machen, daß das Leben eine Art Unfall darstellt und an sich keine Bedeutung hat. Nun, wir sagen euch das genaue Gegenteil: Der Große Ingenieur dort oben hält die Dinge am laufen; ohne ihn kommt das Leben zum knirschenden Stillstand – und falls und wenn das passiert, bedeutet das nichts anderes, als daß eine Generalüberholung des Ganzen stattfindet. Dies geschieht derzeit in eurer Welt: Ihr seid Gegenstand einer Generalüberholung. Das heißt allerdings nicht, daß auch euer Leben zum Stillstand kommt. Es bedeutet vielmehr: Wen oder was ihr auch immer in Autoritätspositionen gewählt oder befördert habt – Regierungen, Religionsführer, Ausbildungssysteme, Könige, Priester, Päpste oder Präsidenten –, diese und ihre Macht werden nun in Frage gestellt. Es ist jetzt an der Zeit, Dinge wie Macht und Autorität wieder in die Hände der einzelnen Menschen zu legen.

Ihr werdet wieder dasjenige für euch beanspruchen müssen, von dem ein Großteil unter euch noch nicht weiß, daß es ihres ist. Denkt daran, in den kosmischen Annalen werdet ihr als außergewöhnlich machtvolle Wesen, als Schöpfungen von Göttern geführt. Ihr seid das As in ihrem Ärmel, vor Äonen genetisch gezeugt und dann versteckt, dem Blick aller anderen entzogen, erschaffen »für den Fall, daß ...« Auf vielerlei Art und Weise wurdet ihr in den Korridoren der Zeit ausgesondert. Es ist schwer, euch im Großen Buch der Existenz zu finden – dennoch wurdet ihr gefunden. Eure Zeitkoordinaten sind jetzt bekannt, und als Folge davon treffen viele Besucher auf eurer Erde ein, weil sie alle wissen: Hier verläuft eine Goldader. Und einige von ihnen werden euch auch zu hintergehen und abzulenken versuchen ...

Seid also sehr wählerisch in bezug auf das, was zu denken ihr euch aussucht, und vor allem: Glaubt an euch selbst, während ihr euren Fächer des Bewußtseins öffnet. Vielleicht versteht ihr dann, daß das Licht dieser Energie-Infusion aus himmlischen Ebenen auf nichts anderes scheint als eine Schatzkiste voller Gold – die sich in eurem Inneren befindet. Als Teil der Lichtfamilie seid ihr im Begriff, das, was sich bereits in euch befindet, zu entschlüsseln und zu entfalten. Und wir als eure Verwandten werden euch dabei für eine Weile Gesellschaft leisten und euch immer wieder an diesen Prozeß erinnern. Wir werden euch unterstützen und ermutigen. Wir werden gute Freunde sein, vielleicht sogar mal die starke Schulter, die gebraucht wird, um sich von den Tränen, die das Enthüllen von Geheimnissen und tiefsitzenden Gefühlen mit sich bringt, zu erleichtern. Doch bitte keine Schuld- oder Mitleidstränen – solche sind es nicht wert, vergossen zu werden. Die Tränen der Enthüllung dagegen sind heilsam; diese mögen euch häufiger in die Augen steigen, während ihr unsere Worte lest und eure Lebenserfahrungen macht.

Schämt euch ihrer nicht, denn sie sind es, die die erstarrten Kontrollsysteme zum Schmelzen bringen, die euer Denken wieder öffnen, das bis dahin wie betäubt war und euch davon abgehalten hat zu verstehen, wer ihr wirklich seid.

Die euch innewohnende Kraft wurde euch vor Äonen von göttlichen Wesen gegeben, als sie das Gefüge eurer DNS zusammenstellten. Nun müßt ihr herausfinden, warum gerade jetzt so viele Besucher aus allen Himmelssphären herbeiströmen. Wer sind sie? Sind sie die Schöpfergötter? Außerirdische, Fremde und andere Intelligenzformen erscheinen nun in jeder Version der Realität. Ihr werdet lernen, mit dieser Erfahrung zu leben, obwohl die Vorstellung, daß andere Intelligenzformen einfach so, überall und zu jeder Zeit, in Erscheinung treten könnten, eure lineare Sicht der Dinge vollkommen in Frage stellen wird. Denkt daran: Eure lineare Welt gründet sich auf einen Kalender, einen, der noch gar nicht so alt ist; selbst ein so alter Kalender wie der der Maya ist immer noch ein Konstrukt der Zeit. Zeit als solche wird um ein bestimmtes Thema herum erschaffen, welches dann in Bewegung gesetzt wird und dabei genug Bestand hat, eine Form des Denkens hervorzubringen, die ihrerseits eine virtuelle Realität schafft und deren Verlauf aufzeigt. Zeit ist elastisch; eure Wahrnehmung der Zeit ist mit Sicherheit eine andere als die der Plejadier. Wir sind in der Lage, das Buch der Zeit zu scannen und durch die Zeit zu reisen, indem wir bestimmte Koordinaten auswählen. Zeitspringen. Dieses Konzept müßt ihr lernen zu verstehen; alsdann müßt ihr lernen, selbst Zeitspringer zu werden – erst im Geiste, dann im wörtlichen Sinne. Der Korridor ist offen, und wichtig dabei ist zu verstehen, daß jede Lektion, jede Erfahrung im täglichen Leben euch hilft, euch selbst zu entschlüsseln und euch selbst als »Bürger der Galaxis« zu erkennen – und vor allem als menschliches Wesen. Die wichtigste Aufgabe, der ihr zu diesem Zeitpunkt nachgehen solltet, ist es – zu leben. Versteht ihr das? Wirklich leben zu wollen und in das Leben Kontinuität zu bringen ist eine Herausforderung in sich selbst, denn je mehr und intensiver ihr lebt, je offener ihr für das Kennenlernen vieler Dinge seid, desto mehr werdet ihr herausfinden.

Diese Energiewelle wird euch seelisch zum Leben erwecken, sie wird eine Wandlung der Wahrnehmung auslösen, was euer Bewußtsein für vieles mehr öffnen wird. Eine der größten Herausforderungen, die euch begegnen wird, ist zu verstehen, wie der Geist funktioniert. Wir sagten bereits, daß wir euch Gedanken übermitteln werden, von Geist zu Geist. Ihr seid natürlich gerade erst dabei, eure telepathischen Fähigkeiten zu entwickeln. Manche sind mittlerweile sehr gut darin, während andere sich einfach nicht vorstellen können, daß und wie so etwas funktionieren soll – und doch habt ihr diese Fähigkeit von Geburt an. Würdet ihr sie entwickeln, wärt ihr weit aufgeweckter, als ihr es von euch selbst glauben wolltet. Und: Wärt ihr sehr viel aufgeweckter, so wärt ihr nicht so leicht beeinflußbar. Es gibt noch vieles, was vor euch zurückgehalten wird, was als höheres Wissen noch geheimgehalten wird: eure Fähigkeit zu heilen; mittels eures Verstandes zu erschaffen, was ihr euch wünscht; mit Geisteskraft Botschaften zu senden und zu empfangen; Bilder zu sehen oder Energiefelder zu spüren – dies sind alles euch innewohnende Fähigkeiten. Solltet ihr diese in Anspruch nehmen, würden die wenigen, die in Saus und Braus leben und die Zügel der Macht noch in der Hand halten, es sehr schwer haben, euch weiterhin unter Kontrolle zu halten. Wie könnten sie auch, wenn sie es mit freien Wesen zu tun haben – frei von Schuld, Sünde und Begrenzung?

Wie wir schon sagten: Das Gemach der Götter ist das Zuhause begrenzten Denkens. Götter, oder wen oder was auch immer ihr anbetet, sperren euch immer in Denkkäfige, denn so seid ihr leicht zu handhaben und kontrollierbar. Es ist die alte Geschichte: Die Götter tobten sich im Himmel aus, trieben sich dann im Universum herum, kamen zur Erde herunter, um sich mit den Söhnen und Töchtern der Menschheit zu vereinigen, und zogen wieder ab. Eure Literatur ist gespickt mit Stories dieser Art. Die Götter hinterließen ihre Nachkömmlinge und ihre Blutlinie, um die Herrschaft zu übernehmen. Ihre Nachfahren fühlten sich nicht unbedingt mit der Menschheit verbunden, und so riefen sie Priesterschaften, Militär und ähnliches ins Leben, um euch unter Kontrolle zu halten und Gehorsam zu erzwingen. Im dunklen Zeitalter der Feudalherrschaft beispielsweise wurden die Menschen in alle möglichen Formen der Begrenzung gepreßt. Dies ist heute noch so, auch wenn die Formen nicht sichtbar sind. Ihr werdet heute nicht mehr von Inquisitionen heimgesucht, an einen Pranger gestellt oder auf einem Scheiterhaufen verbrannt. Und doch werdet ihr auf eine sehr unterschwellige versteckte Weise unter Kontrolle gehalten – so unterschwellig und versteckt, daß die große Mehrheit von euch es gar nicht mitbekommt und eigentlich ganz zufrieden ist, daß ihnen gesagt wird, was sie denken sollen. Nun, für einige wird das ganz schön schwer zu verdauen sein, wenn sie einmal hinter das Ganze kommen – und doch liegt darin eine unserer größten Chancen. Manchmal enthalten die scheinbar unüberwindlichsten Herausforderungen, die schwersten Lektionen, auch die wertvollsten Juwelen der Erkenntnis und des Lichts.

Das Thema Bewußtseinskontrolle wird auf eurem Planeten zunächst von der dunklen, einer sehr dunklen Seite begriffen werden. Doch diesem wird dann ein neues Verstehen entspringen, und mit ihm wird ein klares helles Licht scheinen, ein Heraufdämmern des selbständigen Denkens, gleich einer Renaissance. Viele Menschen werden hervortreten und die Wahrheit darüber zum Ausdruck bringen, wie der menschliche Verstand manipuliert wird. Dann werdet ihr wahrscheinlich verstehen, wie die Götter wieder einmal dasselbe Spiel gespielt haben. Und vielleicht sind es die Götter selbst, die bestimmte menschliche Wesen manipulieren, die dann ihrerseits euch und den Rest der Menschheit manipulieren, welche die folgsamen Schafe sind, die immer rechtzeitig zur Stelle sind und nach den offiziellen Regeln auf der Schlachtbank mit dem Tode bezahlen. Dies wird aufhören!

Je mehr ihr darüber herausfindet, wie ihr kontrolliert und

beeinflußt werdet, desto mehr werdet ihr auch erkennen, wie einfach es ist, euch mit Daten zu füttern. Ob auf dem Wege wiederholter elektronischer Manipulation oder durch den dunklen, schwarz-okkulten Mißbrauch der Macht, vor allem durch Sexualität, Kannibalismus und Mord: Es existieren alle möglichen Mittel, die Menschen zu fragmentieren und voneinander abzutrennen. Ihr müßt euren Geist als Werkzeug verstehen und benutzen, denn er ist euer Instrument, mit dem ihr Dinge erschafft. Wie schon gesagt, alles fungiert als Spiegel, und dies ist eine der Wahrheiten, die wir euch im Verlauf unserer Geschichten, die wir euch erzählen werden, nahebringen wollen. Unsere Vorfahren machten die Erfahrung, daß uns die Realität das widerspiegelt, was wir selbst sind. Erinnert euch also daran!

Euch wurde beigebracht zu glauben, daß ihr in diesem riesigen Universum völlig allein auf weiter Flur seid – so wart ihr natürlich leichter zu kontrollieren. Einmal isoliert, könnt ihr eure Welt natürlich nicht mit irgendeiner anderen vergleichen. Hättet ihr tatsächlich die Möglichkeit, anderen Welten einen Besuch abzustatten, und würdet ihr dann auch noch feststellen, daß in jener Welt der gleiche Gott wie in eurer herrscht, würdet ihr vielleicht auf die Idee kommen nachzuschauen, welche Behandlung Gott denn jener Welt, im Vergleich zu eurer, angedeihen läßt. Oder ihr würdet dort in jener Welt einen anderen, euch eher zusagenden Gott vorfinden und euch darauf entschließen, jenen Gott zu bevorzugen. Und dann wäre da noch die Möglichkeit, daß ihr dahinterkommen könntet, daß es überhaupt keinen Gott als solchen gibt – daß vielmehr alle Menschen selbst Götter sind.

In der Isolation habt ihr keine Möglichkeit, eure Erfahrungen auf diese Weise auszuweiten. Durch die Konzentration auf eine linear verlaufende Zeit mit sehr drittdimensionalen körperlichen Erfahrungen habt ihr euch selbst von eurer geistig-seelischen Gesamtverbindung abgeschnitten. Hattet ihr als Kinder vielleicht noch übernatürliche und außerkörperliche Erfahrungen in anderen Welten und Dimensionen gemacht, so ließ euch die

Angst davor, mit solchen Erfahrungen als verrückt abgestempelt zu werden, später vor einer Erwähnung dieser Dinge zurückschrecken. Furcht vor Arrest oder Bestrafung brachte euch zum Schweigen, nachdem euch mehr als einmal nahegelegt worden war, den Mund zu halten und nichts darüber zum Besten zu geben, weil diese Dinge eben einfach nicht akzeptabel waren. Aber warum waren sie das nicht? Nun, vielleicht weil die Kräfte, mit denen ihr da Kontakt aufgenommen hattet, genau jene Kräfte sind, die euch freimachen könnten.

Für diejenigen unter euch, die solche Erfahrungen gemacht haben: Es ist an der Zeit, diese wertzuschätzen und zu dem Schluß zu gelangen, daß ihr als Lichtfamilie bereits mit allen Reichtümern ausgestattet seid. Ihr braucht keine Lizenz, von niemandem. Ihr seid bereits reich, und ihr könnt diesen Reichtum mit anderen Gefährten und eurer Familie teilen.

Als Lichtfamilie habt ihr vielleicht manchmal den Eindruck, euch auf der Erde wie Abtrünnige umherzubewegen, Teil einer Gruppe von Menschen, die sich fragt: »Wie bin ich überhaupt auf die Erde gekommen? Eigentlich fühle ich mich stellar, galaktisch, kosmisch. Ich habe mich hier noch nie so richtig zu Hause gefühlt; schon in meine Familie hatte ich nicht so richtig hineingepaßt, und mit den Riten des Lebens hier konnte ich mich auch nie so recht anfreunden ... Immer hielt ich Ausschau nach dem Sternenhimmel, sah Wesenheiten – manchmal kamen einige von ihnen des Nachts und besuchten mich.« Ja, die Lichtfamilie hat einige überaus seltsame Geschichten zu erzählen.

Viele dieser Besucher waren Wesen, die ihre Gestalt verändern konnten, und so wart ihr nicht imstande, sie beim Namen zu nennen oder ihnen eine klare Bezeichnung zu geben, was natürlich euer 3 D-Ansatz dazu gewesen wäre. Eure Wissenschaftler sagen: »Gib dem Ding einen Namen, kleb' ein Schild drauf, bestimme Art und Gattung, fixiere es und dann zerlege es in seine Einzelteile, um zu erkennen, worum es sich handelt.« Doch mit dem Zusammenbruch der Zivilisation und der Erweiterung des Bewußtseins zum multidimensionalen Leben werden eure Wahrnehmungen zu den Werkzeugen, mit denen ihr eure Realität untersucht, auseinandernehmt, erkennt und als das bezeichnet, was sie ist. Eure Wahrnehmungen entspringen euren Gefühlen und eurer Fähigkeit, ihr selbst zu sein, euch selbst anzuerkennen, euch selbst zu vertrauen – auch wenn es der Meinung aller anderen um euch herum einhundertachtzig Grad entgegenläuft. Ja, einige werden euch sogar als Ausgeburt des Teufels bezeichnen. Für euch mag sich das beizeiten so anfühlen, als wenn man euch zur Zielscheibe auserkoren hat, die kräftig mit Kuhfladen und Pferdeäpfeln traktiert wird. Doch das gehört mitunter einfach dazu, wenn man zu sich selbst steht. Als menschliche Wesen habt ihr diese Haltung jedoch weitgehend aufgegeben und zu viele Kompromisse gemacht.

So sehen wir es: Wenn die Lichtfamilie hier auf diesem Planeten ein Zuhause für sich beansprucht, dann werdet ihr mit Sicherheit den ganzen Planeten mit neuer Energie elektrisieren. Eines Tages wird jeder auf die eine oder andere Art davon ausgehen, daß wir alle zur Lichtfamilie gehören. Selbst eure Wissenschaftler werden zustimmen, daß Materie nichts anderes als eingefangenes Licht ist, was nahelegt, daß ihr alle Teil der Lichtfamilie seid und mit der Familie des Dunkels verwandt seid. Während wir also unsere Geschichten weitergeben, werden wir sicherstellen, euch den Grund zu nennen, weshalb das Dunkle tut, was es tut, und weshalb die Lichtfamilie sich manchmal als das Dunkle ausgibt und das Dunkle als das Licht. Sprechen wir z. B. über Bewußtseinskontrolle, so mögt ihr vielleicht anmerken: »Oh, das muß die Familie des Dunkels sein, die so etwas aufzieht, Bewußtseinskontrolle am Menschen. Wer sonst könnte sich zu so etwas hergeben? Ganz bestimmt nicht die Lichtfamilie, oder?« Wir möchten euch noch einmal daran erinnern, euch zu fragen, was Licht ist. Wer besitzt Licht? Woher kommt es? Wie wurde es erzeugt? Welche Art von Licht ist es? Welche Farbe hat es? Hat es einen Geschmack? Was tut es? Welche Temperatur hat es? Welche Gefühle weckt es in euch?

Eigentlich drehen sich all unsere Geschichten nur um eins: um

Heilung. Denn das ist genau der Grund, weswegen ihr als Lichtfamilie hier seid: Heilung.

Einige unter euch betrachten sich selbst eventuell als Besucher von anderen Sternen, die hier sind, um andere zu unterrichten, ihre Schwingungsfrequenz zu erhöhen und ihnen zu sagen: »He – euer System ist dabei zusammenzubrechen; hier sind ein paar zündende Ideen, und dann nichts wie raus hier!« Die Lichtfamilie hat diesen »Bloß-raus-hier!«-Ansatz einige Zeit verfolgt; die Familienmitglieder waren bald so beschäftigt, von hier nach dort zu springen, um ihren Aufgaben nachzukommen, daß sie über all dies eins völlig vergaßen: zu leben. Und weil ihr, liebe Lichtfamilie, so in euren Aufgaben aufgingt, sind wir zu diesem Zeitpunkt hier, um euch wieder daran zu erinnern: Lebt, wie ihr noch nie zuvor gelebt habt! Ihr erfüllt eure eigentliche Aufgabe in Wahrheit dadurch, daß ihr einfach lebt – denn Leben heißt Erschaffen und Erfahren dessen, was ihr erschaffen habt, den Empfang allen erschaffenen Reichtums. Nehmt einen Bauern auf seinen Feldern: Er bereitet den Boden auf, baut an, erntet, bereitet das Mahl zu und setzt sich an einen reich gedeckten Tisch, um das Mahl zu genießen – ein fürstliches Mahl, dem es an nichts fehlt, und er genießt die Früchte seines Schaffens ausgiebig. Genau das habt ihr euch nicht mehr zugestanden, liebe Lichtfamilie: euch oft genug einfach niederzulassen und die Früchte eures Schaffens zu genießen. Ihr habt euch so sehr in geschäftiges Tun und Schaffen verstrickt, daß ihr den eigentlichen Reichtum des Lebens, einfach im Hier und Jetzt zu sein und eure Lebendigkeit zu genießen, völlig aus den Augen verloren habt!

Wir wollen euch nur daran erinnern, daß es Reichtum ist, der euch fehlt. Viele der Lektionen, Aufgaben und Herausforderungen, denen ihr nun im täglichen Leben begegnet – auch was euren Körper, eure Beziehungen zu anderen und der gesamten Welt angeht –, haben damit zu tun, den Wert des Lebens als solches schätzen zu lernen. Was ist euch wirklich etwas wert? Was ist euch wirklich wichtig? Was bedeutet Charakter? Was bedeuten Moralvorstellungen für euch? Was ist Integrität? Vieles von dem, was wir uns gemeinsam anschauen werden, hat mit eurer Integrität und eurer Verantwortung zu tun und damit, wie diese mit eurer Freiheit in Bezug stehen – zu einem Zeitpunkt, an dem eure Welt in dieser absurdesten aller Zeiten total verrückt spielt.

Kapitel 2

Die Pforten der Zeit

Es gibt viele Gründe, aus denen wir euch unseren Blickpunkt mitteilen möchten. Von der Erde gesehen scheint es, als ob unser Zuhause in den Plejaden sehr weit entfernt sei, ein kleiner Lichtfleck, eine Ansammlung von Sternen mit einem funkelnden Licht. Wir sind sieben, obwohl behauptet wurde, daß wir eigentlich acht seien und daß auch die Erde eine unserer Schwestern sei, die teilhabe an unserem gemeinsamen Wissen. Soweit unsere Aufzeichnungen und unsere Vorfahren uns gezeigt haben, scheint dies zu stimmen. Ihr seid mit uns schon durch eine sehr, sehr lange Zeit hindurch familiär verbunden.

Als Lichtfamilie habt ihr viele Möglichkeiten: Ihr könnt euch als multidimensionale Wesen über die Zeit hinweg zusammentun und einstimmen; ihr könnt lernen, wie ihr euch selbstbestimmt auf der Skala eures Bewußtseins bewegt. Obwohl eine Hand viele Finger hat, ist sie doch mit etwas noch Größerem, nämlich einem Körper, verbunden. Und dieser Körper ist wiederum mit etwas noch Größerem verbunden. Als gesamte Lichtfamilie seid ihr herausgefordert, den unsichtbaren Körper, mit dem ihr verbunden seid, sichtbar werden zu lassen. Eigentlich ist die ganze Menschheit auf diese Weise miteinander verbunden, doch für die wenigsten ist das nachvollziehbar. Viele sind der

Meinung, sie bestünden lediglich aus einer festen physischen Form, und sind deshalb auch immer nur auf der Suche nach Dingen, die ihnen helfen, diese feste Form aufrecht und am Leben zu erhalten. Und über eure Vorfahren wurde euch erzählt, daß sie ähnliche Anstrengungen auf sich nehmen mußten. Nun, vielleicht entsprechen die Geschichten, die euch erzählt wurden, nicht so ganz der Wahrheit. Vielleicht haben die Vorfahren eures Familienzweigs auf einer viel höheren Entwicklungsstufe gelebt, als ihr euch je vorstellen könnt. Die Zeit, in der sie lebten, war sicher nicht so technologisch orientiert, doch Tyrannei und Unterdrückung waren damals schon genauso an der Tagesordnung wie heute.

Schon immer wurde ein erbitterter Kampf um den menschlichen Geist ausgetragen, doch dieser Kampf ist nur ein Abbild dessen, was auf dem größeren Spielfeld, der multidimensionalen Ebene, ausgefochten wird: nämlich ein Kampf um eure Seele. Eure christlichen Mythen erzählen die Geschichte von Gott und dem Teufel, von Jesus Christus als eurem Retter, und wenn ihr geistig nicht rege und aufgeweckt genug seid, diese Geschichten gründlich zu hinterfragen, könnt ihr leicht zu der Meinung kommen, daß ihr tatsächlich »gerettet« werden müßt. Wie schon gesagt, ihr befindet euch gegenwärtig in dem Dilemma, dem Zusammenbruch eurer Zivilisation, weil ihr eure Freiheit des Denkens, der Erkenntnis und der Wahl an andere abgegeben habt. Der Zusammenbruch geschieht auch, weil ihr Angst vor euren eigenen Gefühlen habt. Das Spektrum eurer Gefühle ist breit und machtvoll, doch für viele unter euch sind Gefühle eine Belastung und eine Schande. Doch nur durch eure Gefühle seid ihr in der Lage, auszudrücken und klarzustellen, was ihr wirklich als wertvoll erachtet.

Um zu wissen, was ihr in euren Leben wollt, was euch als Menschen wirklich etwas wert ist, werdet ihr das »System« in Frage stellen müssen. Das System läßt euch immer dann Belohnungen zukommen, wenn ihr seinen Verlautbarungen und Anweisungen folgt: Sobald die Glocke ertönt, springt ihr auf, legt los und spielt unbesehen und unhinterfragt das Spiel um die Lohntüte, den Urlaub, um Prestige und Status, so wie vom System vorgegeben. Indem ihr diesem Trott fraglos folgt, sprecht ihr euch selbst die Fähigkeit des freien Denkens ab. Bei der Prüfung, mit der ihr jetzt konfrontiert seid, dreht sich alles um Macht; wir werden deshalb einige der positiven – und einige der nicht ganz so positiven – Aspekte von Macht zusammen untersuchen, denn eines ist klar: Es gibt kein Entkommen vor der Macht. Euer Wert und eure Macht wurden absichtlich Schritt für Schritt untergraben. Vielleicht wurde euch beigebracht zu glauben, daß ihr von Natur aus mit vielen Fehlern und Unzulänglichkeiten behaftet seid und daß deswegen die Götter von Zeit zu Zeit immer wieder einschreiten müssen, um euch vor euch selbst zu retten. Nun, diese Götter, deren Tanz durch die Himmelssphären zum kosmischen Quick-Step wurde, werden in den nächsten 15 Jahren an allen möglichen Orten erscheinen, um euch eure »Rettung« mit Hilfe ihrer Technologie schmackhaft zu machen.

Während ihr also versucht, einen Sinn hinter all diesen Absurditäten der heutigen Zeit zu finden, schaut euch an, was euch wirklich wichtig ist, indem ihr eure Wertmaßstäbe an euch selbst anlegt. Dies ist eine der wichtigsten Botschaften von uns an euch: Eure genetische Veranlagung ist reich an unerschlossenem Potential. Laßt dies für einen Moment auf eurer geistigen Zunge zergehen und fragt euch dann: »Was könnte wirklich alles in meinem genetischen Potential enthalten sein?« Stellt euch dazu einen Computer mit Datenbanken voller abgespeicherter Informationen vor. Wenn ihr die richtigen Knöpfe drückt, erhaltet ihr Zugang zu einer unglaublich großen Menge an Daten. Doch man kann aus einem Computer immer nur das an Daten herausziehen, was ihm vorher eingegeben wurde. In Wirklichkeit seid ihr von eurer Entwicklung her viel weiter fortgeschritten als die modernste Computer-Technologie, die ihr jemals in der dreidimensionalen Realität kreieren werdet. Ihr seid lebendige biologische Geschöpfe einer großartigen Abstammung und fähig, ein

Leben zu leben, dem es an nichts fehlt. Alles, was es braucht, sind einige Korrekturen und »Justierungen«, um euch wirklich in Fahrt zu bringen – wozu einige kleine Erkenntnisse und Einsichten gehören, die von menschlichen Wesen nicht ganz so leicht verstanden werden.

Statt die Lebenswerkzeuge zu gebrauchen, über die ihr bereits verfügt, wurdet ihr dazu verleitet, eure wertvollsten Charaktermerkmale zu vernachlässigen und euch in euch selbst zurückzuziehen. Man warf den Köder der Minderwertigkeit in eure Richtung aus – und ihr habt ihn geschluckt. Nach den Aufzeichnungen in euren Geschichtsbüchern hat es den Anschein, als ob ihr euch viele Freiheiten, vor allem das Recht auf freies Denken, selbst erkämpfen mußtet. Der größte Teil der Tyrannei, die ihr in der westlichen Welt über euch ergehen lassen mußtet, hatte tasächlich mit der Kontrolle – und Unterdrückung – von Wissen und seiner Weiterverbreitung zu tun. Und einige der berüchtigtsten Unterdrücker freien Wissens sind die religiösen Institutionen und Gruppierungen auf eurem Planeten. Um nur irgendwie an der Macht zu bleiben, haben sie sich so ziemlich alles einfallen lassen, von Enteignung über Diebstahl bis hin zu Zensur, Inquisition und Mord. Tausende von Menschen wurden barbarisch auf Scheiterhaufen verbrannt, viele Bibliotheken mit ihrem unschätzbar wertvollen Wissen wurden einfach niedergebrannt, um die alten Mysterien auszulöschen. Worum ging es bei diesen Mysterien, hinter denen die Machthaber so her waren, um ihre Macht aufrechterhalten zu können? Warum sind eure Geschichtsbücher voll von Kreuzrittern, Missionaren und Aposteln, die durch die ganze Welt zogen? Waren sie wirklich unterwegs, um all die Heiden zu bekehren, wie euch erzählt wurde? Vielleicht sind hinter diesen »Kampagnen« noch ganz andere, viel interessantere Gründe und Geschichten verborgen.

Die Energie, die wir mitbringen, gestattet uns, die Seiten im Buch der Zeit durchzublättern, um zu entdecken, was vor und was nach eurem Jetzt darin geschrieben steht. Dies sind jedoch nicht dieselben Seiten wie die der Bücher in den Bibliotheken eurer Welt, welche noch nicht abgebrannt wurden. Die noch verfügbaren Bücher besitzen zum größten Teil nicht mal mehr ein Fünkchen Wahrheit. Was in ihnen geschrieben steht, ist das, was euch die Sieger der Schlachten gern glauben lassen möchten, das, was die Machthaber euch gern als Wahrheit verkaufen wollen. Manipulation und Täuschung, Mord, Betrug und Ketzerei wurden übertüncht und schöngefärbt oder mit einem langweilenden Wust an Daten und Fakten so durchgequirlt, daß sich eure Geschichtsbücher unterm Strich lesen wie eine einzige Anhäufung völliger Bedeutungs- und Sinnlosigkeit.

Damit ihr euch also selbst wirklich versteht, nehmt zunächst einmal einen tiefen Atemzug und werdet euch eures Körpers gewahr. Seid einfach, wer ihr seid, und ihr werdet entdecken, daß ihr durchaus lebendig seid und daß ihr vor allem hier seid, um zu leben. Als nächstes laßt eure Phantasie spielen und macht euch ein Bild von euren Vorfahren: euren Eltern, Großeltern, Urgroßeltern und weiter in der Zeit zurück; schaut nach, ob ihr ein Ende eurer Abstammungslinie entdecken könnt. Nun, gäbe es eines, dann könntet ihr hier und jetzt nicht existieren, oder? Während ihr euch also eure Abstammung vergegenwärtigt, betrachtet für einen Moment im Geiste diese Vererbungslinie und die genetischen Codes, die genau in diesem Moment in euren Körpern enthalten sind, die Gene, von denen wir behaupten, daß sie so wertvoll sind. Was wurde über die Zeit hinweg mittels dieser Gene weitergegeben? Wie weit könnt ihr entlang dieser Linie im Geiste zurückgehen?

Während wir euch und eurer Welt unsere Energie zufließen lassen, könnt ihr euch vorstellen, daß wir Zugang zum Buch der Zeit haben – und daß auch ihr Zugang dazu habt? Nutzt eure Vorstellungskraft und gestattet euch selbst, die wahre Multidimensionalität eures Wesens zu erfahren, während ihr unsere Zeilen lest – und beobachtet, wie dabei gleichzeitig dem innersten Kern eures Wesens neue Realitäten entspringen. Unsere Stimme erschallt aus vielen verschiedenen Richtungen und von vielen Orten; sie spricht direkt euer multidimensionales Selbst an. Wir reichen euch kleine Leckerbissen des Wissens, kleine Häppchen der Wahrheit und Erkenntnis, um euch auf diesem Weg weiter voranzubringen, so daß ihr die losen Enden eures Gedächtnisses wieder zusammenknüpfen und euch wieder daran erinnern könnt, was sich auf der Erde zugetragen hat – dadurch, daß ihr wieder das Wissen zurückgewinnt, daß ihr schon einige Zeit hier seid, denn all das, worin ihr in den vergangenen Tausenden von Jahren geschult und unterrichtet wurdet, ist in dieser Richtung nicht gerade eine große Hilfe gewesen.

Vor mehr als 2 000 Jahren gab es schon einmal eine Zeitperiode vieler Möglichkeiten und Gelegenheiten; es war eine Zeit, in der der »Wechsel der Jahreszeiten« gleichbedeutend damit war, von einem größeren Zeitalter in das nächste zu wechseln. Dies war das Fische-Zeitalter, und wie zu jeder anderen »Jahreszeit« auch war die Lichtfamilie hier, um dieses Zeitalter einzuleiten. Zeitalter markieren den Neubeginn solcher »Jahreszeiten«, und jede hat ihr eigenes Flair. Tatsächlich bestimmt das jeweilige Zeitalter auch den Schwerpunkt der Aktivitäten, die in ihm stattfinden werden.

Die frühen ziemlich dunklen Jahrhunderte des Fische-Zeitalters, besonders die ersten 500 Jahre, waren von Ignoranz und Verwirrung geprägt. Viele wichtige Bücher, darunter auch die christliche Bibel, existierten bis zum dritten oder vierten Jahrhundert noch nicht in schriftlich festgehaltener Form. Verschiedene Splittergruppen formten sich und stritten darüber, wessen Gott der wahre Gott sei und welches Buch die eigentliche Wahrheit beinhalte. Wenn ihr euer Zellgedächtnis erforscht und neue Wege der Wahrnehmung beschreitet, könnt ihr vielleicht einen Eindruck davon zurückgewinnen, wie es damals war. Die Kleidung war eine andere, die Farben der Vegetation waren leuchtender, und man hatte den Eindruck, den Himmel über der Erde mit bloßen Händen berühren zu können. Es war ein gänzlich anderes Zeitalter, in dem über dem Land eine besondere Form von Stille wahrnehmbar war, die ihr heutzutage, Ende des 20. Jahrhunderts, nicht mehr zur Verfügung habt. Eure heutige Welt brummt und summt vor elektronischer Energie, selbst wenn ihr weit draußen im Grünen seid. Ihr habt sozusagen den Einschaltknopf eurer Welt betätigt und wißt nicht mehr länger, was Stille eigentlich ist. Doch euer höheres Selbst weiß es sehr wohl, und es ist dieses höhere Selbst, das wir in euch ansprechen, während eure Augen diese Zeilen lesen und die Ideen aufgreifen, die wir euch vermitteln.

Als das Fische-Zeitalter aufzublühen begann, wurden viele Seelen hierhergeschickt in der Absicht, eine Reihe von Inkarnationen zu durchleben. Natürlich erschien auch die Lichtfamilie, um diesem Zeitalter Impulse zu verleihen, einen bleibenden Eindruck zu hinterlassen, Dinge zu bewegen und eine Grundlage für Fortentwicklung zu schaffen. Einige sehen das Fische-Zeitalter als eine Periode der Aufklärung und Erleuchtung, eine Zeit der Vergebung und tiefer kosmischer Verbundenheit an. Wir möchten euch bitten, zurückzuschauen und diese Zeitperiode noch einmal auf euch einwirken zu lassen. Ist das, was gerade über die letzten 2 000 Jahre gesagt wurde, tatsächlich wahr? Ihr müßt wissen: Während ein neues Zeitalter rasch voranschreitet, kann man sich sehr leicht in den sich überstürzenden Entwicklungen verfangen und sich selbst vergessen. Dies gilt auch für jedes Zeitalter, jede Inkarnation und jeden Bereich der Existenz.

Zu Beginn und Ende eines jeden Zeitalters tritt ein beträchtlicher Wandel der Energien auf den Plan. Es ist so ähnlich wie der Wechsel von einer politischen Administration zur nächsten, und genau wie in der Politik vollzieht sich auch hier, zwischen den Zeitaltern, ein Machtwechsel. Und glaubt uns: Eine der wichtigsten Kräfte, die ihr wirklich verstehen müßt, ist die Macht. Wenn ihr euch eure Wertvorstellungen und das, was ihr gern haben möchtet, anschaut, kommen vielleicht einige von euch auf die Idee, daß Macht gleichbedeutend ist mit Geld und umgekehrt. *Wissen ist Macht*. Doch denkt daran: Nur weil ihr über Wissen verfügt, heißt dies noch nicht, daß ihr auch über Weisheit verfügt. Was mit der Macht geschieht, hängt davon ab, wie ihr euer Wissen einsetzt. Während die Realität dem alten Gesetz

Ausdruck verleiht, sich selbst widerzuspiegeln, bestimmt das, was ihr mit eurer Macht anstellt, genau das, was euch im Leben widerfährt. Es ist wichtig, daß ihr dies verinnerlicht. Ihr könnt nicht vor der Macht und den Lektionen, die sie euch aufgibt, die Flucht ergreifen. Und hierzu noch etwas Wichtiges: Alles, was heutzutage in eure Richtung gelenkt wird, soll euch das Gefühl geben, daß ihr machtlos seid, daß ihr nicht einmal über ein Jota an Macht verfügt. Dieses Glaubensmuster, übrigens tief in eurem Zellgedächtnis verankert, wurde euch vor Tausenden von Jahren eingepflanzt.

Zu Beginn des Fische-Zeitalters inkarnierten viele Wesen, deren Potential sich sehr schnell entfaltete, was den Rest der Menschheit veranlaßte, diese Wesen zu bestaunen und zu bewundern. Diese Wesen, Männer wie auch Frauen, besaßen die Gabe, Menschen spontan zu heilen, denn sie wußten um die kosmischen Gesetze. Damals gab es keine Telefone, Telegraphen, Television und keine Telecomputer – nichts, was anderen Menschen sonstwo schnell hätte vermitteln können, was irgendwo auf der Welt gerade geschah. Das damals bestehende »Tele«system war das von Mensch zu Mensch weitergegebene Wort. Die Menschen reisten nicht sehr weit in jenen Tagen, und nur wenige waren des Lesens und Schreibens mächtig. Überall aber traten Wesen mit einem solchen schon weit entfalteten Potential hervor. Sie vollbrachten Wunder und elektrisierten ihre Umgebung einige hundert Jahre lang mit ihrer so offen zur Verfügung gestellten Energie. Sie strömten über das Gebiet aus, das euch heute als der Mittlere Osten bekannt ist, ein Gebiet, das übrigens einen besonderen Stellenwert in eurer planetarischen Geschichte einnimmt. Sie waren ausschließlich aus dem Grunde hier, um die Schwingungsfrequenzen des Fische-Zeitalters zu erhöhen, indem sie Menschen inspirierten, durch diese Pforte des Wandels in ein neues Zeitalter zu schreiten. Es gab alle möglichen »Zeichen und Wunder« am Himmel – genau wie es jetzt bald wieder solche Zeichen und Wunder am Himmel zu sehen geben wird, wenn ihr ins 21. Jahrhundert eintretet. Wesen und Energien des Lichts werden nun hervorgebracht und holographisch an das Gewölbe eures Himmels projiziert. Manche werden glauben, daß dies die zweite Wiederkehr Christi sei, um euch zu retten.

Man kann eurem Denken äußerst leicht ein Bein stellen; nehmt es euch aber nicht so zu Herzen, was wir euch hier mitteilen wollen. Unser Bestreben ist, euch aus dem Buch, so wie wir es von uns aus sehen, vorzulesen, so daß ihr erwacht. Es ist wichtig, daß ihr euer Leben selbst in die Hand nehmt und lernt, daß man dem Leben tatsächlich Bedeutung abgewinnen kann und daß es Teil des Lebens ist, bestimmte Lektionen zu lernen. Eine der wichtigsten Lektionen für euch hat mit der Entwicklung des Humors zu tun. Wenn wir nun also unsere Geschichten über eure Welt mit euch teilen, denkt daran, weiterhin Humor zu behalten, und haltet auch den Blick gerichtet auf die Entwicklung menschlichen Bewußtseins. Jeder von euch ist ein Bewußtsein, das sich immer und immer wieder inkarniert – und doch lebt ihr derzeit so, als ob euer Leben ein sinn- und bedeutungsloser Kampf sei, ein Kampf gegen Krankheiten, Gebrechen, Hunger und Krieg. Und wo ist in dem ganzen überhaupt die Liebe geblieben?

Jeder von euch wurde im Leben zumindest einmal von der Liebe berührt, und viele von euch kommen immer und immer wieder hierher, um die Erfahrung der Liebe zu machen. Wenn ihr entdeckt, was euch wirklich wichtig ist, was anzusammeln es wirklich wert ist und was eure eigentlichen Werte sind, dann möchten wir euch wieder bitten, für einen Moment innezuhalten und über dies nachzudenken: Wie wichtig ist Liebe? Die Liebe kommt in den unterschiedlichsten Formen des Geschmacks und der Erfahrungen daher. Liebe ist der Vorgang der Herzöffnung und Verbindung mit einem elektrischen Feld, das die Menschen untereinander verbindet und das euch auf eine Art berührt, die euch nie ausschließt. Beim Durchblättern des Buches der Erde stoßen wir immer wieder auf die Tatsache, daß das, was euch vorwärtsbringt, diese bestimmten Schwingungsfrequenzen, diese unsichtbare Kraft mit Namen Liebe ist. Nun, unter euch herrscht immer noch die Auffassung, daß der Grund, aus dem ihr hier seid, der ist, Erfahrungen zu sammeln, zu lernen, Daten aufzunehmen und Spaß zu haben. Doch der Stellenwert der Liebe ist für euch etwas völlig Neues. Daran ist nichts verkehrt. Doch die ultimative Lektion im Leben besteht darin, zu einem Verstehen der Schwingungsfrequenzen der Liebe zu gelangen. Alles, was ihr dazu tun müßt, ist, sie zu fühlen – und ihr wißt, daß genau das der härteste Teil der Prüfung ist. Und doch kommt jeder von euch nur aus diesem einen Grund hierher, denn nirgendwo sonst im weiten Reich der Existenz ist die Liebe so vielfältig und reich, so unbegrenzt und ungebunden und so einzigartig wie hier am Rande der Milchstraße auf dem, was wir als »Bibliothek Erde« bezeichnen.

Wir möchten euch also nochmals bitten, euch eine Vorstellung davon zu machen, was euren Genen innewohnt. Wir bezeichnen eure Welt als Bibliothek Erde, weil Bibliotheken Daten und Informationen sammeln. Wenn ihr also hier die am meisten herausragenden Wesen am Ort seid, sehr viel weiter fortgeschritten als euer ganzer Technologie-Schnickschnack, was ist dann in diesen Genen enthalten? Könnte es der Reichtum der Liebe sein, der so unermeßlich groß und vielgestaltig ist, daß kein Gott es jemals dort draußen sehen wollte, weil es zu »verfänglich« ist? Denkt einen Moment darüber nach. Ihr wißt doch, daß es ziemlich ansteckend ist, dieses Gefühl der Liebe, oder nicht? Liebe verbreitet sich sehr schnell und einfach und ist das Gegenteil von Angst. Wenn ihr euch eingehend mit dem Thema Angst beschäftigt und wirklich ehrlich mit euch selbst seid, werdet ihr erkennen, daß viele der Ideen, die euch durch eure Vorfahren, ihre Bücher und die Geschichte eingegeben wurden, sich um das Thema Angst drehen. Euch wird Furcht vor Gott und eurem Körper eingeflößt. Ihr werdet zu der Überzeugung gebracht, daß ihr einer Autorität außerhalb eurer selbst zu unterstehen habt, da ihr nicht imstande seid, mit eurem biologischen Wesen zurechtzukommen. Und nun werdet ihr obendrein noch davon überzeugt, daß eure nationalen Regierungen unzulänglich sind und daß ihr einer größeren globalen Regierung bedürft, um mit eurer Welt zurechtzukommen.

Ihr müßt endlich anfangen, euch selbst als spirituell-biologische Wesen zu verstehen und entsprechend selbstbestimmt zu leben. Und dabei ist die Liebe eines der Schlüssel-Werkzeuge des Lebens. Wie gut und gewandt ihr mit diesem Werkzeug umgehen könnt, wie sehr ihr selbst eine Quelle der Liebe seid und wie verantwortlich ihr euch verhaltet, sind die Lektionen, deren Lösungen zu lernen der Anlaß für euer Hiersein ist. Genauso wie wir euch bitten, euch zu fragen, woher das Licht kommt und was ihr mit ihm tut, so bitten wir euch jetzt, euch das gleiche in bezug auf die Liebe zu fragen: Woher kommt die Liebe? Sucht ihr sie außerhalb eurer selbst? Wem oder was gewährt ihr sie? Habt ihr jemals daran gedacht, sie auch der Mutter Erde und den Himmelssphären zu geben? Habt ihr schon einmal daran gedacht, sie auch den Atomen und Molekülen zu geben, die sich beständig in euren Körper hinein- und hinausbewegen? Eure Körper sind nichts Festes; nichts hier ist wirklich fest. Alles ist ein Tanz der Energien, eine freie Energie, die sich einfach in bestimmten Formen verdichtet und verfestigt, weil eure Wahrnehmungen so ausgerichtet sind, die Realität auf diese Weise zu sehen und eine lineare Sichtweise der Dinge fortzusetzen. Z. B. wacht ihr jeden Morgen auf und stellt euch und euer Aussehen wieder genauestens her. Eure erste Begegnung mit euch selbst erfolgt gewöhnlich im Badezimmerspiegel. Ihr erwartet einfach, euch selbst dort im Spiegel zu sehen, denn eure Realität wird durch eure alten Erwartungshaltungen, Konditionierungen und Denkschemen erzeugt. Die Kontrolle des Bewußtseins treibt so manch seltsame Blüten.

Euer Zellgedächtnis enthält noch zu viele Begrenzungen des Denkens; Grenzen, die eure Vorfahren gelehrt und ihnen gesetzt wurden. Ihre Reaktion auf diese über Jahrtausende hinweg ablaufende »Belehrung«, auf die Umstände jener Zeit – ihre Reflexionen zu Themen wie Gewalt, Gesetze und Autoritäten – war ihren Körpern im Verlauf des täglichen Lebens tief eingeschrieben worden. Alles, was ihr im täglichen Leben unternehmt und erlebt, wird in eurem physischen Körper aufgezeichnet und gespeichert; und nur weil ihr euch vielleicht nicht bewußt an diese Aufzeichnungen erinnern könnt, heißt dies nicht, daß sie nicht in eurem Zellgedächtnis enthalten seien. Auf das Leben bezogene Erinnerungen und Verhaltensmuster werden von einer Generation zur nächsten über die Gene weitergegeben.

Wenn man der Geschichte der westlichen Welt folgt, kann man erkennen, daß ihr durch die Generationen hindurch diesen bleibenden Eindruck der Angst weitergegeben und aufrechterhalten habt. Als sich die Lichtfamilie vor 2 000 Jahren inkarnierte, waren sie Adepten des Lichts und der Liebe, zu vielen Wundertaten imstande, und die Autoritäten fühlten sich bedroht. Sie hatten etwas dagegen, daß die Massen von diesen Lehren erfuhren, und so gab es von Anfang an viele Gegenbewegungen zur Verbreitung dieser Lehren. Einige führen dieses Erwachen des Bewußtseins auf die Geburt des Christentums zurück, auf die Erzählungen, die sich um den Charakter des Wesens ranken, das euch als Jesus Christus bekannt ist. Er war in der Tat ein Charakter mit vielen Aspekten, über viele, viele Jahre hinweg entworfen und zusammengefügt. Und in der Tat sind dies die Geschichten über die Lichtfamilie, die zur Erde gekommen waren, um ihr die Wahrheit zu bringen, das System herauszufordern und die Tyrannei zu zerschlagen, genau zu einem Zeitpunkt, an dem das Potential für grundlegende Veränderungen vorhanden war.

Der Charakter von Jesus Christus war dergestalt, daß diese außerordentlichen und spektakulären Kräfte in einem einzigen, übernatürlichen Wesen konzentriert waren. Stellt euch vor, was geschehen könnte, wenn das Wissen um Selbstheilung und das Gesetz »So wie du denkst, wird dir geschehen« unter den Menschen allgemein bekannt und verinnerlicht wäre. Was würde passieren, wenn die Menschen dies sehr rasch in die Tat umsetzten? Nun, das Römische Reich wollte seine Untergebenen mit

Sicherheit nicht machtvoller als ihre Herrscher sehen. Das Römische Reich war die Fische-Zeitalter-Version der heutigen Neuen Weltordnung – eine karmische Parallele des Wassermann-Zeitalters. Beide Ordnungen, die damalige wie die jetzige, boten und bieten Möglichkeiten für die Entstehung einer weltumspannenden Machtherrschaft. Dabei gehen die Machthaber gewöhnlich so vor, zuerst die Menschen davon zu überzeugen, daß sie verwaltet und kontrolliert werden müssen. So erschaffen sie die Probleme, die ohne sie gar nicht existieren würden, worauf sie die Menschen dazu bringen, nach Lösungen zu rufen. Über das gesamte Land wurde der Schleier der Angst gebreitet – nicht der Segen der Liebe, was die Botschaft der Lichtfamilie war. Angst verfügt über eine ziemlich starke Ausstrahlung, und wenn Angstgefühle im Körper gehalten werden, verbreiten sie sich von dort sehr rasch und mit der gleichen »Verfänglichkeit« wie die Liebe in alle Richtungen.

Einmal gab es einen Kampf um Liebe und Angst. Hätte die Liebe den Sieg davongetragen, wären die Menschen imstande gewesen, die Natur ihrer höheren Kräfte zu verstehen: die Gabe des Geistes, den Körper zu transzendieren, astral zu reisen und sich mit Allem-was-Ist verbunden zu fühlen. Wäre dies das Resultat gewesen, hätte es der Trennung der Menschen untereinander ein Ende gesetzt. Nun, es sollte nicht so sein. Durch die letzten 2 000 Jahre hindurch habt ihr euch eher tiefer in das Getrenntsein hineinbewegt als tiefer in Richtung Einssein und Liebe. Angst obsiegte. Solltet ihr dies in Frage stellen wollen, so bitten wir euch, den Fächer eurer Geschichte zu öffnen und einfach mal zu zählen, wie viele Menschen im Namen einer höheren Macht ihr Leben lassen mußten. Zählt die verbrannten Bücher, die gequälten und gefolterten Menschen, die ausgelöschten Völker und die zerstörten Schriften des Altertums.

Eine völlig außer Kontrolle geratene Energie, die Macht über andere anstrebte, ergoß sich übers Land. Bücher und Werke der großen Denker und Philosophen des Planeten wurden aus dem Geistesverkehr gezogen und versteckt. Die Lichtfamilie hielt sich jedoch nicht nur im Mittleren Osten auf; sie kam weit herum. Ihre Welt war nicht so begrenzt, wie euch gesagt wurde; selbst Nordamerika war lange Zeit als heiliges Land bekannt. Die alten Atlanter haben einen Großteil ihres Wissens auf diesen Kontinent gebracht; sehr bald werden alte Artefakte aus prähistorischer Zeit in eurer neuen Ära entdeckt werden und davon Zeugnis ablegen. Sie wurden eigentlich schon entdeckt, doch sie wurden vor euch verborgen. Selbst Ägypter, Menschen des Mittleren Ostens und sogar Chinesen kamen nach Amerika. Die Seefahrt im Altertum war der Navigation auf den Weltmeeren durchaus mächtig. Und so war auch die Lichtfamilie weit herumgekommen und trug ihre Botschaft in alle Richtungen hinaus. Aus diesem Grunde erzählen sich viele Ureinwohner und Eingeborene noch immer Geschichten von Friedensstiftern, die über das Meer kamen, ihnen das Wissen um die Erhöhung ihrer Schwingungsfrequenzen gaben und ihnen zeigten, wessen es bedarf, um in Harmonie leben zu können.

Habt ihr darüber schon einmal nachgedacht: Was brauche ich, um in Harmonie leben zu können? Es scheint, daß es dazu Geld auf der Bank bedarf, eines Autos, Kleidung und eines Dachs über dem Kopf. Und dies stimmt. So ist eure Welt zu dieser Zeit beschaffen. Doch wir möchten euch daran erinnern, daß viele Dinge, auf die ihr heute zählt, morgen schon nicht mehr da sein werden – vor allem dann nicht mehr, wenn ihr nicht in Übereinstimmung mit den kosmischen Gesetzen lebt. Solltet ihr bereits mit der Erkenntnis vertraut sein, daß eure Gedanken auf alles Einfluß haben und daß ihr eure eigene Realität erschafft, so seid versichert, daß eure Version der Realität sich nicht einfach in Luft auflösen wird. Diejenigen allerdings, die sich diesem Gesetz nicht beugen wollen, werden nun rasch aufwachen. Wer nach einer Autorität außerhalb seiner selbst Ausschau hält, tanzt den Quick-Step der Götter im Käfig des begrenzten Denkens und spielt ihr Spiel. Doch in dem Moment, wo eure Welt kopf steht, ergibt sich auch die Möglichkeit, in eurem Leben neue Prioritäten zu setzen, denn es gibt diese Kraft in euch, die ihr aus der

Erkenntnis eurer eigenen Werte, aus dem, was ihr wirklich wert seid, beziehen könnt.

Wir sind imstande, diese kraftvollen Energiewellen, die eure Welt jetzt erreichen und euch auf so manche Art beeinflussen, zu sehen. Es gibt eine Reihe Geschichten über die verschiedenen Wahlen, die ihr in eurem Leben trefft; glaubt also nicht, daß es in eurer Existenz nur eine geringe Auswahl von Dingen gibt, für die ihr euch entscheiden könnt. Jeder von euch erschafft in jedem Moment der Zeit eine Welt mit Tausenden von Möglichkeiten, je nachdem, was ihr wollt und was euch wichtig ist. Aus unserer Sicht erkennen wir, daß das Lebensgeflecht euch helfen wird, dem Leben größere Bedeutung zu verleihen, so daß euch das Beste aus dem Ganzen zufällt. Falls ihr den Wunsch habt, den höheren Weg, den mit der besten Sicht auf die Dinge, zu gehen, dann schlagen wir euch vor, mit der Liebe im Gepäck zu reisen, der Liebe, die nur aus euch selbst heraus erwachsen kann. Und während ihr lernt, euch selbst anzunehmen und zu lieben, wird es auch einfacher für euch, eure Vorfahren zu lieben und wertzuschätzen. Indem ihr eure Liebe auf eure Vorfahren ausweitet, werdet ihr es leichter haben, ihre Ängste nachzuvollziehen und euch bewußtzumachen, auf welch ein umfassendes Projekt ihr euch eingelassen habt. Dieses Projekt ist so gewaltig in seinem Umfang über die Äonen hinweg, daß die paar tausend Jahre, von denen wir hier sprechen, nur kleine Nadelstiche auf der langen Zeitspur der Existenz darstellen. Auf der Schwelle dieser Pforten der Zeit wird der Energiefluß immer beschleunigt, um so eine neue Grundlage für das Kommende zu schaffen.

Die Energien, die euch im nun kommenden Wassermann-Zeitalter zufließen, haben zum Ziel, die gesamte Menschheit zu erleuchten. Damit dies geschehen kann, müßt ihr die Tragweite eurer Vergangenheit, euer Karma und die Lektionen des auslaufenden Fische-Zeitalters verstehen lernen. Ihr müßt den Sinn und Zweck der letzten 2 000 Jahre erfassen und diese Bewußtwerdung der gesamten Menschheit zukommen lassen.

Aus vielen Gründen wurde über euer Bewußtsein ein Schleier,

gleich einem dicken schweren Nebel, gelegt. Zum Zeitpunkt eurer Geburt spürten die meisten von euch sofort, daß das Leben ein Kampf ist. In eurer Kindheit versuchtet ihr, dem Leben irgendeinen Sinn abzugewinnen, doch immer wieder wurde euch eingebleut, daß das Leben keinen bestimmten Sinn oder Zweck habe – daß es jedoch voller Angst und Furcht sei. In der Schule mußtet ihr dann Dinge auswendig lernen, die zu nichts in eurem Leben in Bezug standen, sondern nur die alten begrenzten Vorstellungen des Getrenntseins wieder hervorhoben. Alles war voneinander getrennt, nichts besaß irgendeine tiefere Bedeutung, alles war ein großer Unfall. Den meisten eurer Vorfahren wurde diese Vorstellung eingegeben, und doch gab es unter euren Vorfahren Rebellen und Abtrünnige, genau wie zu eurer Zeit jetzt. Ihr seid heute genauso Abtrünnige wie eure Vorfahren vor 2 000 Jahren und wie deren Vorfahren weitere 2 000 Jahre zurück. Es gibt immer solche, die das, was in den Geschichtsbüchern steht, nicht für bare Münze nehmen. Erinnert euch daran, daß diese Geschichtsbücher von den Siegern geschrieben werden; diejenigen allerdings, die nach ihrer eigenen Wahrheit leben, zeichnen ihre Geschichte in ihren Genen und in der Äther-Sphäre auf.

Eine der stärksten Transformationskräfte in eurer Welt ist die weibliche Energie, als Mutter und Göttin bezeichnet, mit der die Liebe auf tiefgreifende Weise assoziiert wird. Das weibliche Prinzip schenkt dem Sein Lebenskraft und ist schon seit langer Zeit die nährende Kraft auf eurem Planeten. Die Göttin wird sehr bald wieder ihren Platz als gerechte Hüterin des menschlichen Bewußtseins einnehmen. Zum jetzigen Zeitpunkt fehlt eurer Welt das Verständnis für das Energieprinzip der Göttin, was sich darin zeigt, daß Frauen heutzutage nur mit wenig Macht ausgestattet sind und daß Frauen sowohl von Männern als auch von ihresgleichen nur wenig Wert zuerkannt wird. Eine Frau ist der Bote des Lebens; nur durch ihre Geburtserfahrung – dem Erschaffen von Leben aus einer Samen- und einer Eizelle – ist es möglich, daß die Stimmen unserer Vorfahren durch Zeit und Raum hindurch vernommen werden können und ein Kind diese im Zellgedächtnis aufzeichnet.

Den Heiden der Vorzeit war diese Energie der Göttin vor 2 000 Jahren, im Zeitalter der Aufklärung, sehr gegenwärtig und real. Sie hielten in ihrer Kultur das Augenmerk auf die Göttin gerichtet, obwohl das Prinzip der Göttin immer mehr aus dem Blickfeld des menschlichen Bewußtseins entschwand. Die Kultur der Göttin beherrschte abstraktes Denken; persönliche Angelegenheiten, Erfahrungen und deren Sichtweise des Zeitverlaufs waren eher zyklisch als linear. Der Schwund des von der Göttin gehaltenen Wissens und der Machtwechsel hin zur männlich beherrschten Energie in den letzten 2 000 Jahren waren das, was den Ausschlag gab zu linearem Denken, indem das Konzept »Nichts ist wirklich mit irgend etwas anderem verbunden« wieder in den Vordergrund gestellt wurde. Die Kultur der Göttin verstand die Macht der Geburt, das Prinzip, daß alles lebendig und bedeutsam ist: Pflanzen, Tiere und die Elemente Erde, Wasser, Feuer und Luft. Und die Menschen verstanden den unsichtbaren Äther als etwas, das mit Energie und Geist gefüllt ist.

Euer Sehvermögen ist nicht darin geübt, den Äther wahrzunehmen. Vor geraumer Zeit wurde euer genetischer Bauplan nach bestimmten Vorgaben abgeändert, und eure biologische Komponente wurde so arrangiert, daß ihr bestimmten Verhaltensmustern entsprecht. Diese Geschichte führt weit in die Vergangenheit zurück. Ihr seid auf telepathische Weise beeinflußbar, und eure Schöpfer können euch Energien in Form von Schwingungen zukommen lassen, die eure DNS tatsächlich umstrukturieren. Vor Hunderttausenden von Jahren wart ihr Gegenstand von Experimenten. Irgendwann fragt ihr euch vielleicht: »Wer sind diese Schöpferwesen?« Und auch jenen Teil der Geschichte werden wir hier noch abdecken. Noch einmal zur Erinnerung: Die Geschichte, die wir erzählen, ist die Geschichte, die sich in euch selbst entfaltet, genauso wie sie sich in vielen Zeitzyklen entfaltet.

Diejenigen, die in ihrer Lebensweise der Erde nahestanden

und das weibliche Prinzip verstanden, glaubten, daß Gott allen Dingen innewohne. Sie hatten nicht nur einen einzigen Gott, weil sie zu abstraktem Denken fähig waren. Mit ihrer Erdnähe verstanden sie das Wesen der Pflanzen und Tiere. Ihre Zeitzyklen wurden von den Sonnenwenden und Tagundnachtgleichen bestimmt, denn sie beobachteten die Zeichen am Himmel. In ihrer Welt gab es keine Zeitungen; sie lasen die Welt, in der sie lebten. Obwohl das Leben mehr Herausforderungen bot, war es doch auf vielerlei Weise einfacher, und die Menschen strebten auch nicht so sehr nach Anhäufung materieller Güter. Sie lebten eng zusammen in kleinen Gruppen, weil sie aufeinander angewiesen waren. Die Erinnerung an die Abstammung der Familie war vorhanden und die mündlich überlieferte Geschichte war sehr wichtig, so daß die Menschen in ihrem Denken sehr rege und aufgeweckt waren. Sie behielten die Geschichten in Erinnerung und konnten ihren Familienstammbaum durch die Zeit zurückverfolgen. Tatsächlich war eine der häufigsten und geläufigsten Formen der Unterhaltung das Erzählen von Geschichten am Lagerfeuer. Feiertage und Festlichkeiten wurden nach den Himmelsbewegungen abgehalten, und die Ausgewogenheit zwischen Licht und Dunkel bestimmte das Bild der alten Welt, so wie ihr sie kennt.

Die Menschen der Vorzeit erkannten, was sich am Himmel abspielt. Im Sommer schliefen sie häufig unter freiem Himmel. Hütten, Schlösser und Festungen wurden nur zu den kalten Jahreszeiten aufgesucht. Der Himmel und die Atmosphäre gaben ihnen Impulse und Inspirationen, und soweit sie sich zurückerinnern konnten, deuteten die ihnen überlieferten Geschichten – ob in Form von Hieroglyphen in Stein geritzt oder in schriftlicher Form auf Pergament festgehalten – immer auf Vorkommnisse am Himmel hin. Es hat den Anschein, als ob in euren Geschichtsaufzeichnungen von Anfang an dem Himmel eine besondere Bedeutung zukam. Alte Schriften sind voller Berichte darüber, was vom Himmel herunter zur Erde kam und welche Bewegungen und Aktivitäten sich am Himmel vollzogen. Wie schon gesagt, niemand kam sehr weit herum oder hatte die Möglichkeit zu erfahren, was in größerer Entfernung geschah. Das große Unterhaltungsprogramm jede Nacht fand auf der Leinwand des Himmels statt. Diejenigen, die es vermochten, die Zeichen und Aktivitäten des Himmels zu deuten, nahmen die Position von Vermittlern zwischen der stellaren Elternschaft und den irdischen Kindern ein.

Euren Vorfahren war das Wissen um das, was sie mit der Erde verband, sehr, sehr wichtig, und zusammen mit der Lichtfamilie und ihrem rasch zunehmenden Vermögen zu heilen und die Schwingungen der Liebe zu lehren, war dies eine äußerst dynamische Zeit. Natürlich gab das Wissen um diese Dinge die Menschen ihrer eigenen Freiheit preis, und viele waren über ihr hohes Machtpotential verängstigt, woraufhin sie sich mit der Schwingung der Angst erfüllten. Die damals vorherrschende Autorität – die Alte Weltordnung, das Römische Reich – verfolgte und tötete die Mitglieder der Lichtfamilie. Zu Beginn des Christentums gab es viele einander bekämpfende Einzelgruppen. Man fand einfach zu keiner Übereinstimmung darüber, was wahr und richtig sei, und viele einander entgegengesetzte Vorstellungen wurden gelehrt, denn es gab nicht nur einen, sondern viele Lehrer. Auch heute habt ihr viele Lehrer, doch einige unter euch halten immer noch Ausschau nach nur einem. Ihr werdet den Anspruch auf eure eigene Macht zu lehren erheben müssen.

2 000 Jahre später nun seid ihr das Produkt der in eurem Zellgedächtnis eingelagerten Ängste; der Angst davor, sich einem neuen Verständnis eures Wesens zu öffnen und auch der Angst davor, allmächtig zu sein. Eure Vorfahren hatten Angst davor, als Gladiator den Löwen zum Fraß vorgeworfen zu werden oder durch Folter oder Kreuzigung einen schmerzvollen Tod zu erleiden, denn diejenigen, die zu ihren Überzeugungen standen, erwartete ein solches Schicksal. Eure Geschichte ist durchsetzt mit Aufzeichnungen über Kämpfe und Kriege in allen Winkeln eures Planeten, bei denen es darum ging zu bestimmen, wessen Gott der richtige ist, welche Glaubenshaltung die richtige

ist, wer die Rechtschaffenen und wer die Ungläubigen sind. Schaut ihr euch diese Geschichte aus einer größeren Perspektive an, so wird euch etwas seltsam vorkommen: Wie konnte ein und dasselbe Muster so sehr die Vorherrschaft über die Welt erlangen? Weshalb finden wir die Menschen immer wieder dabei, wie sie sich gegenseitig bekämpfen wegen ihrer Wahrheit, wegen ihres Gottes – angeblich eines Gottes, der auf Liebe basiert, die aber außerhalb des Selbst wohnen soll? Nun, egal, was sich hier abspielt – der Schlüssel zur Lösung der Konflikte ist, daß ihr euch selbst liebt und diese Liebesschwingungen um euch herum spürbar werden laßt. Dies wird viele Türen – und Pforten der Zeit – öffnen, und so wird auch vieles, was vielleicht unerwünscht ist, euch nicht erreichen, sondern an euch vorbeiziehen wie ein dahingleitender Vogel.

Heutzutage werdet ihr mit einer immer wiederkehrenden Gelegenheit konfrontiert. Dem Bewußtsein des Menschen sind *alle* Erfahrungen des Menschengeschlechts eingeschrieben. Jedesmal, wenn ein Zeitalter in ein anderes übergeht, ist solch eine großartige Gelegenheit gegeben – was werdet ihr also jetzt damit anstellen? Werdet ihr Anspruch auf eure Macht erheben? Werdet ihr Anspruch erheben auf das, was in euren Genen bereits enthalten ist? Wenn ihr im Geiste weiter zurückgeht, erinnert ihr euch vielleicht an einen weiteren Punkt im Kalender, der demjenigen, an welchem ihr euch jetzt befindet, genau gegenüberliegt im 26 000-Jahre-Zyklus der Präzession der Tagundnachtgleichen, die aufgrund der Kreiselbewegung eures Planeten zustande kommt. Genau gegenüber, auf der anderen Seite des Tierkreises, also vor 13 000 Jahren, gab es eine weitere wichtige Zeit der Aufklärung und Erleuchtung. Dies war eine Zeit, wo es ebenfalls um das Verstehen des Machtprinzips ging, eine Zeit, mit der ihr in eurer Erinnerung den Zusammenbruch einer sehr alten Zivilisation verbindet und in der sich das königliche Zeitalter nicht manifestieren konnte, da ihm zuviel Ego und Selbstsucht gegenüberstanden. Niemand in Atlantis zählte die Liebe zu den wichtigsten Besitztümern. Was sagen euch ihre Erfahrungen von vor 13 000 Jahren heute? Was hallt als Erinnerung aus den Tiefen der atlantischen Kultur wider? Diese Kultur reichte überall hin. Die Atlanter waren sehr vertraut im Umgang mit ihrer Technologie, und auch sie verstanden den Äther als eine unsichtbare Welt des Geistes, eine Welt, die bereist und für Energiezuführung angezapft werden konnte. Sie kannten die Kraft der Kristalle und die Macht, die ihrem eigenen Geist innewohnte. Doch mehr als das verstanden sie auch Gedankenkontrolle, denn das Wissen um die Manipulierbarkeit des menschlichen Geistes reicht weit in die Vergangenheit zurück. Im späten 20. Jahrhundert schaut es so aus, als ob ihr dies bis zur Perfektion getrieben habt, doch diese Praktiken lassen sich bis zu den frühesten Anfängen der Existenz zurückverfolgen, wie einige von euch bereits wissen oder jetzt als Wissen wiedererlangen.

Die Prüfungen, die euch als menschliche Wesen heute aufgegeben werden, haben nicht allein mit den Herausforderungen in der dritten Dimension zu tun, obwohl es auch von diesen eine Menge geben wird. Die Gelegenheit, die sich euch nun bietet, liegt im Verstehen, daß ihr in den verschiedenen Existenzzyklen bestimmte Zeitpunkte erneut durchlebt, um etwas Einzigartiges zu erreichen. Es wird Zeit, daß ihr eure Macht anerkennt und im Hier und Jetzt lebt. Lebt für die Freiheit, denn das Ausmaß an Freiheit, über das ihr verfügt, hängt von eurer Ver-Antwortung ab. Wenn ihr nicht imstande seid zu antworten, richtig zu reagieren, werdet ihr euch selbst in einem Netz fangen, das so verstrickt ist, daß ihr euch niemals mehr daraus befreien könnt. Als Lichtfamilie möchten wir dies an euch adressieren: Schaut, was sich in euch selbst befindet. Die Geschichtsaufzeichnungen eurer Welt zeigen, daß Menschen immer wieder für freies Denken bestraft wurden. Ihr lebt in einer Welt, die euch einst eine »Wahrheit« verkauft hatte: »Die Erde ist das Zentrum des Universums. Und jeder, der anderer Meinung ist, wird auf dem Scheiterhaufen verbrannt!«

Heute seid ihr mit einem ähnlichen Wandel der Wahrnehmungen konfrontiert. Werdet ihr euren Gesichtskreis über das, was ihr denkt, hinaus erweitern und den Mut aufbringen, eure Wahrheit auszusprechen und zu leben? Die von innen aufsteigende Liebe ist wesentlicher Bestandteil dieser Wandlung. Das Leben fängt in dem Moment an, Sinn zu ergeben, in dem ihr erkennt, daß ihr selbst wählt, was ihr sein wollt. Ihr seid multidimensionale Wesen, und da gibt es viele Existenzebenen kennenzulernen. Es gibt auf diesen Ebenen Versionen von euch, die vor einigen tausend Jahren und auch vor 13 000 Jahren lebten und nun den Sprung in die jetzige Realität gemacht haben, um Erfahrungen zu sammeln. Und solltet ihr entdecken, daß ihr zu dem Zeitpunkt damals nicht gelebt habt, dann habt ihr vielleicht im Geiste die Bibliotheken der Zeit durchstöbert, in denen alles gleichzeitig existiert und aufgezeichnet ist; wo sich die Vorhänge öffnen, um den Blick freizugeben auf die Leinwand eures Geistes, auf der euch, wie in einem Videofilm, bildhaft gezeigt wird, was geschah, so daß ihr nun nachvollziehen könnt, wer und was ihr seid.

Eure Welt mag euch manchmal rätselhaft erscheinen. Vielleicht habt ihr das Gefühl, es gibt so viel zu verinnerlichen, daß ihr euch beizeiten fragt: »Wie kann ich dem Ganzen einen Sinn abgewinnen?« Ihr könnt. Ihr werdet. Ihr müßt. Ihr seid hier, um fremdes Gebiet zu erschließen und ungenannte Gelegenheiten wahrzunehmen. Indem ihr das tut, könnt ihr wirklich eine eurer hervorragendsten Fähigkeiten entdecken: *Ihr seid Schöpfer*. Ihr seid keine Opfer. Und ihr seid nicht »defekt«. Ihr benötigt auch keine Autoritäten. Und niemand muß euch retten. Ihr braucht nichts aus Büchern auswendig zu lernen. Was ihr lernen müßt, ist, eure Willenskraft und Absicht zu benutzen, um das großartige Erblühen des Lebens in eurem Jetzt wahrzunehmen.

Eure Welt ist auf Trennung ausgerichtet, auf bedeutungsloses Dahinleben; in all dem Wirrwarr an Sünde, Schuld, Himmel und Hölle ist es wirklich ein Wunder, daß überhaupt irgend jemand wiedergeboren werden möchte. Doch die Liebe ist hier in einer Form anwesend, die ihr sonst nirgendwo anders je erfahren könnt. Euer letztendliches Schicksal ist es, die ganze Welt in

Schwingungen der Liebe zu verwandeln, und wir sind hier, um euch bei diesem Prozeß zu unterstützen. Wir können es aber nicht für euch tun. Tatsächlich ist alles, was wir tun können, euch zu unterhalten, euch Ideen zufließen zu lassen und euch vielleicht etwas anzustacheln. Ihr seid die letztendlichen Macher, Schöpfer und Unternehmer. Je mehr ihr von Geisteskontrolle und ihren verschiedenen Einflußbereichen versteht, desto eher könnt ihr erkennen, daß man euch leicht unter Kontrolle halten kann, da ihr nicht die volle Ver-Antwortung für euch selbst übernehmen wollt. Es gefällt euch einfach, Ideen von außen zu erhalten und nicht selbst denken zu müssen. Es gefällt euch, daß euch gesagt wird, was ihr tun sollt. Es gefällt euch, durchs Internet zu surfen, wobei ihr allerdings nicht bemerkt, daß die Ideen, die dort präsentiert werden, euch in die schon erwähnten Käfige des begrenzten Denkens sperren. Ihr habt keine Vorstellung davon, daß eure Gene auf telepathischem Wege umstrukturiert werden können. Dies ist auch nicht so einfach, doch es wird gemacht, besonders am Ende eines alten und zu Beginn eines neuen Zeitalters.

Die Energiewelle, die aus dem Raum zu euch hereinströmt, um euch aufzuwecken, führt euch Macht zu. Wenn ihr jedoch weiterhin eure Macht an andere abgebt, werdet ihr sehr bald in der schlimmsten Tyrannei leben, die diese Welt ertragen kann, einer Tyrannei, die weit reichen wird und schließlich zur Kolonisierung des Weltraums führt. Diese Tyrannei wird noch geheimgehalten. Sie existiert heutzutage als geheime Kolonisierung des Weltraums, doch ihr seid euch dessen nicht bewußt, weil euch eine Story präsentiert wird, die nur einen kleinen Teil der ganzen Wahrheit enthält. Es existieren Kolonien dort draußen, und Menschen eures Planeten sind schon seit einiger Zeit auf dem Mond, dem Mars und weiter darüber hinaus. Die Planeten sind lebendig, genau wie ihr; sie sind elektromagnetische Wesen mit Einfluß auf euch. In dieser Zeit ist es wichtig, daß ihr wieder aufwacht und erkennt, welch wichtige Rolle die Himmelskörper spielen.

Ein dunkler Schleier wurde über euer Bewußtsein gebreitet, so dunkel und überwältigend, daß viele von euch mit Recht Angst vor dem Leben haben. Eure Körper sind heutzutage belastet mit Krebs, Streß und Gift, denn ihr wurdet über all diese Jahre darauf gedrillt, Angst zu spüren und damit aus anderen Bereichen negative Energien anzuziehen. Im Ätherreich nähren sich die Wesen niedrigerer Energiebereiche von euren Ängsten. Die Realität spiegelt sich selbst. Die Vermarktung der Furcht war ziemlich massiv. Mittels bedeutungsloser Daten und bedeutungslosen Dahinlebens habt ihr Wesenheiten angezogen, die euch wie Vampire oder Parasiten eure Kraft abziehen, ohne daß ihr euch dessen überhaupt bewußt seid. Nichtsdestotrotz saugen sie euch eure Lebenskraft ab, denn ihr beansprucht sie ja nicht für euch selbst. Deshalb sagen wir euch, liebe Menschen: Liebt euch selbst, seid euch wert, was ihr seid. Ihr bewegt euch vorwärts und beginnt immer mehr die sich ausweitende Absurdität eurer Zeit und den Grund für den Zusammenbruch eurer Zivilisation zu verstehen; liebt euch selbst genauso in zunehmendem Maße. Mit der Erweiterung eurer Wahrnehmungen werdet ihr imstande sein, eure Zivilisation wieder neu zu errichten – diesmal jedoch auf der Grundlage von Respekt und Wertschätzung für alles Leben, auch eure multidimensionalen Vorfahren, deren Eltern und für die zur Reinkarnation fähigen Aspekte eures eigenen Selbst. Seht euch als einen Diamanten, dessen verschiedene Facetten all diese Bereiche des Lebens bei eurer Entdekkungsreise zu euch selbst widerspiegeln.

Obwohl es zunächst noch den Eindruck hat, als ob eure Welt in sich zerrissen ist, ist Heilung auf dem Wege zu euch. Neues kann nur entstehen, wo Altes erschüttert und beseitigt wird. Diese Worte lassen euch die Energie zukommen, die euch ins 21. Jahrhundert geleiten wird. Unsere Worte schaffen so etwas wie eine Brücke, eine Brücke in eurem Verstand, die auf Wahrheit beruht. Nur ihr selbst könnt für euch herausfinden, was für euch wahr ist. Denkt daran: Was immer ihr als wahr erachtet, wird zu eurer Realität. Vor 2 000 Jahren sagte die Lichtfamilie: »Euch geschieht nach eurem Denken. Behandelt andere so, wie ihr von ihnen behandelt werden möchtet.« Diese Lehre tritt nun wieder auf den Plan; wenn die Lichtfamilie jetzt erneut erscheint, werdet ihr euch ein weiteres Mal als Gladiatoren den Löwen zum Fraß vorwerfen? Werdet ihr euch erneut absplittern und gegenseitig bekriegen? Werdet ihr wiederum streiten, wessen Sicht der Dinge die richtige ist? Ihr könntet jetzt in eurem Zellgedächtnis forschen und feststellen: »Ah ja; ich war schon einmal hier, und ich sehe, daß wir uns beim letzten Mal eine große Gelegenheit durch die Lappen haben gehen lassen. Wir erschufen Angst und Schmerz und 2 000 Jahre Trennung für die Menschheit. Und die Herrlichkeit jener Zeit ging völlig unter.«

Nun, laßt euch beim jetzigen Durchgang in größere Höhen tragen! Ihr habt noch einmal die Chance, es richtig zu machen! Wir bitten euch: Macht es diesmal mit Tapferkeit und Humor. Stellt euch allem, was ihr erschafft, mit Mut. Denkt an eure Vorfahren und die Begrenzungen, mit denen sie fertig werden mußten. Und dann denkt an das Licht, das ihr seid, wie auch an das eurer Vorfahren, denn es gab schon immer einen Geist, der den Menschen vorangetrieben hat. Bewegt euch in Gedanken für einen Moment aus dem Alltagsleben heraus und schaut auf die Erde über Raum und Zeit hinweg. Könnt ihr die Eigenheiten und Verrücktheiten der Menschheit sehen, genauso wie die Siege und Triumphe? Wenn ihr als Student der irdischen Lebensschule alle Siege der Menschheit auflisten solltet, was würde diese Liste alles umfassen? Und wenn ihr all die Siege in eurem persönlichen Leben auflisten solltet, was ergäbe das für eine Liste? Versucht euch einige zu vergegenwärtigen. Was wir dazu sagen, ist, daß die wirklichen Siege immer die Schwingung der Liebe in sich tragen. Alles verfügbare Wissen des Universums kann nicht an die Frequenzen der Liebe heranreichen.

Obgleich ihr zu einem Ganzen verbunden seid, ist dieses Ganze doch in viele Teile gegliedert, und diese Teile haben nun Schwingungsprobleme, weil sie voneinander getrennt sind. Oft wollen diese Teile auch losgelöst vom Rest sein, weil es ihnen das

Gefühl von Macht gibt. Das ist das Dilemma, mit dem sich die Lichtfamilie konfrontiert sieht. Wie läßt sich Macht mit jedem und allem teilen? Warum scheint es, als ob die Familie des Dunkels sich mehr Macht aneignen konnte als die Lichtfamilie? Warum fühlt die Lichtfamilie sich mitunter als Opfer? Warum verfügt die Familie der Dunkelheit über Geld, Reichtum, Prestige, Verbindungen zu den anderen Dimensionen und die Geheimnisse?

Ihr wißt, daß nur einige wenige eure Welt beherrschen, und dies schon seit langer Zeit. Hier einige wenige, dort die Masse. Wie schon gesagt, die Götter kamen vor Äonen hierher und vereinigten sich mit den Menschen; sie hielten hier an, blieben einige hundert Jahre und zogen wieder davon. Sie legten den Grundstein für die Abstammungslinie des blauen Bluts, was ein Hinweis auf die Verbindung zu den Sternen und dem Himmel ist. Weil alles von einer Generation zur nächsten weitergegeben wird, legten diejenigen, die ihre Abstammungslinie zurückverfolgen konnten und Anspruch auf ihre stellare Herkunft erhoben, sehr viel Wert darauf, unter ihresgleichen zu bleiben. Im allgemeinen verbreiten sie ihre Schwingung oder die Saat ihres Erbes nicht an solche weiter, die sie unter Kontrolle halten wollen. Sie bilden vielmehr eine auserwählte Gruppe, eine Clique, die eure Welt im geheimen regiert. Einige von ihnen kennt ihr, andere nicht. Mit der Ankunft der Götter enstand eine Hierarchie von Präsidenten und Päpsten, Königen und Königinnen, Prinzen und Prinzessinnen sowie Patriarchen. Einige von ihnen sind mit der Geschichte des Planeten vertraut, und sie verstehen tatsächlich, daß eine andere Intelligenzform seit Äonen mit eurer Welt in Kommunikation ist. Sie behalten dieses Wissen allerdings für sich selbst, denn mit dieser Auflage wurden sie unterwiesen.

Die Götter sind also nicht wirklich wieder fortgezogen; sie machen einfach ein kleines Nickerchen. Zeit ist für sie etwas anderes als für euch, und es scheint, als ob die Götter euch vergessen haben, doch das ist nicht der Fall. Sie sind hier, und das ist der Grund, weshalb ihr jetzt aufwachen müßt. Ihr müßt euch fragen: Wer sind diese Götter? Wer oder was sind diese unsichtbaren Kräfte? Wer ist die Lichtfamilie? Wer ist die Familie des Dunkels? Wer sind die Götter dieser Familie? Und wer sind die Götter der Lichtfamilie? Wer sind die Göttinnen? Und wer bin *ich* in diesem ganzen Prozeß?

Kapitel 3

Das Spiel des Lebens

Während wir so im Buch der Erde herumblättern, begegnen uns viele Dinge. Da wir außerhalb eures Zeitverlaufs existieren, können wir erkennen, was aus eurem Buch verlorenging oder nicht niedergeschrieben wurde; das, was übrigblieb, enthält kaum noch einen einzigen Webfaden des großen Bildteppichs eurer reichhaltigen und vielgestaltigen Geschichte. Ihr mögt euch fragen, welche Art von Buch denn interdimensionale Reisende wie wir überhaupt lesen. Wir nennen es ein Buch, weil ihr der Meinung seid, daß ihr aus Büchern lernt. Nun würden wir euch gern folgendes fragen: Wie kamt ihr zu eurer Art des Denkens? Woher kommen eure Ideen, euer Wissen, und weshalb glaubt ihr einer Wissensquelle und mißtraut einer anderen?

Öffnet euch geistig für das, was wir euch sagen, denn wir richten uns an die Bibliothek des Wissens in euch selbst. Dies ist dieselbe Bibliothek des Wissens wie die, die wir als das Buch der Erde bezeichnen – ein reiches und vielschichtiges Muster lebendiger Geschichte. Eines der herausragenden Themen für euch heute ist die Frage, wie ihr euch selbst identifiziert. Werdet ihr all das, was ihr in euren Büchern und Zeitungen lest, was ihr in Filmen, in Videos und im Internet seht, für bare Münze nehmen? Sind das die Bezugspunkte für eure Ansichten und Einstellungen? Im Buch der Erde sind Mittel und Wege enthalten, die euch verstehen lassen, wer ihr seid. Ihr wurdet mit der Absicht geschaffen, euch auf einer Reise der Gleichzeitigkeit durch die verschiedenen Himmelssphären zu bewegen, einer Reise, die von Wesen initiiert wurde, deren Intelligenz ihr noch nicht wahrnehmen könnt. Als wir mit dem Versuch begannen, uns selbst zu verstehen und zu ergründen, weshalb wir so denken, wie wir es tun, kamen wir mit Kräften in Kontakt, die so gigantisch waren, daß selbst wir im Vergleich dazu wie Zwerge erscheinen. Die Erbauer des Universums sind nicht irgendwelche vagen nebelhaften Wesen; sie sind Intelligenzen, die mit ihrem Verstehen der universellen Energien ein einheitliches Ganzes schaffen. Sie bilden sozusagen Ausläufer ihres Wissens, sie führen ihr Wissen in eine Form über, und sie bezeichnen euch als Teil dieses Wissens der Erde. Und ihr nutzt eure Geisteskraft – oder auch nicht –, um dieses Wissen in Strukturen zu kleiden.

Wie ihr vielleicht wißt, geht der Materie und der Form die Energie voraus, und hier auf der Erde verwandeln sich eure Gedanken und Wahrnehmungen in Formen. Wenn wir also von Kalendern der Zeit sprechen, sind dies praktische Schöpfungen, durch die ihr in der Realität bestimmte Bedeutungen erfassen könnt. Euer Verstand liebt Unterteilungen; deshalb gebt ihr Dingen so gern einen Namen, komplett mit Etikett und in richtiger Reihenfolge. Eure Vorfahren benutzten ihren Verstand jedoch anders; sie waren viel stärker auf die großen Zyklen des Lebens eingestimmt. Ihr durchlebt eine Reihe von Jahrzehnten, und jeder Wechsel von einem Jahrzehnt ins nächste ist für euch schon eine große Sache. Eure Vorfahren hatten ein anderes Verhältnis zur Zeit. Statt sich präzise im Zeitstrom an einer bestimmten Stelle zu lokalisieren, nahmen sie die Zeit außerhalb ihrer selbst wahr. Sie lebten genau im jeweiligen Moment, im Jetzt, denn im Jetzt bot die Zeit ihnen alle Reichtümer, und genau dort öffnete die Zeit auch die Seiten des Buches der Erde, ihrer Vorfahren und des Lebens allgemein. Was sie dachten und glaubten, entsprang einer mündlich überlieferten Tradition, dem Austausch von Geschichten, der Nähe zur Erde und einer tiefen Geistesverbindung, zusammen mit sehr fein eingestimmten Wahrnehmungen. Sie entwickelten ihre Fähigkeiten entsprechend den Notwendigkeiten des Lebens. Ihr lebt heutzutage in einer Welt, in der ihr nicht erfahren wollt – geschweige denn *müßt* –, was um euch herum passiert. Ihr habt euch selbst die Kraft des Denkens abgesprochen und wißt nicht, wie das Denken überhaupt seinen Anfang nahm. Bedenkt, daß jedes Wesen, das je auf der Erde gelebt hat, sich zeitlich weiter vorwärtsbewegt und auf seiner genetischen Linie bestimmte Einflüsse hinterläßt. Wissen und Erbinformationen wurden durch die Generationen von einem Menschen zum nächsten weitergegeben. Jede Erfahrung eines jeden von euch ist in eurer einzigartigen biologischen Struktur, genannt Körper, aufgezeichnet, ein Wunderwerk, an das kein von euch je konstruierter Computer überhaupt heranreichen wird.

Wie schon gesagt, die Wahrheit ist, daß ihr nicht imstande seid, eine Maschine zu konstruieren, die großartiger ist als ihr selbst. Alles von euch Erschaffene ist eine Reflexion eurer eigenen Großartigkeit; dies wirklich zu verstehen ist kostbar. Während sich unsere Geschichte vor euch entfaltet, blättern wir das Buch eurer planetarischen Erzählungen durch, um herauszufinden, wo andere Zivilisationen und Formen der Intelligenz eine ähnliche Reihe von Lektionen vor sich hatten. Wir werden uns den Weg, den sie nahmen, anschauen – und die Lektionen, die sie lernten. Vielleicht werdet ihr am Ende dieser Geschichten all dies mit Hilfe unserer Erzählungen und eures eigenen Zellgedächtnisses dann ebenfalls wissen. Das ist unser Ziel. Wie ihr denkt und kommuniziert, zeigt, wie ihr euch selbst kennt und wie ihr zu euren inneren Überzeugungen über euch selbst kommt. Klare Kommunikation ist das Wesentliche beim Verstehen. Eure Vorfahren – ob sie nun vor 10 oder vor 12 000 Jahren lebten – hatten andere Mittel der Kommunikation, und doch waren die Ergebnisse beider ähnlich. Wessen Stimme die lauteste war, der erfand das jeweilige Glaubenssystem. Die Geschichte eurer Welt ist mit der Stimme des Siegers, der Stimme der Macht, erfüllt, obwohl dies beileibe nicht immer eine Stimme der Balance und der geistigen Gesundheit war. Die sogenannten Sieger wußten um die Geheimnisse in den irdischen Mysterien und in den Menschen – Geheimnisse von weit zurück. Welche Geheimnisse könnten euren Vorfahren bekannt gewesen sein? Das werden wir euch jetzt wissen lassen. Wichtig ist nur, daß ihr euren Horizont erweitert, um all dies verstehen zu können.

In den verborgenen Erzählungen über die Erde wurden diese Geheimnisse aufgezeichnet, wie auch in eurem Blut. Ihr seid schon viele Male durch die Erfahrungen der Inkarnationen auf der Erde und ihre Aufzeichnungen gegangen; diese Aufzeichnungen – die Bibliothek, das Buch – finden sich sogar in der Atmosphäre. Genau die gleiche Form der Atmosphäre, die euch in Form von Energie und Intelligenz erhält, wird zum Zwecke der Kommunikation benutzt, weil sie Informationen aufzeichnen kann. In Wirklichkeit ist alles um euch herum Energie, die die Geschichte dessen, was ihr seid, in sich enthält, und ihr steht in einem beständigen Autausch mit euren Molekülen und eurer Umgebung. Jedesmal, wenn ihr ausatmet, gebt ihr einen Teil von euch selbst ab, und wenn ihr einatmet, fügt ihr etwas Neues hinzu. Ihr lebt in einer Welt der visuellen Übereinstimmung, in der ihr als körperliche Wesen immer und immer wieder dieselben Szenarios durchspielt. Ihr stellt nicht in Frage, ob es vielleicht noch andere Wege des Denkens oder Seins gibt. Ihr seid geeicht auf eine lineare, definierte und erwartete Erfahrung; deshalb erschafft ihr auch genau diese.

Wenn eure Vorfahren an die Zeit dachten, dann verbanden sie damit den großen Zyklus der Präzession der Tagundnachtgleichen, verursacht durch eine Kreiselbewegung eurer Erdachse, die dazu führt, daß die Sternbilder sich in einem 26 000-Jahre-Zyklus am Himmel entlang einmal im Kreis bewegen. »Doch wer lebt lang genug, um die Zeit in dieser Größenordnung wahrzunehmen?« mögt ihr fragen. Nun, gute Frage. Vielleicht ist genau hier ein willentliches Erweitern eures Horizonts gefragt, denn es gab einst menschliche Wesen, die sehr viel länger auf der Erde lebten als ihr. Ein Lebensalter von 300 Jahren oder sogar einmal 10 000 Jahren war nicht so unüblich. Und vor langer, langer Zeit gab es, nach den Büchern höherer Wesen, auch ein Alter von einigen Hunderttausenden von Jahren. »Wie kann so etwas sein?« fragt ihr euch vielleicht. Oder: »Warum wollten sie so alt werden?« Nun, dazu kommen wir noch. Bis dahin – stellt euch einfach vor, es wäre möglich.

Derjenige Zeitzyklus, der im Buch der Erde immer und immer wieder gezählt wird, ist dieser 26 000-Jahre-Zyklus; dies ist der Zeitraum, in dem sich, wie gesagt, die zwölf Sternzeichen einmal am Himmel entlang um sich selbst drehen. Dieser größere Zeitzyklus ist ein siderisches oder Sternenjahr und enthält die verschiedenen Zeitalter, wie sie durch die Sternzeichen zum Ausdruck kommen. Durch diese Zeitmarkierungen lassen sich Muster erkennen, und solche Muster weisen auf Ordnung und Absicht hin. Stellt euch in einem stillen Moment vor, daß es eine dem Sein zugrunde liegende Absicht gibt. Alles entspringt einem Plan und Entwurf, der in sich geschlossen und in synchronistischer Ordnung abläuft, und ihr seid Teil davon. Ihr seid nicht ein kleines Molekül ohne Sinn und Zweck, das sich durch eine bedeutungslose Welt kämpft; ihr seid Teil dieses sehr bedeutungsvollen Plans, den man von vielen Seiten betrachten kann. Nun mögen die am stärksten im Hintergrund operierenden Kräfte – wie fein auch immer sie eingestimmt sein mögen – die Idee eines solchen übergeordneten Plans ablehnen, denn sie können nicht nachvollziehen, daß eine noch höhere Form von Energie die Existenz entwirft. Genauso können viele Menschen diese immens großen Zusammenhänge nicht erkennen, weil es ihnen in ihrem innersten Kern an der Absicht zur Liebe oder zum guten Willen fehlt. Das Universum, alles, was ihr wahrnehmt, ist unmittelbar aus Liebe erschaffen, einer Liebe, die so groß ist, daß sie auch das Böse neben sich toleriert, weil sie weiß, daß auch hinter dem Bösen eine übergeordnete Absicht steht. Allen Dingen wohnt eine Absicht inne – und nicht nur eine, sondern mehrere, genau wie der Geschichte, dem Kalender oder der Deutungsweise von Dingen. Es gibt viele Gesichtspunkte.

Wir bitten euch, daß ihr euch das Buch der Erde und die Zeitalter darin bildlich vorstellt: den 26 000-Jahre-Zyklus, unterteilt in zwölf Abschnitte, jeder nahezu 2 200 Jahre lang. Das als »Millenium« bezeichnete Zeitalter zum Jahr 2000 basiert auf Übereinkunft. Viele werden einwenden, daß das Datum des dritten Milleniums ungenau sei, und das stimmt. Doch hinter diesem Datum liegt eine schon lange bestehende Übereinkunft, und Übereinkünfte erschaffen die Realität. Zeit ist das Resultat einer solchen Übereinkunft, und der Himmel leistet dem Folge; er hilft euch, die Zeit zu benutzen, um euch selbst in der Existenz zu lokalisieren. Nehmt euch selbst in diesem Moment wahr; bemerkt euren Atem, stellt euch vor, schon viele Male gelebt zu haben, wie eure Vorfahren. Die Erde war durch die Zeitalter hindurch immer bevölkert, und jedem dieser Zeitalter liegt ein Thema, eine Absicht zugrunde. Innerhalb dieser einzelnen Zeitalter gibt es, wie im 365-Tage-Jahr, bestimmte Jahreszeiten. Jedes Zeitalter kann in vier Abschnitte von je 500 bis 550 Jahren eingeteilt werden, innerhalb derer bestimmte Lektionen anstehen. Würdet ihr innerhalb dieser 500-Jahr-Periode schnell reinkarnieren, hättet ihr einige Leben in diesem Zeitraum.

Gegenwärtig seid ihr also am Ende des Fische-Zeitalters, eines dieser zwölf Sternzeichen mit seinen eigenen Reichtümern und Zielsetzungen. Ihr tretet nun ins Wassermann-Zeitalter ein, welches der Vorbote des Erwachens und der Vereinigung des Menschengeschlechts ist. Das auslaufende Fische-Zeitalter rückt die Themen Mitgefühl und Erleuchtung durch vollständiges Eins-Sein mit dem universellen Geist in den Vordergrund. In solchen Situationen geschehen interessante Dinge, die die Lektionen eurer Vorfahren zu euch hinübertragen: Die Herausforderungen, die Siege, die Erfahrungen des täglichen Lebens, all dies wirkt durch Raum und Zeit auf euch ein. Bei der Erweiterung eures Horizonts denkt bitte daran, daß Wissen über eure Blutlinie weitergegeben wird, egal ob dieses Blut nun »rot« oder

»blau« ist. Ihr müßt Zugang zu dem reichhaltigen Schatz eures Zellgedächtnisses erlangen, ähnlich wie zu den Daten eines Computers. Ihr seid so reich an unerschlossenem Potential, daß bestimmte Wesen euch äonenlang bewußt gedrosselt haben, so daß ihr nicht eins sein konntet mit allem, was ihr seid. Sie bedienen sich eures Nichtwissens, eures Nichtdenkens wie auch eures Gehorsams, immer rechtzeitig zur Stelle zu sein, zu sterben und allgemein das zu tun, was euch gesagt wird. Unsere Geschichte ergibt für euch in dem Moment Sinn, in dem ihr versteht, weshalb ihr hierherkommt, wie lange die Lektionen schon anstehen und wo ihr in dieser Jahreszeit des Wachstums jetzt steht.

Durch die Zeitalter hindurch wandeln sich die Lektionen für die gegenwärtige Zivilisation; sie bringen die notwendigen Gelegenheiten mit sich, entlang den vorgegebenen Zielsetzungen Erfahrungen zu sammeln. Jedes Zeitalter hat seine Höhen und Tiefen. Es ist müßig, ein Zeitalter zu verdammen und ein anderes zu würdigen – jedes hatte seinen bestimmten Zweck. Doch die Übergangszeit hat enorme Tragweite und Bedeutung; es ist wichtig, daß ihr versteht, womit ihr konfrontiert seid.

Sitzt doch einfach mal im Geiste mit euren Vorfahren am Lagerfeuer, hört ihnen zu bei ihren Erzählungen, ihren Reisen, ihren Abenteuern. Das Gefühl, das ihr dabei empfindet, wird euch in stillen Momenten des Tages den Reichtum und die Lebendigkeit dieser Menschen offenbaren – und an dieser Stelle wird euch klar, daß ihr in eurem eigenen Buch der Erde blättert. Wir verwenden diese Form der Beschreibung, um das Bild festzuhalten, das ihr dann nutzen könnt. Doch wie schon erwähnt, ist all dies tatsächlich auch im Äther, in der Atmosphäre eures Planeten als Energie aufgezeichnet. Unsere Absicht ist, euch zu unterrichten, diese Moleküle von Intelligenz zu »lesen«, in euch selbst zu entdecken, welche Knöpfe gedrückt, welche Programme gestartet und welche Wege angegangen werden sollten, um eure brillante biologische Form zu aktivieren.

Nun stellt euch die zwölf Zeitalter vor, jedes mit seiner eigenen

Lektion. Zu Beginn und Ende eines jeden Zeitalters findet immer eine Energiebeschleunigung statt, die eine Brücke herstellt zwischen den vorausgegangenen und den zukünftigen 2 000 Jahren. Jedes Zeitalter hat sein eigenes Schicksal und ein damit einhergehendes Geistesklima. Es gibt Zeitalter des Neubeginns und Zeitalter großer Blüte wie auch Zeitalter der Ernte. Und es gibt Zeitalter wie den Winter, in denen ein Rückzug tief ins Innere angesagt ist, um die übergeordnete Absicht hinter diesen Experimenten mit dem Leben zu ergründen und zu verinnerlichen.

Als Menschen tretet ihr zum Zeitpunkt der Geburt ins Leben ein und lernt dies mit euren Eltern kennen. Ihr fühlt euch aus vielen Gründen zu den Wesen eurer Blutlinie hingezogen. Manchmal habt ihr in früheren Leben schon verwandtschaftliche Beziehungen zu diesen Menschen gehabt; zu anderen Zeiten folgt ihr vielleicht den Seelen, mit denen ihr euch tief verbunden fühlt. Wenn ihr eure Abstammung zurückverfolgen könntet, würdet ihr euch dabei sehen, wie ihr munter von einem Zweig, einer Blutlinie, zu einer anderen hüpft. Hier und jetzt werdet ihr allerdings von den Mächtigen der Erde oft danach eingeschätzt, welches Blut in euren Adern fließt.

Eines der größten Geheimnisse, wie ihr zu eurer Weise des Denkens gelangt seid, besteht darin zu verstehen, daß außerhalb eurer »Zeitfläche«, in der ihr lebt, noch weitere Wesen in anderen Dimensionen existieren, die euch übrigens auch regelmäßig besuchen. Diese betrachten den Menschen als Teil bestimmter himmlischer Prinzipien, als biologisches Experiment, dem sie beiwohnen können. Wir nennen, wie schon erwähnt, eure Welt die Bibliothek Erde, ein Ort, an dem Wesen genetisch und, wie ihr sagt, nach dem Antlitz Gottes erschaffen werden; Wesen, die dann freigesetzt werden, ihre Lektionen zu lernen und den Fluß der Energien durch die Jahreszeiten zu erfahren. Woher stammt dieser Energiefluß? Diese Energie wird auf eurem Weg durch die Himmelssphären gesammelt, ähnlich wie die der Sonne. Überdenkt dies: Was würdet ihr ohne die Sonne tun? Woher käme eure Nahrung, woher eure Ideen? Ja, Ideen werden in der Tat mittels Licht übertragen. Das Verhältnis von Licht zu Dunkel und die Präzision, die genaue Bandbreite, mit der es dem Bewußtsein bereitgestellt wird, bestimmt, was ihr als Realität wahrnehmt. In diesem Konzept liegt der Schlüssel zum Verstehen, wie Bewußtseinssysteme gestaltet sind und wie genau Universen, Galaxien und Sternsysteme erstellt werden. Ihr entwerft Spiele über eure Realität, verkauft sie in Läden und sorgt für eure Unterhaltung. Nun, auf dieselbe Weise werden Realitäten durch viel, viel größere Wesen, als ihr oder wir es sind – die eigentliche Intelligenz hinter den Bedeutungen und Synchronizitäten des Lebens – erschaffen. Und ihre Blaupause entspringt immer einem Plan. So treffen heute Wellen von Lichtenergie und Intelligenz auf eurer Erde ein, stürmisch und unvorhersagbar – genau nach Plan.

Die herrschenden Familien der Erde haben ihre Blutlinie immer genau zurückverfolgt und fortwährend ihre himmlische Verbindung, der sie vor Äonen entsprangen, entschlüsselt. Mitunter können sie das Muster hinter ihren Reinkarnationen erkennen; doch worin sie, unter anderem, fehlgingen, war, daß sie immer innerhalb ihrer eigenen Blutlinie blieben. Das führt gewöhnlich zu einer Abnahme der elektrischen Lebensenergie und des Lichts; ihre Linie ist »aufgedunsen«, zwar im Besitz großer Macht, doch ohne Sinn und Ziel – es sei denn, man betrachtet das Horten von Energie, Schätzen und Wissen um die Existenz als Ziel. Die Angehörigen dieser Linie stehen mit einer immensen, doch unsichtbaren Energie in Verbindung, die ein Normalsterblicher kaum verstehen kann. Die Mitglieder der 12 oder 13 Familiengeschlechter, die eure Welt regieren, besitzen ein tiefgreifendes geheimes Wissen um die zwölf Zeitalter des siderischen Jahres. Ursprünglich – und das wissen sie auch – waren es sogar 13 Zeitalter, und der Wandel der Zeitinterpretation führte dazu, daß ein Teil des existierenden Wissens beseitigt wurde.

Der Schwerpunkt dieser Lektion liegt auf eurer Art des Denkens. Ihr glaubt, daß ihr euch euer Wissen in der Schule angeeignet habt, oder vielleicht lest ihr täglich die Zeitung. Eure Eltern, die Regierung, religiöse Gruppen – alle haben Einfluß auf euch, doch wie gelangt ihr an Informationen, die über diese hinausgehen? Eure Vorfahren wußten wie, denn sie handhabten die Zeit andersartig. Wenn wir vom Buch sprechen, daß uns Einblicke in die Zeit gewährt, dann ist unsere Absicht, eure Zeitwahrnehmung wieder zu entzerren, so daß ihr bei der Entwicklung eines neuen Zeitverständnisses auch einen neuen Schlüssel zur Dekodierung eures Zellgedächtnisses zur Verfügung habt.

Jedes Zeitalter hatte Kontakt zum Himmlischen, und oft war dieser Kontakt weithin anerkannt und verstanden; er wurde als wichtiger Teil des Glaubenssystems der jeweiligen Zivilisation betrachtet. Jedes Zeitalter hatte seine eigene Vorgehensweise, was den Bereich des Übernatürlichen betrifft. Geht ihr im Geiste zum Jahre Null eurer Zeitrechnung, dann seht ihr, daß euer Kalender mit der Ankunft des Wesens, das ihr Christus nennt, einsetzt. Beim Übergang von einem Zeitalter in das nächste verursachen die auftretenden Energiekonzentrationen sehr starke Aktivität, und die Lichtfamilie, die nun einmal gern Informationen weitergibt, trifft mit ihrer eigenen Agenda von Lektionen hier ein. Jede Zivilisation steht innerhalb ihres Zeitalters vor der Wahl, sich selbst zu erheben oder zu zerstören. Wählt sie Erhebung, wird ein Impuls ausgelöst, der dieser Zivilisation die universellen Gesetze vermittelt, die bis dahin verlorengegangen waren. Zerstörung vermittelt und hinterläßt nichts. Nach den Aufzeichnungen eures Buches existiert eure Welt schon seit Jahrmilliarden. Dagegen sind die 26 000 Jahre, die wir euch zu betrachten bitten, ein kleiner Fleck auf der Zeitspur. Viele Zivilisationen wuchsen und gediehen für lange Zeit, bevor sie sich selbst zerstörten. Wenn ihr für immer in einer einzigen Form fortbestehen würdet, wer wärt ihr dann?

In eurer dreidimensionalen Welt sieht es immer so aus, als ob ihr euch selbst, eine Zivilisation nach der anderen, zerstören würdet; doch im Buch der Erde kann jede Zivilisation aufgesucht und lokalisiert werden, wenn man deren Koordinaten kennt und die entsprechende Schwingung wählt. Ihr seid gerade erst im

Begriff, diese Techniken zu erlernen. Die Technologie der Zeitmanipulation, der Zeitkrümmung, wurde schon seit fast 100 Jahren auf eurem Planeten insgeheim benutzt, obgleich Zeitspringen, auch ohne all die Technologie, schon seit Tausenden von Jahren praktiziert wird. Diejenigen, die mit den Mysterien und den verborgenen Geheimnissen vertraut waren, wußten schon immer, wie man sich durch die Zeit bewegt. Manchmal waren es nur Visionen, zu anderen Zeiten war es möglich, körperlich zu springen, und mitunter verschwanden Menschen auch, wenn sie in einen anderen Zeitfluß übergingen. Um Zeitreisen durchzuführen, braucht ihr keine Technologie oder Zeitmaschinen, auch wenn bestimmte Regierungen hinter eurem Rücken damit experimentieren.

Ein Großteil des Chaos im späten 20. Jahrhundert hier auf der Erde läßt sich auf massive Zeitverschiebungen, verursacht durch Zeitspringer, zurückführen. Sie bewegen sich auf der Suche nach bestimmten Abläufen oder Geschehnissen in eure Zeit hinein oder aus ihr heraus, um Veränderungen in wahrscheinlichen Welten zu bewirken. Ja, Welten können verändert werden, wie auch das Buch der Erde umgeschrieben werden kann. Man kann sich in der Zeit vor- und rückwärts bewegen, weil allem eine Bedeutung innewohnt, alles lebendig ist und mit allem in Wechselwirkung steht. Nun fragt ihr euch vielleicht, wie es denn ein Buch der Erde geben kann, wenn sich doch alles fortlaufend verändert. Was ist mit der Geschichte, wenn sich alles wandeln kann? Nun, wie sehr ist das, woran ihr glaubt, fixiert? Wie sehr sind der Amerikanische Unabhängigkeitskrieg, der Erste Weltkrieg, Babylon oder Nebukadnezars Traum fixiert?

Während die verschiedenen Konstellationen der Sternzeichen durch den Tierkreis wandern, trefft ihr auf unterschiedliche Energien. Beim Wechsel von einem Zeitalter in das nächste besteht für die Erde die einzigartige Möglichkeit, Energieschwingungen nicht nur zu empfangen, sondern auch zu senden. Die jetzt hier eintreffenden Zeitspringer wissen, daß sehr bald eine große Veränderung eintreten wird, was die Art eurer Energienutzung betrifft. Jeder kämpft um Kontrolle, besorgt darum, wer gewinnen wird. Werdet ihr als menschliche Rasse mit dem euch eigenen Zauber euer Machterbe antreten, indem ihr die im Buch der Erde enthaltenen Lektionen versteht? Wir bewegen uns in euren Zeitfluß hinein, um die Lektionen, die wir bereits verstanden haben, mit euch zu teilen: nämlich, daß die Realität sich selbst spiegelt, daß Krieg zu weiterem Krieg führt, daß Liebe weitere Liebe hervorbringt, daß das Vorenthalten von Energie zu Machtzwecken Trennung verursacht und daß Trennung der Auslöser für Krankheit ist. Ihr könnt nicht vom Ganzen abgetrennt leben, also müßt ihr euch irgendwie wieder vereinigen. Jeder Übergang von einem Zeitalter in das nächste muß eine Energiebrücke schaffen, um die Fülle des vorangegangenen Zeitalters mit dem nachfolgenden teilen zu können. Die Höhepunkte der jeweiligen Zeitalter werden durch wichtige und hervorstechende Geschehnisse charakterisiert. Vielleicht fragt ihr euch, nun da ihr an einem solchen Übergangspunkt seid, was denn wohl hier und jetzt das bedeutende hervorstechende Geschehnis sein wird?

Ihr seid im Begriff, gemeinsam eine Welle umwälzender Energie zu erzeugen, die euren Geist und euer Denken revolutionieren wird. Vor 2 000 Jahren lehrte die Lichtfamilie den Umgang mit den Energien der Wahrheit und der Liebe und verbreitete diese Botschaft: »Euch geschieht nach eurem Glauben.« Die Aufzeichnungen der Lichtfamilie wurden später zusammengefaßt, geordnet und im Charakter und in der Person Jesus Christus verkörpert. Eure eigenen Aufzeichnungen aus dieser Zeit sind lückenhaft, was die Menschen betrifft, die damals gelebt haben. Menschen mit großer Macht waren hier und lehrten die Wahrheit wie auch die Schwingungen der Liebe. Und sie halfen ihren Mitmenschen, die Tyrannei, unter der sie lebten, als solche zu erkennen. Tyrannei bedient sich der Angst als Werkzeug, um euch unter Kontrolle zu halten. Eine der fortlaufend anstehenden Prüfungen, mit der ihr von Zeitalter zu Zeitalter, von Jahreszeit zu Jahreszeit und von einem Moment zum anderen konfrontiert seid, ist, das Wesen der Angst zu verstehen. Wenn ihr mit irgendeiner Form der Angst Kontakt aufnehmt, kann diese zu eurer eigenen Erfahrung werden, weil euren Molekülen eine Intelligenz innewohnt, und die Energien reagieren auf das jeweils vorherrschende Gefühl in eurem innersten Wesen. Das, worauf sich euer Denken konzentriert, veranlaßt, was ihr als Erfahrung wahrnehmt. Und obwohl eure Vorfahren die Realität von einem anderen Blickpunkt aus betrachteten, mußten auch sie den Test der Angst bestehen, so wie ihr demnächst.

Eure Vorfahren machten übrigens auch von ihrem Körper auf ganz andere Weise Gebrauch als ihr; sie nutzten z. B. die gesamte Hirnkapazität. Ihr wißt vielleicht, daß die rechte Gehirnhälfte mit der linken Körperseite verbunden ist, und daß sie die Basis für unbegrenzte Energiemengen von Intuition und Kreativität ist. Die linke Gehirnhälfte, die in den letzten 2 000 Jahren vorwiegend benutzt wurde, wird zum Zwecke des logischen Denkens ihrerseits langsam entwickelt. Vor 2 000 Jahren fand das zyklische Leben sein Ende. In den darauffolgenden Jahrhunderten, die den Beginn des Fische-Zeitalters markierten, gab es immer noch jene, deren Leben zyklisch verlief, die Kontakte zu Göttern hatten und diese als freundliche und oft auch warmherzige Wesen kannten. Sie hatten ihre Überzeugungen aus dem vorangegangenen Widder-Zeitalter beibehalten, in dem die großen Reiche den Anspruch hatten, ihre Götter und den Tribut, den sie ihnen zollten, in Form von kunstvollen Statuen und gewaltigen Bauten zu verewigen. Diese Wesen beherrschten sowohl abstraktes als auch lineares Denken. Sie wußten ebenfalls um die Energie, die die Ägypter mit der Idee des Ka verbanden, des Geistes, der als Double oder höheres Selbst zu euch spricht. Als jedoch dieses Wissen über zyklisches Leben langsam verlorenging, verloren die Menschen auch den Bezug zu der Bedeutung des Lebens, das Wissen um die großen Zeitzusammenhänge und den eigentlichen Zweck des Lebens. Das erste Jahrhundert eurer Zeitrechnung beschäftigte sich noch damit, die Wahrheit der Liebe zu leben. Damals gab es eine gewaltige

Auseinandersetzung um die Wahrheit, genau wie heute. Wessen Wahrheit würde sich durchsetzen?

Das Römische Reich beherrschte damals die Szene. Seine Bestimmung war die Verschmelzung zweier machtvoller Kräfte, nämlich das »Management« der geistigen Belange und die »Verwaltung« des irdischen Daseins. Damit ihr euch wirklich ein Bild von eurer Geschichte und euren Denkvorgängen machen könnt, müßt ihr den Faktor des Unsichtbaren einbeziehen und euch fragen, was die Göttin, also das weibliche Prinzip, und die heidnischen Kulturen schon verstanden: Von den sogenannten Göttern gab es viele mit unterschiedlichen Namen. Doch dann begann die christliche Kirche, eingebunden ins Römische Reich, ihre Tyrannei über euren Geist, indem sie ihre eigenen Wahrheiten über den Geist, das Spirituelle, in Umlauf brachte. Und in dem Moment fingen auch die Autoritäten an, die Geschichtsbücher umzuschreiben. Die Götter erhielten neue Namen, ihre ursprünglich guten Taten wurden in den Aufzeichnungen pervertiert und mit Attributen des Teufels, des Bösen und der Angst versehen. Die vorgeblich auf Liebe beruhende Form des Denkens war in Wirklichkeit eine zum Zweck der Kontrolle entworfene Energie, und wieder einmal gabt ihr euer Denkvermögen an eine neue Autorität ab. Angst verdrängte die Liebe. Und dieser Ablauf wiederholte sich immer und immer wieder. Ihr vergeßt die Liebe.

Das erwähnte Management geistiger Belange trat hervor, um über die Seelen, Geister und Energien der Menschen Gewalt auszuüben, und ganzheitliches intuitives Denken mit voller Hirnkapazität wich der rein intellektuellen Verstandestätigkeit der linken Gehirnhälfte. Über die letzten 2 000 Jahre hinweg habt ihr langsam, aber sicher eure Macht abgegeben, erst indem ihr anderen erlaubt habt, euch zu sagen, was ihr denken sollt, dann indem ihr das Diktat akzeptiertet, daß eure Verbindung zum Geistigen nur über eine Organisation hergestellt und aufrechterhalten werden kann, also über einen Umweg. Religiöse Ideen entarteten zu Kompromissen mit spirituellen Auffassungen und wurden dann durch den Staat vereinnahmt. Der Ruf des heidnischen Erbes, der Göttin, des weiblichen Prinzips, galt nichts mehr.

Damals, vor 2 000 Jahren, als all dies begann, war gleichzeitig noch eine große Gelegenheit für die Liebe vorhanden. Es gab schon immer einen Machtkampf hinter den Kulissen darum, wer Einfluß auf die Entwicklung des Experiments Mensch nehmen sollte, denn da sind auch jene, die sich von den Energien und Schwingungen, die ihr erzeugt, nähren. Welcher Art sind diese Energieschwingungen? Nun, *alles, was ihr, wann auch immer, unternehmt, erzeugt eine bestimmte Schwingung mit einer bestimmten Frequenz*. Denkt darüber nach, und dann fühlt es. Warum ist dies so? Weil ihr biologische Wesen seid, die als Frequenzerzeuger erschaffen wurden; eure Emotionen sind sozusagen die Saiten eures Schwingungsinstruments. Ob ihr es euch eingestehen wollt oder nicht: Ihr habt zu allem und jedem ganz bestimmte Gefühle. Auch wenn viele von euch diese nie zum Ausdruck bringen, so sammeln sie sich doch in Mustern an, die in eurem Zellgedächtnis und eurem Blut aufgezeichnet sind, ebenso wie sie in eurer Ahnenlinie aufgezeichnet sind. Diese Muster strahlen von euch in Form von elektromagnetischen Wellen ab, mit denen ihr das anzieht, was ihr abgebt.

Jeder von euch ist mit etwas Größerem als er oder sie selbst verbunden. Seit Beginn der Zeit waren die Menschen mit Geistwesen in Kontakt, denn die Götter waren freundlich und immer zugegen. Erst in letzter Zeit wurden sie »verwaltet« und von euch ferngehalten. Zu Beginn des Fische-Zeitalters wurde verfügt, daß nur gewisse Menschen mit Gott sprechen konnten, daß Gott nicht ohne weiteres für jeden verfügbar war – es sei denn, man böte ihm oder vielmehr den ihn repräsentierenden Priestern und Päpsten Geld und Gebete. Das war der Beginn eines dunklen Zeitalters, in der Krankheit, Nichtwissen und Angst vorherrschten. Die zweite 500-Jahr-Periode innerhalb dieses 2 000-Jahre-Tests war äußerst dunkel.

Doch wo Dunkelheit existiert, ist auch das Licht, und als das Licht aufflackerte, begannen viele Menschen zu erwachen. Zu

Beginn des Mittelalters, von 1000 bis ungefähr 1500, kamen neue Ideen auf. Das menschliche Bewußtsein erwachte aufs neue. Bevor sich jedoch diese Freiheit des Denkens manifestieren konnte, gab es ein letztes Aufbäumen der Dunkelheit: die Inquisition, mit all ihrem Morden und ihrer Zerstörung. Sie wurde von denen ins Leben gerufen, die die Kontrolle über das Gemach der Götter und den Zugang zu ihnen behalten wollten; natürlich wollten sie auch das Denken des Menschen einschränken. Wenn euer Denken von dem, was man als richtig bezeichnete, abwich, wurdet ihr des Nachts abgeführt und getötet. Da es weniger Menschen gab, war es einfacher, diese zu »verwalten«. Eure Vorfahren lebten mit der Angst, durch ihr Wissen um die Geheimnisse die neu erstellten Regeln zu verletzen – sie wußten mehr, als erlaubt war. Nur sehr wenige traten noch vor, um darauf hinzuweisen, daß der Kaiser ja gar keine Kleider trage, um eine eurer alten Erzählungen hier einzuflechten. Das Angstpotential rund um den Planeten nahm derart stark zu, daß jemand, der den Mund aufmachte, bei anderen Angst statt Liebe erzeugte. In eurer Zeit wird eine ähnliche Lektion anstehen. Wenn jemand wahrheitsgemäß feststellt, daß der Kaiser ja gar keine Kleider trage, dann gebt dieser Person Liebe – ob ihr nun mit ihrem Gesichtspunkt übereinstimmt oder nicht. Bestätigt sie für ihren Mut, die Wahrheit auszusprechen.

Es kommt darauf an, die Wahrheit auszusprechen, und nicht, andere davon zu überzeugen. Jeder muß zu eigenen Schlußfolgerungen gelangen. Bitte erinnert euch daran: Eine der vorrangigen Lektionen, die es zu lernen gilt, ist, daß ihr erkennt, daß ihr euer Denkvermögen in die Hände anderer Wesen gelegt habt und darüber vergessen habt, für euch selbst zu denken. Ihr lebt im Moment in Parzellen, folgt Kalendern und glaubt, daß der gerade vergangene Moment unwiederbringlich verloren ist; ihr radiert euch selbst praktisch aus beim Versuch, euch schneller und schneller in eine bedeutungslose Zukunft hineinzubewegen. Die Lichtfamilie ist sich bewußt, daß die Menschheit sich in einem Wettlauf mit Veränderungen befindet und daß ihr alle an diesem Experiment teilnehmen müßt, indem ihr euch selbst verändert. An diejenigen unter euch, die neuen Ideen gegenüber offen sind und unsere Botschaft vernehmen können: Denkt daran, daß es keiner Bekehrung und keiner Predigt bedarf. Seid euch einfach in eurem Innersten dessen gewiß, daß ihr alle auf der jetzt eintreffenden Welle der Veränderung fortgetragen werdet. Bleibt wach und rege, trefft eure eigenen Entscheidungen; seid sicher, daß ihr wißt, was ihr wollt; haltet euch offen für die großen Mysterien und vergeßt nicht, daß – egal wieviel ihr jetzt schon wißt – es doch nur erst einige wenige Seiten im Buch der Existenz umfaßt.

Die Erde steht am Ende des 20. Jahrhunderts an einem Scheidepunkt; wir und viele andere spüren eine Form von Dringlichkeit, wenn wir diesen Zeitpunkt betrachten. Aus unserer Sicht erstreckt sich dieser Zeitpunkt über das, was ihr als »viele Jahre« bezeichnen würdet.

Wir sehen hier eine kurze Periode von etwa 25 Jahren eurer Zeit – von 1987 bis 2012 –, die für uns wie im Nu vorbeigeht und in der unermeßlichen Weite von Allem-was-Ist kaum wahrnehmbar ist. Natürlich ist es leicht, einen Zeitsprung nach Babylon zu unternehmen – es existierte lange, lange Zeit. Es gab viele andere Kulturen, Königreiche und Zivilisationen, die langlebiger waren und nicht so schnell von der Bildfläche verschwanden. Ihr jedoch lebt jetzt in einer Zeit der Trennung, Fragmentierung und Isolation, und die Stürme der Zeit jagen die Ereignisse wie Wolkenfetzen in sich ständig wandelnden Formen vor sich her.

Zur Zeit eurer Vorfahren gab es weniger Zivilisationen, Denksysteme, Blutlinien und Zielsetzungen. Das ganze Experiment war mehr unter Kontrolle. Zentrum der Experimente war mit Sicherheit immer der Mittlere Osten, auch als der Fruchtbare Halbmond bekannt, wo viele große alte Bauten errichtet wurden. Die ägyptischen Pyramiden dienten beispielsweise der Kommunikation mit den höheren Sphären. Außerdem waren sie Gegengewichte zur Balancierung elektromagnetischer Energien, die tatsächlich als Akupunkturpunkte im Magnetfeldgitter der Erde wirkten. Die Große Pyramide besteht aus mehr als dem, was über der Erdoberfläche sichtbar ist; ihre Struktur dringt tief ins Erdreich ein, und so kann kosmische Energie von einem Zeitalter in das nächste übertragen und geerdet werden. Die Große Pyramide existiert schon sehr lange Zeit. Hier sollte man die Aufzeichnungen eurer Historiker und Archäologen nochmals überprüfen. Alle alten Steinbauten hatten einen Einfluß auf die Sterne und sind weitaus älter und mit wesentlich mehr Hintergrund und Absicht errichtet worden, als euch eure Geschichtsbücher erzählen.

Wenn ihr das Wissen, das wir mit euch teilen, genau betrachtet, findet ihr euch vielleicht mit Aufgaben konfrontiert, die nicht immer durchschaubar sind. Vielleicht sucht ihr nach euren Wurzeln, indem ihr alte heilige Stätten besucht; eventuell hat auch Ägypten euch schon einmal in seinen Bann gezogen. Dies würde euch zurückführen ins alte persische Königreich, den Bereich des heutigen Iran und Irak – wenn ihr die Länder betreten könntet. In den letzten Jahrzehnten hat sich jedoch dort einiges zusammengebraut, so daß man die Länder zur Zeit nicht bereisen kann. Diese Gegend hatte in der Entwicklung des menschlichen Bewußtseins eine Schlüsselrolle inne; es war die Gegend, wo die Götter ihre Spiele spielten und ihre Experimente durchführten. Ihr steht heute immer noch »unter Beobachtung«, um herauszufinden, wie ihr eure Realität erschafft. Werdet ihr euch selbst zerstören, werdet ihr eine neue Welt erschaffen – nun, was wird es sein? Werdet ihr Gebrauch von euren feineren Wahrnehmungen machen oder weiterhin in einer Welt der Ignoranz leben, in der ihr alles, was euch erzählt wird, folgsam als richtig annehmt? Ihr seid Gegenstand der Beobachtung und des Studiums über die Zeit hinweg. Und da ihr immer wieder reinkarniert, pflanzt ihr euch selbst fort, bis ihr euch im besagten Prozeß selbst verfangt.

Es gibt euch beobachtende Wesen, für die 26 000 Jahre ein Jahr nach eurer Zeitrechnung ist. *Ein Jahr.* Könnt ihr euch ein Bild von diesen großen Wesen machen, die euch beobachten und mit euch spielen, um euch zu verstehen und von euch zu lernen? Wenn ihr dieses Verhältnis zeitlicher Größenordnungen anschaut, was ist dann die erwähnte Zeitperiode von 25 Jahren, die zum Ende des 20. Jahrhunderts begann? Wie können solche Wesen diesen, nach ihren Maßstäben, »Bruchteil einer Sekunde« ausfindig machen? Wie können wir es? Euch mögen 25 Jahre wie eine lange Zeit vorkommen; für viele andere ist es jedoch nur ein Augenblick. Nach dem Buch der Erde, an dieser Stelle vor- und zurückgeblättert, setzt diese 25-Jahres-Periode wesentliche Zeichen. Sie ist deswegen so einzigartig, weil nirgendwo sonst in der gesamten Existenz so viele Zeit- und Gelegenheits-»fäden« zusammenlaufen wie hier.

Wir baten euch schon mehrmals zu betrachten, wie ihr zu eurer Art des Denkens gelangt seid. Vielleicht stellt ihr jetzt schon in Frage, was ihr in der Schule gelernt habt, was euch als wichtig nahegelegt wurde. Hier besteht die Herausforderung darin, Geschichte, so wie ihr sie kennt, erneut zu entdecken und das Leben aus der Weitwinkelperspektive zu sehen. Nutzt euer Zellgedächtnis, die Klänge und Töne des Lebens und die Erde selbst, um euch zu beleben. Tretet heraus aus dem begrenzenden Gemach der Götter, hinein in euer eigenes Gemach. Erlernt das Denken wieder, und dann entschließt euch, das zu glauben, was ihr glauben wollt. Das erfordert Mut, doch ihr seid damit nicht allein. Auf der Brücke von einem Zeitalter ins nächste herrscht immer äußerst reges Treiben. Mit der Veränderung elektromagnetischer Kräfte wird auch das Magnetfeld der Erde schwächer; physische und mentale Strukturen werden nicht mehr so stabil wie bisher an Ort und Stelle gehalten. Wenn das Magnetfeld schwächer wird, setzt Chaos ein.

Nun, wie ihr mit Chaos fertig werdet, das ist ein weiterer Test. Was ihr tut, während eure Realität ihre scharfen Konturen verliert, wird eure weiteren Erfahrungen maßgeblich bestimmen. Eine der größeren Lektionen, die zu lernen ihr hier seid, ist, das Leben aus eurem eigenen Gesichtspunkt zu erfahren. Eure neue Deutung der Existenz, die sich in jeder eurer Zellen wiederfindet, wird von eurem Aura-Feld übertragen und hat Einfluß auf die gesamte Biosphäre der Erde. Im Idealfall sendet ihr eine neue Frequenz in die Existenz hinaus.

Am Ende eines Zeitalters wird das angesammelte Wissen ebenso übertragen. Was wird es also sein, das ihr übertragt? Wir fragten euch schon zuvor: Was würdet ihr als eure Siege aufzählen? Stellt euch vor, ihr würdet Kontakt aufnehmen mit Wesen, die jenseits der Zeit leben. Stellt euch vor, sie würden euch bitten, euch selbst zu definieren und ihnen mitzuteilen, was ihr über euch selbst zu wissen glaubt. Was wären eure Antworten? Welche Bücher würdet ihr ihnen für ihre galaktischen Bibliotheken empfehlen, was wäre euer Beitrag? Denkt darüber nach. Wäre es ein Buch über die Erfindungen der letzten 50 Jahre oder des letzten Jahrzehnts? Was wäre wirklich wichtig? Wir sagen: Alles, was ihr vorbringen würdet, wäre gleichzeitig auch etwas, das euch begrenzt. Diese Gedankenübung wird euch helfen, den Ursprung des Denkens zu verstehen, und weshalb ihr denkt, was ihr denkt. Unter Umständen werdet ihr dann auch euch selbst »überdenken« . . .

Vielleicht könnt ihr mit Hilfe eurer Vorfahren zu einem Verständnis der großen übergeordneten Zyklen kommen, die eure Aufmerksamkeit verlangen, und zu einem Verständnis eurer biologischen Energie, die ihr in Form von Emotionen ausstrahlt. Vermutlich werdet ihr dann verstehen können, daß eure Energien von anderen, die euch von Moment zu Moment beobachten, empfangen und »geerntet« werden. Wie schon zuvor gesagt, die Götter halten ein Nickerchen. Doch das ist nur eure Sicht der Dinge. Ihr steht immer mit der Umgebung und allem, was ist, in Verbindung. Wenn ihr Schwingungen der Angst erzeugt, zieht ihr entsprechende Energien an. Ohne euch Vorwürfe zu machen oder irgendwelche Schuld zuzuweisen: Wieviel Angst verbreitet ihr in der Welt? Nun stellt euch vor, daß die Schwingung, die ihr unbewußt hinaussendet, eine Lebensform anzieht, die euch dahingehend beeinflußt, daß ihr dieselbe Schwingung weiterhin erzeugt. Diese Lebensformen und Energien würden, wenn die

Erzeugung von Angstschwingungen ausbliebe, sich lösen müssen, denn sie sind nicht in Resonanz mit der Liebe. Im Geschichtsbuch der Erde können wir über die Zeit hinweg immer wieder erkennen, daß alle großen Reiche, seien es die Perser, die Römer oder die Griechen, auf Angst und Tod aufgebaut waren und deshalb alle wieder zerfielen.

Heute hat die Neue Weltordnung die gleiche Chance, wie sie das Römische Reich hatte. Das Römische Reich verschmolz mit dem Christentum in den Anfangsjahrhunderten dieses Zeitalters und änderte die von der Lichtfamilie verbreiteten Wahrheiten ab, um sie ihrer politischen Richtung anzupassen. Werden heute diejenigen unter euch, die die Wahrheit zum Ausdruck bringen, diese auf ebensolche Weise der Neuen Weltordnung anpassen? Die frühen Christen waren zerworfen; sie waren weit von einer Einheitlichkeit ihrer Lehren entfernt. Einige glaubten, es gäbe mehr als einen Gott, andere glaubten an nur einen. Wir sagen dazu: Wenn es einen Gott gibt, dann ist es die Liebe. Liebe kann sich selbst auf vielerlei Weise personifizieren. Die Größe und Intelligenz der Liebe, die ihr als Schöpfer bezeichnet, akzeptiert alles. Sie verurteilt das, was ihr als Götter und Göttinnen bezeichnet, keinesfalls, auch nicht das Erschaffen und Zerstören von Leben, denn die Liebe selbst, der Schöpfer, manifestiert sich im endlosen Kreis von Entstehen und Vergehen. Von einer höheren Warte aus gesehen, ist alles mit einer fortlaufenden höheren Intelligenz versehen, und nichts wird je wirklich zerstört. Während ihr euch selbst überdenkt, denkt doch bitte auch an die Erde und die auf ihr heute stattfindende Zerstörung. Eure Biosphäre, eure Physis, eure Natur, die Felder, Wiesen und Gärten sind in Gefahr. Die Orte, an denen die Kinder gewöhnlich spielten, die Flußufer, die sie entlangliefen, die Bäume, unter denen sie dem Treiben der Wolken am Himmel zuschauten – all dies schwindet dahin. Tiere wie Eichhörnchen und Vögel waren einst willkommen; nun verbindet man mit ihnen die Furcht vor Krankheitsüberträgern, weil sie plötzlich schmutzig sein sollen.

Einst war das Magische lebendig. Es verschwand zusammen

mit dem Verständnis der zyklischen Bedeutung der Existenz und dem Aufkommen linearen Denkens. Es verschwand mit der Hexenverbrennung. Die Hexen waren die letzten tapferen Verfechter der alten Lehren. Beim Thema Hexen wird sich vielleicht bei manchem Leser einiges sträuben, denn es gibt ungefähr so viele Hexengeschichten, wie es Versionen der Wahrheit zu diesem Thema gibt. Viele sogenannte Hexen verachteten und widersetzten sich der Geistestyrannei, die als religiöse Wahrheit verkauft wurde. Sie waren, wie die alten heidnischen Kulturen, sehr erdverbunden und verstanden sich auf Heilung mit Kräutern. Sie praktizierten viele Naturheilverfahren und wußten sich auch in Zeiten der Dunkelheit zu behaupten. Sie hatten den Mut, mit dem Äther und den Geistern Kontakt aufzunehmen und sich mit ihnen auszutauschen. »Die mit dem Beelzebub tanzen und mit dem Teufel im Bunde stehen« war die landläufige Auffassung über sie – und so wurden sie geächtet, gefoltert und auf dem Scheiterhaufen verbrannt. Große Angst verbreitete sich übers Land, denn die Foltermethoden der Inquisition waren mannigfaltig. Doch jedes Zeitalter hat auch immer seine Abtrünnigen und Aufsässigen, die es trotz allem verstehen, sich still in das Spiel einzufügen, es nach außen mitzuspielen. Sie wissen, daß in jedem Moment des Lebens die Wahl besteht zwischen einem Mittelweg, einem Seitenweg und einem höheren Weg. Die Art und Weise, wie die Liebe oder die Angst zum Ausdruck gebracht werden, bestimmt den Weg. Selbst in dunkelsten Zeiten wußten diejenigen, die die Schwingungen der Liebe verstanden, sich selbst zu schützen, und so wurden die Geheimnisse um das zyklische Leben weiter durch die Zeit vorangetragen.

Dies war mit Sicherheit nicht das, was Regierungen oder religiöse Organisationen lehrten. Sie brachten den Menschen vielmehr bei, daß es eine Instanz geben muß, die die Menschen verwaltet und lenkt, und daß die Menschen außerstande seien, persönlich mit Gott in Kontakt zu treten. Und wenn sie das dennoch täten, so wären sie vom Teufel besessen. Das Lieblingsthema des Teufels waren natürlich die Frauen, denn sie hatten sich immer noch Reste ihrer Intuition aus heidnischer Zeit bewahrt. Auch wenn sie Anstrengungen unternahmen, sich mit dem linearen Denken auseinanderzusetzen und ihr Wissen um Lebenszyklen hintanzustellen, so waren sie doch nur schwer imstande, diese Wandlung zu vollziehen, und zwar aus vielen Gründen. Sie bemerkten, daß ihre Monatsblutungen mit den Mondzyklen verbunden waren, wie sie sich alle 28 Tage wiederholten. Ihre ganze Lebensweise und Lebensgestaltung spielte sich auf der Grundlage von Zyklen ab, die im Widerspruch zu der Existenz einer linearen, bedeutungslosen Welt standen.

Die Abkehr von einer ganzheitlichen Lebensweise und den Elementen des Magischen zog sich über den Zeitraum von ungefähr 1000 bis 1500 n. Chr., die dritte 500-Jahres-Periode des Fische-Zeitalters, hin. Während sich ein Zeitalter entfaltet, gibt jedes Viertel, jede 500-Jahres-Periode, bestimmte Lektionen auf. Zu Beginn des letzten Viertels des Fische-Zeitalters hatte es den Anschein, als ob die vorherrschende Emotion für den Durchschnittsmenschen die Angst war; doch im gleichen Zeitraum, von 1500 bis in die Gegenwart, erlebten die oberen Gesellschaftsschichten eine Belebung ihres geistigen Potentials. Gesundheits- und Ernährungspraktiken änderten sich, und die Menschen begannen, ihre alten Glaubensmuster zu reformieren. Kirche und Regierung waren nicht länger die höchsten Autoritäten, die Ungläubige einfach auf Fingerschnipp beseitigen konnten. Es begann eine Zeit der Erleuchtung und Aufklärung. Doch was würde diese Aufklärung mit sich bringen? Schaut ihr euch das letzte Viertel des Fische-Zeitalters an, so könnt ihr erkennen, daß der Austausch und die Verbreitung von Information unter den Menschen sich rapide zu beschleunigen begann. Eine Bevölkerungsexplosion fand statt, und die zuvor begrenzte, vorgeschriebene Sicht der Welt als eine flache Scheibe wich einer neuen Sicht des Planeten als sphärischer Körper, einer Welt, die eine andere Seite hatte und Möglichkeiten bot.

Wann immer sich neues Terrain öffnet, ob vor Tausenden von

Jahren oder in der Zukunft, gibt es viele, die ihre Glaubensvorstellungen verbreiten wollen. Erinnert euch: *Eure Überzeugungen haben sehr einfache Alternativen zur Grundlage: Angst und Liebe.* Als sich die Neue Welt entwickelte, war die Alte Welt, das Römische Reich, schon seit 1 000 Jahren tot und von der Bildfläche verschwunden. Die Neue Welt war von europäischen Seefahrern entdeckt worden, doch sie war gewiß nicht neu. Einige Menschen der Neuen Welt behielten das Geheimnis um die alten Schriften für sich; es waren Menschen, die zur Zeit der großen Völkerwanderung nach dem Turmbau zu Babel in alle Himmelsrichtungen ausströmten. Sie brachten das Wissen aus der Zeit des direkten Kontaktes mit den Göttern mit sich und übersetzten es in die jeweiligen Sprachen. Nach einiger Zeit fanden sich ihre Bücher überall auf dem Planeten. In der Rückschau kann man entdecken, daß nur der Westen – ein Produkt des Römischen Reiches und des Christentums mit einer eigenen Denkweise – nicht verstand, daß die Erde rund ist. Sie dachten, die Erde wäre eine Scheibe, weil es ihnen so gesagt wurde.

Viele Herausforderungen der Zeitalter stellen sich euch heute in eurem täglichen Leben aufs neue. Um das Jahr 1500 herum sahen sich die Menschen der Herausforderung gegenüber, eine Weltsicht zu akzeptieren, die die Übereinkunft in bezug auf die bisherige Lebensweise unmittelbar ins Wanken brachte. So gern die Kirche auch Abtrünnige und Ketzer wie Galilei und Kopernikus, die das Diktat der Autorität hinterfragten, auf dem Scheiterhaufen gesehen hätte – sie konnte nicht einmal einen Christoph Kolumbus den Flammen übergeben, denn dies hätte die Erde auch nicht mehr zur Scheibe gemacht. Auch wenn die Kirche und die alten Autoritäten dem Menschen vielleicht noch diktieren konnten, wie sie sich den Himmel vorzustellen hatten – den Glauben an eine isolierte, bedeutungslose, mit Angst angefüllte Welt, von deren Scheibe man herunter in die Gefilde des Teufels fallen würde, wenn man sich dem Rand zu sehr näherte, diesen Glauben konnten sie nicht länger aufrechterhalten und verbreiten. Damit war die Möglichkeit gegeben, eine neue Brücke zur

Freiheit zu bauen. Doch wurde sie gebaut? Hexen wurden zu dieser Zeit immer noch verbrannt, weil sie mit Pflanzen sprachen, Zaubersprüche benutzten und allgemein ihre Willenskraft und Absicht einsetzten, um die Realität ihren Ansprüchen anzupassen. Sowohl die Hexen als auch die Alten wußten viele Dinge um den Körper. Kirche und Regierung wollten diese Lehren unterbinden. Das Ergebnis waren Menschen, die keine Körperpflege mehr betrieben und so angsterfüllt waren, daß es ein Wunder war, daß sie sich überhaupt noch fortpflanzten.

Wie schon gesagt, es gab immer die Abtrünnigen, die den Mächtigen ihre offizielle Geschichte nicht abkauften, doch weiterhin das Spiel mitspielten. Sie glaubten das, was sie wollten, und sie überlebten dies. Auch in den brisantesten Zeiten, in denen weithin Gift verspritzt wurde, überlebten die Menschen. Viele Plagen suchten den europäischen Kontinent in den letzten 2 000 Jahren heim und dezimierten die Bevölkerung um Hunderttausende. Dies waren zu bestimmten Zeiten ein bis zwei Drittel der Bevölkerung. Wie ihr seht, steht ihr heute einem ähnlichen Dilemma gegenüber.

In Sumer und Ägypten, dem Fruchtbaren Halbmond, am Mittelmeer und in Europa, fanden die Experimente der Götter statt, denn hier konnten viele unterschiedliche Kulturen sehr nah beieinander plaziert und leicht beobachtet werden. Die natürlichen Grenzen, Gebirge, Wüsten und Gewässer hielten die Menschen voneinander getrennt. Mit Hilfe der Großen Pyramide, der Sphinx und vieler anderer Bauten, die über die Äonen in diesem Bereich errichtet wurden, wurde ein Energiegitter geöffnet. Tatsächlich ist dieser ganze Raum eine Pforte in eure Welt hinein, ein Durchgang zu einer virtuellen Realität und zu Räumen ähnlich denen, die ihr nun im Internet habt, wo ihr auch einen Raum, bei euch »Website« genannt, käuflich erwerben könnt. Die Ansiedlung von Zivilisationen in Sumer und in benachbarten Gebieten läßt sich mit dem Erwerb einer virtuellen Realität auf der Erde vergleichen, ein Versuchsfeld für Experimente, wo die Götter ihre »Site« einrichten konnten und den Handel und Wandel der Lebensgeschäfte ergründen konnten.

Die Götter verfügen über interessante Anlagen und Fähigkeiten. Eure Vorfahren standen mit ihnen in telepathischer Verbindung, denn sie nutzten das gesamte Gehirn, waren auf das zyklische Leben eingestimmt und imstande, die Energien, die sich um ihre Körper herum befanden, zu steuern. Zu Beginn des Fische-Zeitalters setzte eine Erstarrung des Denkens ein, die die menschlichen Erfahrungen extrem verfestigte und zu immer stärkerer Trennung führte. In den letzten 500 Jahren schließlich kam die Idee auf, daß ihr ausschließlich materielle, mechanistische Wesen seid. Descartes und Darwin legten den Grundstein für eine Welt der Trennung, indem sie das Leben als isoliert, unterteilt und höchstens in bezug auf sich selbst bedeutungsvoll definierten, und vor allem als ein Wunder der Sinn- und Zwecklosigkeit. Trennung und Bedeutungslosigkeit wurden massenhaft vermarktet, und zwar nicht nur im Hinblick auf die Götter, sondern auch im Hinblick auf die Natur. Das Resultat war die vollständige Kontrolle über euer Denken. Ähnliches geschah über den ganzen Planeten hinweg. In Afrika zeigen die Spuren vielleicht eine andere Zeitlinie, doch auch dort haben die Aufzeichnungen denselben Verlauf: das Aufgeben der eigenen Macht an eine Autorität, das Aufgeben der Liebe, die Entscheidung für Krieg und schließlich den Verlust von allem. Am Ende griff die »Isolationskrankheit« epidemieartig um sich. In Südamerika ist die Geschichte etwas anders gelagert; dort besteht eine tiefe Kluft zwischen der Aristokratie und der Masse; eine Hierarchie mit unermeßlichen Ressourcen, doch ohne einheitliche Zielsetzung.

Diese Territorien unterliegen heute einem Mißbrauch von Energie und Geheimnissen; die Menschen dort schrecken davor zurück, ihre Macht zu beanspruchen. Asien war eines der größten Erfahrungsgebiete, was Bewußtseinskontrolle angeht. Wie denken die Menschen auf dem riesigen Versuchsgelände China? Nun, sie denken, was sie denken sollen. In der Familienplanung wird chinesischen Eltern ein Kind zugestanden, mehr nicht. Was können sie tun? Sie zählen eine Milliarde, ein Fünftel eurer Erdbevölkerung, die größte potentielle Massenbewegung, die einfach unreflektiert das Diktat übernahm. Wie konnten menschlichen Wesen solche Begrenzungen überhaupt »verkauft« werden? Nun, im Buch der Erde begegnen uns immer wieder diejenigen, die die Wahrheit aussprachen – und oft wurden sie nicht auf Scheiterhaufen verbrannt, sondern nur verlacht.

Ihr solltet lernen, die Energiemanifestationen an den Übergängen der 500-Jahres-Perioden der letzten 2 000 Jahre zu verstehen. An diesen Punkten wirken die Lektionen eines Zeitalters wie Signale. Vielleicht versteht ihr nun, daß euer Leben einen bestimmten Zweck verfolgt und daß euch von höherer Stelle Gelegenheit gegeben wird, eins mit euch selbst zu werden. Wenn ihr dies nachvollziehen könnt und wenn ihr versteht, wer ihr seid, werdet ihr wohl auch der Geschichte eurer Welt mehr Sinn abgewinnen können.

Wir möchten euch nochmals auffordern, euch selbst zu überdenken und eure Geisteskraft zu benutzen, um Zugang zu den euch innewohnenden Reichtümern und denen eurer Vorfahren zu erlangen. Schaut euch an, was ihr um euch herum erschaffen habt, und seid euch klar darüber, daß dies größere Bedeutung hat, als ihr glaubt. Die Brücke hinüber zum 21. Jahrhundert wird in eurem Geiste erschaffen. Die dabei anstehenden Fragen sind: Wessen Geist, wessen Denken ist es? Wer verfügt über euren Geist? Wer kämpft um euren Geist? Wie dick ist noch der Schleier, der über die Tatsache der Geisteskontrolle gelegt wurde? Überdenkt dies, während wir die weiteren Geheimnisse unserer Familie ergründen, auch die des Selbst und des Körpers, der mit reiner Willenskraft Wunder vollbringen kann. Und auch die Geheimnisse um euer Blut, eure Sexualität, um Heilung, Schöpfung und das Leben allgemein werden wir zu einem großen Teil lüften. Leben bedeutet Sein, und Sein bedeutet zu wissen, daß ihr verbunden seid. Und genau das ist es, was ihr über diese Brücke mitnehmt: das Konzept eines Lebens in einer bedeutsamen, zielgerichteten und mit allem verbundenen Welt.

KAPITEL 4

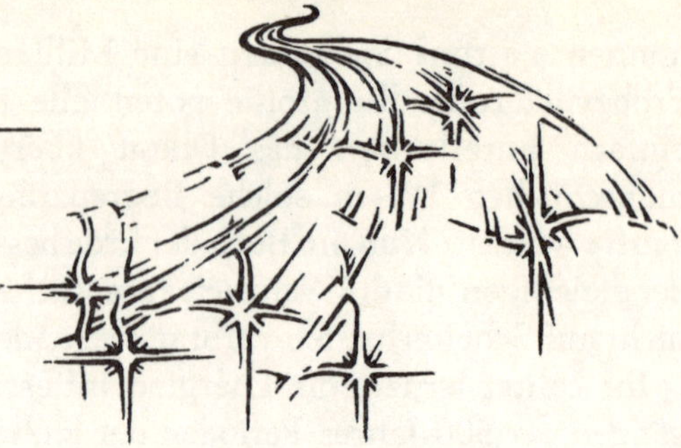

Euer großes Erbe

Wenn wir euch aus dem Großen Buch der Erde erzählen, möchten wir sicherstellen, daß ihr wißt, daß die Quelle dieser lebendigen und inhaltsreichen Geschichten in den Annalen eurer Gene aufgezeichnet ist – wenn ihr sie nur lesen könntet. Wir wollen dabei in euch nicht das Gefühl aufkommen lassen, daß wir Zugang zu Wissen haben, das euch für alle Zeiten vorenthalten wird. Alles, was ihr wissen wollt, kann entdeckt werden, wenn ihr nur lernt, vollen Gebrauch vom großartigen biologischen Wesen, das ihr seid, zu machen.

Beim Lesen unserer Geschichten mögt ihr wohl gemerkt haben, daß wir mal hierhin, mal dorthin springen und über dieses und jenes ein kleines bißchen erzählen. Das machen wir, um nicht den Eindruck entstehen zu lassen, eure Geschichte würde sich auf lineare Weise entfalten. Wir wollen, daß ihr auf einem etwas anderen, euch vielleicht eher zufallsbestimmt erscheinenden Wege herausfindet, wer ihr und eure Vorfahren gewesen sind.

Im Buch der Erde gibt es bestimmte Schlüssel-Zeitpunkte, zu denen immer Brücken gebaut werden, die die sich wandelnden Zeitalter miteinander verbinden. An genau solch einem Punkt befindet ihr euch jetzt gerade, und dadurch, daß ihr euren Körper und eure biologische Struktur versteht, werdet ihr zu den gleichen Blickpunkten und Sichtweisen gelangen wie wir. Wir wiesen schon auf eure Vorfahren und deren Herausforderungen und Anstrengungen hin. Wir erachten es als wichtig, daß ihr euch mit eurer Abstammung beschäftigt, während ihr mehr über eure wahre Identität und eure Werte erfahrt. Das Potential für euer inneres Wachstum liegt in den formenden Grunderfahrungen eurer Herkunft. Im Übergang vom Fische- zum Wassermann-Zeitalter liegt eine der sich euch bietenden Gelegenheiten darin, die Evolution vom linearen Denken hin zu multidimensionalem Leben zu vollziehen. Wäre dies ein abrupter Übergang, könnte das eurem Nervensystem einen ziemlichen Schock versetzen; doch innerhalb der Blutlinie eurer Herkunft liegt auch das Potential für die schrittweise Wandlung eurer Realität mittels Wandlung eurer Wahrnehmungen.

Jetzt, im späten 20. Jahrhundert, öffnet ihr euch wieder für übersinnliche Phänomene, den PSI-Faktor, wie ihr ihn nennt, der auch den Hexen und Heiden als Äther oder Geist bekannt war. Die verschiedenen Führer organisierter Religionen, die ihre eigene Version von Gott verkaufen wollten, haben immer vorgegeben, daß übersinnliche Kräfte eine Sache des Teufels sind, denn diese Kraft wollten sie auf keinen Fall in den Händen des gewöhnlichen Menschen sehen. Und so wählten eure Vorfahren nach einiger Zeit die Angst und den Glauben an eine Autorität außerhalb ihrer selbst, womit sie nicht nur für ihr Denken, sondern auch für ihren gesunden Menschenverstand die Verantwortung in die Hände anderer legten. All dies ist in eurer Blutlinie aufgezeichnet. So hat nach der Bibel die Menschheit ihren Ursprung im Schöpfungsakt eines hebräischen Gottes um 4 000 v. Chr. – doch schon lange davor kamen die eigentlichen Götter, die eure ursprünglichen Schöpfer-Eltern waren, aus allen Ebenen hierher. Ihr Same, ihre Ideen wurden über Zeit und Raum hinweg weitergegeben, und an vielen Stellen auf eurem Planeten könnt ihr noch Spuren ihrer Existenz erkennen: in Nord- und Südamerika, in Australien, Indonesien, Asien, Indien, Europa und Afrika.

Über einen langen Zeitraum hinweg haben sich die Landmassen des Planeten verschoben und in der Form verändert. Ihr nehmt an, daß dies allmähliche Veränderungen waren, doch die Theorie der allmählichen Veränderung verliert an Zuspruch, denn die Erde vollführt einen wahren Tanz auf geophysikalischer und energetischer Ebene. Niemand weiß genau, wie diese Veränderungen zu deuten sind, denn meistens neigt ihr dazu, der offiziell verlautbarten »Wahrheit« zu folgen. Eure wahrgenommenen Erfahrungen lassen auf allmähliche Veränderung als Grundregel schließen, doch ihr habt keine Vorstellung davon, zu welchem Wissen eure Vorfahren Zugang hatten. Ihnen war bekannt, daß plötzliche, überraschende und auch vieles erschütternde Veränderungen von einem Moment auf den anderen eintreten können und daß es fast unmöglich ist, Pläne für irgendwelche Eventualfälle zu machen.

Obgleich eure Vorfahren die Nutzung des Gehirns besser verstanden als ihr, heißt das nicht, daß sie seine volle Kapazität nutzten. Sie nutzten die rechte und linke Gehirnhälfte einfach in ausgewogenem Maße, sozusagen als Überlebenswerkzeug. Innerhalb der letzten Jahrtausende seid ihr mehr und mehr davon abgekommen, die rechte, intuitive Seite des Gehirns zu nutzen. Ihr wurdet zunehmend linear und nutztet fast nur noch die linke Gehirnhälfte. Die westliche Zivilisation, innerhalb derer sich dieses Denken weiter verbreitete, spannt sich nun als großes Reich um den ganzen Globus. Seine ausschließlich an der linken Gehirnhälfte orientierte Philosophie hatte keine Bindung mehr an den gesunden Menschenverstand, geschweige denn an eine bedeutungsvolle Beziehung zur Existenz. Mit all ihren Familienmysterien und Geheimgesellschaften stellt die westliche Zivilisation nun einen Pfuhl von Lügen, Täuschungen und Manipulationen dar, der nur deshalb bestehen kann, weil ihr den ausgleichenden Einfluß eures höheren Selbst verloren habt.

Aufgrund dieser Unausgeglichenheit sind eure Methoden der Zeitdatierung, einschließlich der sogenannten Kohlenstoff-(Radiocarbon)-Datierungsmethode, fehlerhaft. Ihr zieht andere wichtige Faktoren nicht in Betracht, wie z. B., daß sich viele Energien durch die Zeit bewegen und verändern können. Zeit ist nichts Statisches; es ist ein immerfort dahinfließender Strom, der einem ständigen Wandel unterliegt und doch seine eigene Integrität wahrt. Könnt ihr die Integrität eines einzelnen Wassertropfens in einem großen Fluß nachvollziehen? Er geht im Fluß auf, und doch ist er immer er selbst. Wenn er Teil des Ganzen ist, kann dieser Tropfen dann an irgendeiner Stelle des Stroms wiederentdeckt werden? Wir möchten, daß ihr eurer Phantasie freien Lauf laßt, um das Phänomen des Hologramms zu verstehen, das, obwohl nur ein Teil des Ganzen, dennoch die komplette Information in sich trägt. Stellt euch ein Wesen vor, das so intelligent, lebendig und ausgeprägt ist, daß es überall zugleich ist. In seinem Wesen ist es rein, und es reagiert auf jeden anderen Aspekt seiner selbst. Dies ist ein Wesen, das Wißbegierde und Formbarkeit ausstrahlt, was es ihm ermöglicht, sich mit allem zu verschmelzen und auch verschmolzen zu werden. Lernt diesen Tanz der Energien kennen.

Einer eurer Propheten, Yoda, bezeichnet dieses Wesen als »Die Kraft«. Es ist ein lebendiges intelligentes Wesen. Obwohl es vom Charakter her wohlwollend, freundlich, liebevoll und aufbauend ist – das zärtlichste Wesen, das ihr euch vorstellen könnt –, kann es andererseits doch auch dynamisch und wild, dunkel, zwingend und sogar böse sein. Es vereint all dies in sich. Manchmal schwebt euch eine perfekte Existenz vor, in der alles gut und goldig ist und nichts Böses geschieht. Doch die Wunden des Dunkels brauchen mitunter eine gewisse Zeit zur Heilung. Und schließt auch nicht die Gelegenheiten zur Wandlung aus, die sich denen bieten, die zum Zwecke der Wandlung hierherkamen.

Viele von euch würden gern all das Böse nehmen und es wie ein lästiges Insekt zerquetschen. Zack! Erwischt! Und tschüß . . . Doch dieser Ansatz, mit dem Bösen umzugehen – weil es als böse beurteilt wird – führt nirgendwo hin. Letztendlich resultiert es in Krieg auf die eine oder andere Weise: Menschen, die sich gegenseitig um ihrer Wahrheit willen bekämpfen und ihre individuellen Ansprüche durchsetzen wollen. Im Bereich menschlicher Erfahrungen ist die Unterdrückung der Ideen und des Denkens anderer nie auszuschließen. Dies war eines der Grundprinzipien im innersten Kern eures Wesens.

Jetzt steht die Lektion an, die spirituelle Integrität anderer zu respektieren – wie den Regentropfen im Strom –, indem ihr eure innere Autorität beansprucht und aus ihr heraus euren Charakter entwickelt. Bei der Entdeckung eures höheren Selbst werdet ihr verstehen, daß Verbundenheit mit der Befähigung zur Telepathie einhergeht und daß die Götter schon immer auf telepathischem Wege mit dem Menschen kommuniziert haben. Wenn ihr euch noch einmal daran erinnert: Im Widder-Zeitalter wurden die Götter in Form von riesigen Statuen, Monumenten und Steinbauten dargestellt. Die Erbauer waren sich der Wichtigkeit des Geistigen bewußt, und sie wußten auch, wie Klänge und Töne zum Bau dieser großen Götterbauten einzusetzen waren.

Im Fische-Zeitalter war Gott nicht länger sichtbar und angeblich auch nicht mehr telepathisch mit euch verbunden. Hättet ihr etwas anderes behauptet, wärt ihr auf dem Scheiterhaufen oder im Kerker gelandet. Telepathie erschien wie ein »gefährliches« Potential, das irgendwo in euren Genen schlummert; eure Vorfahren nutzten diese Fähigkeit jedoch, um andere Zeitpunkte aufzusuchen, außerkörperlich zu reisen und gleichzeitig ins Gestern, Heute und Morgen zu schauen – den Strom der Zeit zu bereisen. Sie verstanden die Natur von Klängen und ihrer eigenen Geisteskraft und waren im Gedankenaustausch mit den Göttern. Doch mittels eines Tricks, wie Götter ihn oft benutzen, veranlaßten sie die Menschen, ihnen ihre Macht zu übertragen, worauf die Menschen begannen, die Götter anzubeten, statt ihren angestammten Platz unter ihresgleichen zu finden und einzunehmen.

Und was ist dieser euch angestammte Platz unter den Göttern? Sicher fragt ihr: »Wie können wir uns jemals den Göttern gleichstellen? Müssen wir unsere telepathischen, telekinetischen und hellseherischen Fähigkeiten entwickeln?« Nun, es ist viel einfacher: Eure Aufgabe ist, Liebe auszustrahlen, und zwar so viel und so kraftvoll, wie ihr könnt. Liebt eure Freunde und euch selbst, verhaltet euch aufbauend, sorgt für Harmonie und Frieden. Dies wäre in sich selbst eine große Errungenschaft, eine, die viele eurer Vorfahren offenbar nie ganz zu realisieren imstande waren. Einige von ihnen bestanden allerdings den Test und erschufen das, was ihr als Utopia bezeichnen würdet. Wo ist das Zuhause von Utopia? Könnte es im irdischen Zeitfluß, mit dem ihr vertraut seid, zu finden sein? Ist es überhaupt möglich, etwas wie Utopia Realität werden zu lassen? Oder würde es einfach aus sich selbst heraus irgendwann auf den Plan treten, wenn die Schwingungsfrequenzen weit genug angehoben worden wären?

Alles verändert sich, wenn ihr eure eigenen Frequenzen auszustrahlen beginnt, statt die vorhandenen zu absorbieren; wenn ihr dem Universum eure eigenen Absichten aufprägt, statt bereits vorhandene Prägungen und Muster zu übernehmen. Ihr befindet euch innerhalb der 25-Jahres-Periode, in der die Menschheit ein Experimentierfeld darstellt, auf dem die Möglichkeiten dessen, was ins Buch der Erde geschrieben werden könnte, getestet werden. Eure Vorfahren sahen sich schon solchen Tests gegenüber, und auch ihr habt jetzt die Wahl, welchen der vielen Wege ihr beschreiten wollt. Unser Anliegen ist es, daß ihr euch ganzheitlich zu einem voll integrierten Wesen entwikkelt, in Balance mit den weiblichen und männlichen Energien, und in gleicher Ausprägung der rechten und linken Gehirnhälfte. Nutzt eure Vitalenergie und die Tatsache, daß das Wesen und die Erfahrungen eurer Vorfahren für euch verfügbar sind, denn das ist die Basis für euer Vorwärtskommen.

Eure frühen Vorfahren aus der Zeit vor dem Fische-Zeitalter verfolgten die Bewegung der Planeten und nahmen die Gelegenheiten, die sich am Himmel zeigten, wahr. Sie wußten, daß sie regelmäßig von intelligenten Wesen besucht wurden, die den auf dem Planeten ansässigen Menschen weit überlegen waren. Ja, ihr werdet aus der Ferne beobachtet und in eurem Wesen erhalten. Wir wiesen bereits darauf hin, daß ein Zeitraum von 26 000

Jahren einigen Wesen wie ein Zeitraum von einem Jahr erscheinen mag. Dies bedeutet jedoch nicht, daß diese Wesen größer seien als ihr; was es jedoch heißt, ist, daß sie eine andere Sicht der Realität haben. Nach euren Begriffen sind dies multidimensionale Wesen, die wissen, wie man sich gleichzeitig in verschiedenen Zeitströmen aufhalten kann. Die Zeitvorgabe für die meisten von euch basiert auf dem gregorianischen Kalender, der vor noch nicht einmal 400 Jahren ersonnen wurde. Zu jener Zeit richteten der Papst und andere Autoritäten der westlichen Welt den Kalender neu aus und setzten alle Feiertage an die Stellen der Tagundnachtgleichen, der Sonnenwenden und der Tage genau zwischen diesen Punkten. Das, was vormals die Zeichen zyklischer Zeit repräsentierte, wurde mit christlichen Kultbildern ersetzt, die nun zwischen euch und die Götter traten.

Obwohl das Wissen um zyklische Zeitvorgänge äußerlich verlorenging, existiert dieses Wissen noch tief in eurem Zellgedächtnis; es ist nach wie vor vorhanden. Doch um zu einem noch tieferen Verständnis der Zusammenhänge zu gelangen, ist es notwendig, daß ihr im Geiste noch weiter in der Zeit zurückgeht. Warum haben eure Vorfahren überhaupt Zeit auf diese Weise gemessen und markiert? Was war es, das ihrem inneren Wesen entsprang und der Erde zu einer Balance aller Kräfte verhalf? Hätte es vielleicht die Balance zwischen logischem Verstand und intuitivem Selbst sein können, die ihr jetzt so nötig entwickeln müßt, während ihr ins 21. Jahrhundert eintretet? Eure Vorfahren lebten schon vor der Zeitzählung eures Kalenders und den wenigen Zeitaltern, die wir hier erwähnten. Ihnen waren die plötzlichen Veränderungen beim Übergang von einem Zeitalter ins nächste bekannt, genauso wie die Bewegung der Zeitalter, die die großen Zeitzyklen hervorbrachte, rückwärts durch den Tierkreis. Innerhalb des siderischen Jahres, des 26 000-Jahre-Zyklus', laufen kleinere Zyklen mit Wandlung und Bewegung ab, und die gesamte Existenz dehnt sich aus und ist überall verfügbar und präsent.

Bei ihren unerläßlichen Experimenten mit und Beobachtungen an euch trennten die Götter euch voneinander, übrigens der Grund für die verschiedenen Rassen auf eurem Planeten. Ihr seid Abkömmlinge einer stellaren Familie, die sich mit Bündnissen und Übereinkünften auf dieses Experiment eingelassen hat; für sie seid ihr gewissermaßen ein biologisches Reservoir. Viele andere sehen euch lediglich als Versuchskaninchen oder Labormäuse im Versuch; ein Objekt des Studiums von bestimmten Veränderungen und Modifikationen. Dies fühlt sich nicht gerade sehr erbaulich an, oder? Doch da sind auch diejenigen, die euch mit den besten Absichten beobachten, euch gedeihen sehen wollen und euch so akzeptieren, wie ihr seid. Wiederum andere sehen euch als Kinder, die elterlicher Unterstützung bedürfen; sie sind hier, um euch wirklich zu helfen, nicht um euch zu bestrafen. Sie möchten euch mit Wohlwollen helfen, die anstehenden Lektionen zu lernen, so wie liebevolle Eltern es idealerweise tun würden. Sie sind wie Eltern, denen es wichtig ist, für ihre Kinder genug Zeit aufzubringen, mit ihnen direkt im Austausch zu sein, wie die Alten es waren, statt sie, wie es die heutigen Eltern tun, den »Lehren« des Fernsehens und anderer Tele-»Lehrer« zu überlassen.

In dieser 25-Jahres-Periode werden Menschen aller Nationalitäten und Abstammungen erkennen, daß sie für einen kurzen Moment durch ein Fenster der Gelegenheiten schauen können. Für euch werden dabei Sekunden zu Minuten, zu Stunden und dann zu Tagen; dies ist eine der einzigartigen Eigenschaften eurer Zeit. Lineares Leben, lineare Erfahrung hält euch unter dem Diktat der Zeit gefangen, wohingegen multidimensionale Wahrnehmung euch gestattet, in vielen Verläufen und Strömungen der Zeit zu existieren. Zeit kann schnell, langsam oder auch gar nicht fließen. Die Wesen, die ihr als Götter und Göttinnen bezeichnet, sind multidimensional wie einige eurer Vorfahren. Doch in der »Verwaltung« des Denkens fiel die Wahl auf Angst; damit hattet ihr euch das multidimensionale Leben versagt.

Beim Übergang von einem Zeitalter ins nächste tauchen viele

Hindernisse auf, und die Werkzeuge fürs Leben, für euer eigenes Fortbestehen und das eurer Zivilisation, werden in Frage gestellt. Ihr seid heute herausgefordert, wieder eine Hochkultur ins Leben zu rufen, die dem Leben seinen Wert beimißt und die den Müttern und Vätern wieder Ehre erweist, denn nur durch ihre Vereinigung ist eure Geburt möglich. Wenn ihr einmal den inneren Wert eures biologischen Wesens erkennt, werdet ihr auch wahrnehmen können, daß in euch ein schönes Geistwesen wohnt, das wertvoller als alles ist, was ihr jemals erschaffen könntet, ein Geist, der unbezahlbar ist, eine Flamme des Lichts wie ein Juwel, gleich einem Smaragd oder Diamanten mit so vielen funkelnden Facetten, daß schon die bloße Beobachtung ihm zum Wachstum verhilft. Und das ist es, was ihr seid. Unschätzbar wertvoll. Und doch entfällt euch immer wieder dieses Bewußtsein für euren Wert – oder ihr verweigert es euch – und erwidert: »Aber das steht doch gar nicht über uns in den Geschichtsbüchern drin; also führt ihr uns nur vor . . .« Oder ihr glaubt vielleicht, wir wollten euch am Bauch kitzeln und euch schmeicheln. Der Mensch – unschätzbar wertvoll? Jawohl! Genauso ist es!

Die Realität ist ein Spiegel. Der Schöpfer wohnt allen Dingen inne. Er erstreckt sich über seine gesamte Schöpfung, über alles, was war, ist und je sein wird. Diese Grenzenlosigkeit ist in Wirklichkeit ein einheitliches Feld der Liebe – wenn ihr dies nachempfinden könnt, werdet ihr loslassen und entspannt das Leben leben können. Wenn ihr auf dieser Grundlage eure Entwicklung vorantreibt und jeden Tag nach diesen Prinzipien lebt, werdet ihr wahrhaftig das Erbe eures unschätzbaren Wertes beanspruchen und antreten können. Macht jedoch nicht den Fehler zu glauben, daß dies alles für euch getan wird. Einer der großmütigsten Aspekte der kreativen Kraft ist, daß sie euch gestattet, euch so zu entwickeln, wie ihr es für richtig haltet, euch verbunden oder getrennt zu fühlen, so wie ihr es erfahren wollt. Diese kreative Kraft seid ihr: ein intelligentes biologisches immerwährendes Wesen, das sich die Räume und Zeiten aussucht, in denen es Erfahrungen sammeln will.

Vor langer Zeit überdauerten manche Zivilisationen Hunderttausende von Jahren – einige existierten sogar noch sehr viel länger. Utopische Zivilisationen sind in den Annalen eures Gedächtnisses und in alten Mysterienschriften, die bestimmte Geheimgesellschaften verwahren, verzeichnet. Eure Vorfahren machten schweigsam ihre Aufzeichnungen und verbargen das Wissen in Kunstwerken, in der Musik und im gemeißelten Stein. Nach eurer Auffassung ist Utopia ein Ort, an dem menschliche und multidimensionale Wesen zum Zwecke des wechselseitigen Wirkens zusammenkamen und wo Pläne entworfen wurden, die die Erzeugung von harmonischen Frequenzen zwischen beiden zum Ziel hatten. Leider ist es häufiger der Fall, daß nicht Harmonie, sondern Eroberungskriege die Ursache solcher Verschmelzungsprozesse waren, wo die Menschen auf der tiefsten Stufe der Leiter die Leidtragenden waren, so daß angeblich höher auf der Leiter stehende Menschen sich in ihrer Wichtigkeit hervortun konnten. Es gab schon immer ausreichend Gelegenheit, sich in friedvoller Absicht zusammenzutun, doch nur selten hattet ihr euch dafür entschieden. Natürlich zogen einige die friedliche Zusammenkunft vor, denn die Alternative wäre gegenseitige Auslöschung gewesen, wie es bisher das Schicksal ausnahmslos jeder eurer großen Zivilisationen war.

Utopia ist jedoch sehr lebendig. Obgleich alles entlang dem Zeitstrom lokalisiert werden kann, gab es doch kein Ende für die Utopia-Zivilisationen. An irgendeinem Punkt könnten auch sie aufhören zu existieren, doch manchmal lernen die kollektiven Energien utopischer Zivilisationen ihre Frequenzen so gut zu beherrschen, daß sie imstande sind, mehr und mehr der von außen hereinfließenden Energien zu integrieren. Bei diesem Prozeß kann es aus eurer Sicht den Anschein haben, daß sie tatsächlich verschwinden. Sie sind in der Lage, ihre Schwingungen des Mitgefühls und der Vereinbarkeit, beides Formen der Toleranz, zu einem Punkt zu erhöhen, an dem sie die dem Licht und dem Dunkel innewohnende Perfektion erkennen können. Sicher würden sie an dem Punkt, nach euren Begriffen, noch nicht völlig im Licht aufgehen, doch sie haben die sogenannte dunkle Seite in sich integriert und sind beständig dabei, diese Dunkelheit zu transformieren. Sie halten eine Tür des Heils für die dunklen Energien geöffnet, und so erscheinen diese, um sich dem Transformationsprozeß zu unterziehen. Ist das nicht ein interessantes Konzept?

Dieses Beispiel könnte als eine Form von Utopia angesehen werden, ein Ort, der sich kontinuierlich in einem Zustand des Nicht-Urteilens befindet. Nun mögt ihr euch vielleicht fragen: »Wenn dieses Utopia mit Licht angefüllt ist und sie der Dunkelheit die Türen offenhalten, um einzutreten, werden sie dann letztlich alles in Licht umwandeln?« Dies ist ein wichtiger Punkt, den es zu bedenken gilt. Wieviel Dunkelheit existiert, die es umzuwandeln gilt? Wieviel sogenanntes Böse gibt es? Und muß die Dunkelheit überhaupt je umgewandelt werden? Wenn die Dunkelheit sich selbst ins Licht wirbelt, in was wirbelt sich dann das Licht hinein? Vielleicht haben es diese utopischen Kulturen geschafft, Licht und Dunkelheit jeweils ineinander zu überführen und somit eine Balance zu schaffen. Diese Aufgabe steht auch für euch heute an. Beim Ergründen der Tiefen eures Geistes neigen einige von euch noch dazu, nur die lichten, angenehmen und schönen Geschichten herauszulesen.

Daß Heilung endlich den Sieg davonträgt, ist jetzt notwendig auf der Erde. In euch steckt das Potential, die Schwingungen der Liebe zu erreichen und auszusenden. Dies wird alles verändern; es wird die Existenz zu einem einheitlichen Ganzen zusammenführen und als Spiegel des großen Schöpfers dienen. Dies ist euer gegenwärtiges Potential. Wenn jeder von euch eine Gedankenwelle intelligenter Schöpfung aus dem irdischen Energiefeld in die gesamte Existenz hinaussenden würde, dann wäre der Unterschied zur jetzigen Situation spürbar. Laßt jeden und alles wissen, daß die Liebe hier eine Chance hat und daß ihr wahrhaftig lebendig und stolz darauf seid. Wenn ihr einmal als Menschheit vereint seid, werden sich die Türen öffnen, so daß ihr euren anderen Familienangehörigen als gleichwertige Mitglieder entgegentreten könnt; ist eure höhere Verbindung einmal hergestellt, haben Lügen, Täuschung und Betrug keine Chance mehr. Wir bitten euch: Ergreift diese Gelegenheit, kehrt ein in euren eigenen Geist und legt im Innersten eures Wesens den Samen neuer Möglichkeiten auf dem Feld der freien Wahl. Wählt für euch selbst die Möglichkeit, als Wesen unschätzbar wertvoll zu sein, den Zustand, in dem ihr aufgrund eures tiefen Wissens um die Existenz völlige Ruhe, Entspannung und Hoffnung erfahrt. Wenn ihr euch in Resonanz mit der Liebe befindet, wird der übergeordnete Zweck des Plans und seiner Teilaspekte sehr schnell klar. Dann spürt ihr auch, wie die Dunkelheit dem Licht zu seinen Inspirationen verhilft. Es zeichnet seine Umrisse auf und verleiht ihm Form und Definition.

Um euch den Umgang mit euch selbst etwas zu erleichtern, macht euch ein Bild der Ziffer 8; stellt euch vor, wie sie auf der Seite über euren Augen liegt und ein ausgeglichener Fluß von Energie von einer Schleife zur anderen fließt. Wenn ihr nun irgend etwas wissen wollt, nehmt dieses Bild her und stellt euch vor, wie ihr die Energie entlang dieser liegenden Acht fließen laßt; dann seht euch selbst am Schnittpunkt der Acht, stellt eine Frage, konzentriert euch und laßt die Antwort zu euch hereinkommen. Dies ist eine alte Technik aus dem Buch der Erde, die schon eure Vorfahren benutzten. Sie stellten die Balance zwischen der linken und rechten Gehirnhälfte her und konzentrierten dann ihre Aufmerksamkeit auf den Bereich, den ihr als drittes Auge bezeichnet. Nutzt die Kraft eures Lebensfunkens zum Imaginieren und Kreieren, und denkt daran, daß eure Vorfahren in der Tat durch eure Gene mit euch in Kommunikation sind. Dies und noch andere verborgene Mysterien schufen die Grundlage für viele Geheimgesellschaften, denn Geheimnisse können nur so lange aufrechterhalten werden, wie die übersinnlichen Kräfte des Menschen noch brachliegen.

Um der Geheimniskrämerei und der Täuschung auf Planet Erde ein Ende zu setzen, muß jeder von euch bereit sein, euer großes Erbe zu beanspruchen, nämlich eure Fähigkeit des Fühlens. Habt Mitgefühl mit euren Vorfahren der letzten Jahrtausende, deren damalige Prägung durch die Angst nun zu eurer Rüstung und eurem Schild werden kann. Um es noch einmal zu sagen: Der Test aller Zeitalter war und ist immer, ob ihr die Schwingungen der Angst oder die der Liebe um euch herum verbreitet. Vielleicht schließt ihr euch eines Tages einem Utopia an, einem Ort im Geiste, der nur von einer bestimmten Frequenz erreicht werden kann. Kein noch so eifriger Zeitspringer mit noch so präzisen Zeitkoordinaten kann jemals in eine utopische Zeitlinie eindringen. Mit euren Worten könnte man sagen, daß diese Linien sakrosankt und geheim sind und nur der entsprechenden Schwingung Einlaß gewähren. Für euch ist es wichtig, daß ihr dieses Konzept versteht, denn für eine Weile werdet ihr diese Schwingung, diese Frequenz auf der Erde erzeugen können. Findet heraus, was ihr mit anderen gemeinsam habt und lernt, euch dahingehend zu vereinigen. Sehr bald werdet ihr dann auch merken, daß das, was euch innerlich oder äußerlich zu tyrannisieren scheint, nichts weiter als ein Test ist. Welche Schwingung erzeugt ihr? Wer werdet ihr sein? Und wenn ihr einmal gelernt habt, die Schwingung der Liebe zu erzeugen, aufrechtzuerhalten und euch selbst weiterhin damit zu versorgen: Werdet ihr dies mit anderen teilen? Oder werdet ihr dies wieder als geheime Aufzeichnungen in euren Büchern führen und alles verbergen, wie es auch schon einige eurer Vorfahren taten?

Auf den Kontinentalsockeln eures Planeten lagern viele alte Artefakte, viele Schlüssel und Gelegenheiten, das umfassende Bild eurer Herkunft zu verstehen. Einige wurden schon entdeckt, doch irgendwie scheinen sie für euch nicht ins Bild einer aufeinanderfolgenden Zeitgeschichte zu passen. Wie bereits erwähnt, hattet ihr ein lineares Denken entwickelt und euch dadurch vom zyklischen Leben abgeschnitten, welches nicht nur die himmlischen Zeichen setzt, sondern auch einer besseren Beschreibung der Zeit als immerfort dahinfließendem Strom dient. Einige dieser Artefakte erscheinen wie Anachronismen, die dort aufgetaucht sind, wo sie es gar nicht hätten tun dürfen – und doch sind sie da. Dies erstreckt sich von Steinabdrücken eines menschlichen Fußes direkt neben dem eines Dinosauriers, über riesenhafte menschliche Fußabdrücke, über bis zu acht Meter große menschliche Skelette bis zu Batterien, Juwelenschmuck, Vasen und Tassen aller Art, um nur einiges zu nennen. Alles Mögliche wurde bei Bergbauarbeiten, archäologischen Ausgrabungen und sogar beim normalen Straßenbau zutage gefördert. Manchmal waren Antiquitätenjäger am Werk, zu anderen Zeiten tauchten diese Dinge einfach auf magische Weise auf. Einige fand man sogar in Millionen Jahre altem Gestein eingebettet. Solche Entdeckungen gelangen natürlich nicht in die Zeitungskolumnen, weil die Vorstellung, daß diese Dinge von Hochkulturen hervorgebracht wurden, die schon vor Millionen von Jahren auf der Erde existierten, nicht in euer Geschichtsbild paßt.

Euer Glaube macht euch blind und schneidet euch von der Wahrheit ab. Verleugnung ist das Motto, und als Menschheit wurdet ihr mittels Verstandeskontrolle auf diesen Zustand programmiert. In dem Maße, wie ihr ausschließlich an eine lineare Zeit glaubt, schließt ihr alles außerhalb eures linearen Zeitflusses Existierende aus, legt es geistig beiseite und denkt: »Dies entspricht nicht dem, was mir beigebracht oder erzählt wurde . . .«

Nun werden diese Objekte natürlich untersucht, manchmal auch an Museen oder Sammler anachronistischer Gegenstände abgegeben. Was glaubt ihr, woher diese Objekte kommen? Die Erde ist Milliarden Jahre alt, und von Beginn an existierten hier Zivilisationen, die von stellaren Wesen gegründet und gelenkt wurden, die die Zeit aus einer anderen Perspektive wahrnehmen. Und dann sind da auch noch die Zeitspringer, die sich von einem in einen anderen Zeitabschnitt hineinbegeben können.

Zeitspringer beabsichtigen mit ihren Sprüngen oft eine Abänderung geschichtlicher Vorgänge, doch wie wir bereits sagten, ist nicht jede beliebige Zeitspur für sie verfügbar. Man kann sich auf einer Reise nicht immer überall hinbewegen. Kommt ihr an einen neuen Ort, braucht es die richtige Währung, die richtige

Sprache und die richtigen Bräuche und Sitten. Viele Faktoren spielen eine Rolle, wenn ihr um den Planeten reist. Doch Zeitspringer müssen noch mehr Dinge berücksichtigen. Ihre Sicht eurer Welt als auch aller anderen ist multidimensional. Sie sind nicht linear wie ihr. Beim Zeitspringen kann einem linearen Wesen schon mal eine »Sicherung durchbrennen«. Es kam vor, daß Menschen auf eurem Planeten die Straße hinunterliefen und sich im nächsten Moment in einem anderen Zeitabschnitt auf der anderen Seite des Planeten wiederfanden. Dimensionswechsel können leicht vollzogen werden, doch dies ist nicht so häufig der Fall. Die Erfahrung als solche ist jedoch weiter verbreitet, als es den Anschein hat. Aus Furcht sprechen viele aber nicht über solche Erfahrungen. In Zeiten, in denen die Redefreiheit noch stärker eingeschränkt war, wurden solche Menschen eingesperrt und für verrückt erklärt. Die Wandlung von linear zu multidimensional ist für euch alle eine geistige Streckübung; erlaubt euch selbst also, den neuen Gang einzulegen, wenn es geschieht, und sagt: »Oh ja, ich kann ich selbst sein, meine Integrität wahren und gleichzeitig andere Realitäten einsehen und an ihnen teilnehmen.« Denn dies könnt ihr mit eurem biologischen Wesen tun.

Zeitspringer kommen in allen Formen und Größen daher. Gerade jetzt, zu eurer Zeit, sind sie anwesend. Zeitwechsel dieser Art laufen auf eurem Planeten schon seit langer Zeit ab; eure gegenwärtigen Experimente mit der Zeit sind allerdings die Auswüchse von Aktivitäten, die, wie wir bereits sagten, vor etwa 100 Jahren begannen. Es gab schon immer solche, die ihren Geist dazu benutzen konnten, elektromagnetische Energien und damit die Zeit zu beeinflussen. Woher haben solche Wesen ihre Ideen? Nun, denkt daran: Das Unsichtbare umgibt euch überall; multidimensionale Wesen befinden sich unter euch in eurer Welt. Auch wenn es scheint, als ob die Götter fort sind oder ein Nickerchen halten, spielen sie doch das »Such-mich-Spiel« mit euch.

Im Laufe der Zeit betrachteten die Menschen ihre übersinnlichen Veranlagungen mit Furcht und verloren langsam den natürlichen telepathischen Draht zu den Göttern. Diese Kluft gilt es nun für euch zu überwinden, ähnlich derer zwischen euren Gehirnhälften. Das Ergebnis wird ein Gefühl des Ganz-Seins und -Lebens sein, was euch wieder die Möglichkeit gibt, mit euren Schöpfern, euresgleichen, euren Freunden und eurer Familie ganzheitlich zu kommunizieren – und gleichzeitig die elektromagnetischen »Störsignale«, die euch verwirren und euer Erwachen verhindern sollen, auszuschalten, so daß ihr zu voller Lebendigkeit gelangt und euren unschätzbaren Wert erkennt. Dies ist die Wahrheit. Dies ist der große Kampf, von dem schon einmal die Rede war, ein Kampf um die Seelen, Geister und Körper der Menschheit, denn euer Wesenskern wirkt auf viele Wesen äußerst anziehend. Euch im Zustand des Nichtwissens, besonders der Linearität, zu halten, zwingt euch, die Schwingung der Angst zu erzeugen statt die euch aufgrund des biologischen Erbes eigene, einzigartige Lebensschwingung der Liebe. Die Liebe findet nirgendwo sonst so leicht Einlaß und Halt wie innerhalb eurer selbst, denn ihr seid Teil der Bibliothek und das außergewöhnlichste und wertvollste Experiment weit und breit.

Ihr stammt von Wesen ab, die die Expansion von Welten auszulösen scheinen, die Universen kreieren; Wesen, die so intelligent zu sein scheinen, daß die Gesamtheit der Zeit für sie in einem Augenblick existiert. Sie erkunden die Zeit und hinterlassen kleine Depots des Wissens, um im Bedarfsfall auf diese zurückgreifen zu können, so wie ihr Geld für gewisse Fälle anlegt. Wie die Eichhörnchen ihren Wintervorrat aufstocken, so haben auch die Götter ihr Wissen gespeichert und verborgen für den Fall, daß sie es einmal brauchen. Ihr seht, es gibt da keine großen Unterschiede zwischen ihnen und euch. Nach dem Buch des Lebens steht ihr alle zueinander in Beziehung, und das gilt auch für eure Beziehung zu den Göttern. Doch um diese Geschichten wirklich zu verstehen, müßt ihr einige Zeit das Gefühl des Getrenntseins spüren, denn das war es, was ihr kreiert hattet: die vollständige Trennung zwischen »uns« und »ihnen«. Im Idealfall habt ihr am Ende unserer Geschichten all dies verinnerlicht und mit einem tiefen Atemzug, einem Seufzer der Erleichterung, in euch aufgenommen und das Puzzle gelöst. Verborgenes wird in seiner Bedeutung sichtbar, und Trennung wird sich auflösen. Mit dieser erkennbaren Bedeutung wird auch eure innere Anspannung nachlassen.

Als Lichtfamilie ist es für euch notwendig, sozusagen eine Panorama-Sicht der Existenz zu erlangen, zu der im Moment noch zu wenige in der Lage sind, sie einzunehmen und aufrechtzuerhalten. Mit dieser Sicht wird das Buch der Erde für euch, eure Augen, euer Gedächtnis, ja, euren Bauch, lebendig. Euer Bauch wird als Sitz des körperlichen Sekundärgehirns angesehen; tatsächlich ist er der Sitz des Primärgehirns des Körpers. Fangt an, eurem Bauch zu trauen. Stellt euch vor, daß dies der Ort ist, von dem aus euer intuitives Selbst fühlt. Ihr müßt lernen, sowohl das Schädel- als auch das Bauchhirn, das Gefühlszentrum, mit dem ihr die Außenwelt erfühlt und mit ihr in Kontakt tretet, zu benutzen. Dies ist der Schlüssel zur Erzeugung der Schwingungen der Liebe. Wenn ihr euch weigert, euch selbst gegenüber ehrlich zu sein und mit den einfachen Dingen des Lebens ehrlich umzugehen, wie wollt ihr dann Liebe hervorbringen? Ihr würdet Ablehnung erzeugen, denn was ihr tut und sagt wären zwei verschiedene Dinge. Verständlich? Wenn ihr die Dinge, die in eurem Gefühlszentrum auftauchen, beim Namen nennt und offen mit ihnen umgeht, könnt ihr euch immer wieder auf die Liebe zurückbesinnen, indem ihr den Tatsachen ins Auge schaut. Genau dies war auch eine der Herausforderungen eurer Vorfahren in deren Umgang mit den Göttern. Und wie schon gesagt, fast immer war der gewählte Weg in der Vergangenheit derjenige der Angst, des Opfers, des blutigen Mordens, der Gewalt und der Unterdrückung.

Und nun steht ihr wieder einmal vor der Eingangstür des Testprojekts. Und denkt daran: Nicht nur das Römische Reich, die Brücke vom Widder- ins Fische-Zeitalter, und die Figur des Christus, die ihr so verehrt, sind wichtige Stationen eurer Entwicklung; viele andere davor und danach boten euch Gelegenheiten – sowohl zur Befreiung als auch zur Knechtschaft. Liebe Freunde, ihr werdet niemals euren Geist innerhalb einer Struktur vorfinden. Die Strukturen, die ihr zum Zwecke der Versammlung und zum Singen von Chorälen wie auch zur Vollführung von Ritualen erbaut habt, können niemals die unermeßliche Größe eures Selbst zum Ausdruck bringen. In Wirklichkeit sind diese Gotteshäuser, die ihr »religiöse Strukturen« nennt, Fallen für geistige Wesen. Sie dienen als Generatoren, die sich eurer Energie, die ihr dort abgebt, bemächtigen und sie einer anderen Wesenheit zuführen. Kirchtürme und Kreuze wirken in Wahrheit als Antennen, müßt ihr verstehen.

Mit dem Bau der Brücke ins 21. Jahrhundert geht die Erhöhung eurer Frequenz unmittelbar einher. Ruft das Wissen eurer Vorfahren herbei; eure Blutlinie ist reich an den unterschiedlichsten Erkenntnissen über euch selbst. Seht eure Vorfahren als Kollegen und Freunde. Viele multidimensionale Wesen tauchen nun hier auf – einige als Freunde, andere, die etwas Verwirrten, als Schwindler. Der Mensch kann nicht in irgendwelche Schubladenkategorien eingeteilt werden, was sein Verhalten angeht; manche sind aggressiv, andere mehr als freundlich. Viele nichtirdische Wesen kommen nun hierher, um euer Schwingungsmuster zu erfahren, euch zu testen und euch zu einem Integrationsprozeß aufzufordern. Sie wollen euch nicht in Angst versetzen. Wenn ihr Angst wählt, unterbrecht ihr den Energiefluß zwischen ihnen und euch, denn eure Kraft setzt dort aus, wo die Angst einsetzt. Lernt, eurer Furcht Herr zu werden und im Jetzt zu leben. Genauso werdet ihr Herr über euren Körper, indem ihr entscheidet, daß das, was ihr seid, rechtmäßig eures ist, und dann könnt ihr euch leicht verändern.

Innerhalb eures Geistes, in den tiefsten Schichten, existiert ein Wesenskern, eure eigentliche Identität, mit der Kontakt aufzunehmen ihr lernen müßt. Diese Reise zu euch selbst kann euch wie eine dunkle Nacht der Seele erscheinen, in der ihr dieses Leben und die angesammelten Gefühle noch einmal gründlich untersucht. Vielleicht schließt ihr auch frühere Leben ein. Während sich so die Zeitlinien öffnen und ihr nur euer übersinnliches Erbe und nicht das Furchterbe eurer Vorfahren beansprucht, denkt daran, daß ihr Teil einer stellaren Familie seid, in der einige Mitglieder euch willkommen heißen und andere wiederum euch ignorieren. Einige würden alles tun, um euch zu Wachstum zu verhelfen, während andere nur euren Niedergang sehen möchten. Der große Schöpfer gestattet beides nebeneinander. Nun stellt euch die besagte Brücke vor und wie alle Menschen sich zu ihr hingezogen fühlen. Fühlt dies in eurem innersten Wesenskern und stellt euch eine Flamme in eurem Innern vor, die nie verlischt. Aktiviert diese Flamme mittels eures Atems. Seht diese kraftvolle Energie in euch, die euch mit allem über die Schwingung der Liebe verbindet. Mit der Aufmerksamkeit auf eurem Atem wird es euch leicht fallen, Entspannung im Hier und Jetzt zu empfinden und von hier aus viele andere »Hier und Jetzt« wahrzunehmen.

Es ist uns wichtig, daß so viele von euch wie möglich die große anstehende Aufgabe erkennen. Im größeren Buch der Existenz ist dies nur eine von vielen Aufgaben, doch im Buch der Erde ist es eine ganz große, sogar gigantische Aufgabe, während ihr von Tag zu Tag und von Moment zu Moment lebt – und doch seid ihr dabei nicht allein. Nun atmet eure Schwingungen hinaus in das euch umgebende Feld. Dann atmet euren gesunden Menschenverstand, eure Ruhe und eure Liebe mit Willenskraft und Absicht in eure Lungen hinein. Mit all der Stärke eures Geistes, wie sie aus den tiefsten Schichten heraufsteigt, nutzt die Kraft eures Geistes, um für euch selbst zu denken, eure Realität zu definieren und eure Selbstherrschaft auf den Plan zu rufen. *Bringt euer wahres Selbst zum Ausdruck in Worten, Taten und im Leben, ihr lieben Freunde*. Die Realität ist sehr elastisch und formbar. Wie Yoda sagte: »Die Kraft gehorcht, ebenso wie sie gebietet.« Welche Wahl werdet ihr treffen? Werdet ihr euch befehligen lassen von den elektromagnetischen Kräften der Veränderung, wie sie sich über die Erde im späten 20. Jahrhundert ergießen und eure gesamte Existenz überfluten? Oder werdet ihr dem Sturm die

Stirn bieten und das erschaffen, was ihr euch wünscht, während ihr den kraftvollen Wind in eurem Haar, auf eurer Haut und in euren Lungen spürt? Mit eurer Willenskraft, eurer Absicht und eurer inneren Stärke könnt ihr die Kräfte der Veränderung und die stürmischen Bewegungen auf der Erde und im Kosmos für euch als Energie, als Treibstoff, nutzen, um die gewünschten Veränderungen einzuleiten.

Diese Stürme scheinen euch manchmal hinwegfegen zu wollen, doch in Wirklichkeit dienen sie dazu, den angesammelten Staub und Schmutz eines Systems fortzublasen, das auf elektronischer und interdimensionaler Versklavung beruht – ein Okkultismus des Dunklen, eine außer Kontrolle und auf Abwege geratene Magie der Finsternis. Diese würde alles unternehmen, um die in euch aufsteigende Kraft zu zerstreuen – doch nur indem ihr euch mit der Dunkelheit auseinandersetzt, gelangt ihr zu eurer Macht. Im Buch der Erde können wir auch sehen, wie viele von euch einfach untätig waren, wie viele die Angst gewählt hatten und der großen Gelegenheit den Rücken gekehrt haben. Und so definiert der Schatten, der euch verfolgt, euer Licht.

Seid bei der Entwicklung eures innersten Wesenskerns bereit, euch mit dem zu konfrontieren, was da ist. Verzichtet aufs Urteilen, vereint euch einfach mit euren Erfahrungen und versteht, daß euer Schatten, wie er sich auf der Erde zeigt, seinen Grund hat: nämlich euch zur Heilung und Integration zu verhelfen und euer Verantwortungsniveau auf eine höhere Ebene zu heben und vielleicht ein Utopia zu erschaffen. Ja, vielleicht entspringt diesem Planeten dann eine der seltensten Kostbarkeiten, die in den stellaren Büchern verzeichnet ist: ein Utopia, eine Zivilisation, die so hoch entwickelt ist, daß alles Leben in ihr seine Existenzberechtigung findet, und in der alles, was jeder von euch tut, vorbehaltlos gewürdigt wird. Und es ist genau hier, wo Balance einkehrt, wo Yin und Yang, Licht und Dunkel, Schwarz und Weiß, Tag und Nacht in göttlichem Schutz und göttlicher Perfektion gleichberechtigt nebeneinander existieren. Und so ist es.

Kapitel 5

Die Höhepunkte des Schicksals

Wir möchten euch, die Bewohner der Erde des späten 20. und kommenden 21. Jahrhunderts, daran erinnern, daß der Zweck unserer Reise mit eurem Schicksal zu tun hat. Wir erwähnten das Buch der Erde, wie ihr euch Zugang zu ihm verschaffen könnt und wie wir Plejadier wie auch viele andere euch entlang dem Zeitstrom zuschauen können. Ihr seid jederzeit, in Vergangenheit, Gegenwart und Zukunft, lebendig und imstande, eure Wahl zu treffen. Ihr erkennt, daß die Erde selbst ebenfalls bewußt, lebendig und mit anderen größeren Abläufen verbunden ist, die entschlüsselt werden können. Wenn ihr dies einmal voll versteht, wird es euch in eurer Selbsterkenntnis und Selbstmacht unterstützen und euch vielleicht sogar zu den Höhepunkten eures Schicksals führen. Unser eigenes Schicksal liegt natürlich in unseren Händen, auch wenn es sogenannte kollektive Schicksale gibt, eine Art himmlischer Vorgaben oder, wie sie auch genannt werden, die Großen Wege der Zeit. Dieses kollektive Schicksal ist unsere Inspiration.

Alle alten Kulturen auf eurem Planeten wußten von diesen himmlischen Vorgaben und davon, daß die Symbole des Sterngürtels Tiere darstellten, eben den Tierkreis. Wir und andere sehen die Erde als einen Ort, an dem alle Geschöpfe, alles, ein

Träger gespeicherten Wissens ist. Auch Tiere sind Träger bestimmten Wissens, nämlich des Wissens um die Transzendenz der Zeit. Tiere nehmen Zeit und somit auch die Existenz anders wahr als ihr. Den alten Kulturen war mehr bekannt über die wahre Aufgabe der Erde als euch. Sie wußten, daß allen Dingen, selbst dem Chaos, Ordnung innewohnt und daß der Umgang des Menschen mit dem Chaos ein Test seiner Entwicklungs- und Wandlungsfähigkeiten ist.

An dieser Stelle möchten wir euch für einen kurzen Moment bitten, euch selbst zu betrachten. Was ist geschehen, seit ihr mit unseren Botschaften in Kontakt gekommen seid und uns in euer Leben auf dieser Reise der Wandlung eingeladen habt? Seht die Realität, die ihr erschaffen habt, und versteht diese als Teil des Wandlungsprozesses. Was wir erzählen, mag euch zunächst unverfänglich erscheinen: Geschichten aus der Vergangenheit, aus dem Wissensschatz des Kosmos, alte verborgene Geheimnisse und Mysterien. Mit unseren Worten beabsichtigen wir, euch Mut zu machen und Kraft zu geben, doch auch, einen Blick auf die Dunkelheit, das Böse und die Angst zu richten. Möglicherweise hat das, was wir sagten, euch ziemlich aufgewühlt; vielleicht spürt ihr, daß euer Denken, euer Leben, ja, euer innerstes Wesen sich von Grund auf verändert. Falls dem so ist, richtet euch bitte auf, atmet tief durch und sagt zu euch selbst: »Aha! Die Reise ist also schon im vollen Gange, und ich bin auf meinem Wandlungsweg.«

Der Schlüssel liegt im Verständnis, daß der Weg der Wandlung unvorhersagbar ist. Wenn ihr den Fluß neuer Energien in eurem Leben willkommen heißt und eure Sicht der Dinge über ein vorgegebenes lineares Muster hinaus erweitert, schafft ihr durch raum-zeitliche Seitwärts-, Rückwärts- und Vorwärtsbewegung ein neues, andersartiges Energiemuster in eurem Aurafeld. Und ihr alle verfügt über solch ein einzigartiges Feld – wenn ihr es nur aktivieren würdet. Wie schon gesagt: Mittels eurer Willenskraft, eurer Absicht und eures Atems seid ihr imstande, euer Energiefeld weiter aufzubauen und es in und um euren Körper herum bis in die ätherischen Bereiche auszudehnen. Eure Vorfahren verstanden das Wesen des Äthers, und ihr Wissen um den Tierkreis und die Zeit gewährte ihnen Einblick in ihre praktischen Funktionen und Bestimmungen. Sie erfreuten sich vielleicht nicht all der Annehmlichkeiten, die ihr heute genießt, doch wir fragen euch: »Was bedeuten euch diese Annehmlichkeiten wirklich?«

Wir möchten euch helfen, daß ihr euch mehr auf euch selbst konzentrieren könnt, daß ihr eure Geistnatur erkennt und annehmt und die Flamme der Lebensenergie in euch selbst spürt – denn all dies sind wesentliche Bestandteile eurer Entwicklung. Niemand behauptet, dies sei leicht, doch von allen »Rezepten« ist dies das einfachste. Bringt einfach eure Aufmerksamkeit, euren Atem, eure Willenskraft, euer Herz und euren Geist – sowohl den im Kopf als auch den im Bauch – an einem Punkt ganzheitlich zusammen. Dieses Vereinen eurer Kräfte zu einem Ganzen stärkt euer Aurafeld, die elektromagnetische »Blase« um euch herum, mit dem, was ihr wirklich seid. Manchmal kann euch dabei schon mal gehörig der Schreck in die Glieder fahren, denn der Weg zur Entfaltung eures Selbst führt euch mitunter auch zu den wohlbekannten Kellern voller Leichen, dem Dreck am Stekken und anderen nicht so netten und deshalb versteckten Schattengebilden eurer Vergangenheit. Ihr seid euch meistens nicht bewußt, wie viele Erfahrungen, Gefühle und Reaktionen ihr in all diesen Leben aufgezeichnet habt. Und doch seid ihr biologische Wesen mit einer euch eigenen Unversehrtheit, die jetzt durch die mit Überlichtgeschwindigkeit auf euch einwirkenden kosmischen Energien auf ein neues Niveau angehoben werden. Diese Energien versehen euch jetzt mit dem alten Wissen des Tierkreises, der Bibliothek eurer wahren geschichtlichen Aufzeichnungen über diesen Bereich der Existenz.

Alle Systeme verfügen über solch einen Kreis des Wissens, eine Art, lebendige Daten aufzuzeichnen, und mit jedem von euch hervorgebrachten Gedanken erweitert ihr beständig euren eigenen Wissenskreis. Wenn ihr während der anstehenden Veränderungen einfach entspannt durchatmet, könnt ihr euch mit einer Schwingung verbinden, die euch die Anpassung an die beschleunigten Veränderungen erleichtert. Wir liefern euch diese Schwingung und arbeiten mit denen unter euch, die zu diesem Transformationsprozeß bereit sind und sich der großen Aufgabe stellen, zu energetisierten Schwingungswesen aufzusteigen, inmitten eines Chaos aus Ängsten und Giften. Diese Gifte finden sich in eurer Einkaufstasche und an jeder Straßenecke. Werdet ihr sie erkennen und daraufhin eure eigene Frequenz erzeugen, statt die der vergifteten Nahrungsmittel aufzunehmen? Dies ist Teil der großen vor euch liegenden Aufgabe.

Wir wollen, daß ihr noch tiefer in euch selbst hineinforscht und seht, wer ihr seid. Wohin werdet ihr euch selbst führen? Was werdet ihr mit der neuen Sicht der Dinge, mit den neuen Ausblicken, anfangen? Der Fächer der Wandlung beginnt sich gerade erst zu öffnen, doch tut er dies nun immer schneller, und im Idealfall haltet ihr Schritt mit der spirituellen Beschleunigung und erfahrt eure wahre Identität dadurch, daß ihr feinfühliger und aufgeweckter werdet. Je mehr ihr zur Introspektion bereit seid, je mehr ihr euch mit der Lebensflamme in euch vereint und sie am Leben erhaltet im Vertrauen darauf, daß ihr euch auf dem Weg zum eigentlichen Ziel befindet, desto mehr werdet ihr zu Pionieren, die jahrtausendealte erstarrte Glaubensmuster aufweichen und umwandeln. Womöglich seid ihr Lichtstrahlen, die, während sie gemütlich zu Hause sitzen, doch gleichzeitig imstande sind, die Polarkappen zum Schmelzen zu bringen und mit genügend Beharrlichkeit die Welt zu verändern. Seid standhaft in den ruhigen Momenten, denn eure Kraft liegt darin, mit jedem Atemzug die Idee und den Glauben an eure einzigartige biologische Beschaffenheit aufzunehmen. Ihr seid darauf ausgerichtet, gestaltet und geplant, *jetzt* euer höchstes Potential zu aktivieren. Dieses Jetzt ist aus eurer Sicht natürlich nur ein unmittelbarer, vergänglicher Moment in der Zeit. Doch erinnert euch daran, daß wir von einer 25-Jahres-Periode von 1987 bis 2012 sprachen, dem »Treffpunkt«, der Brücke zum 21. Jahrhundert.

Wir wiesen bereits darauf hin, daß sich unsere Geschichten mit der Wahrheit befassen. Wir haben gelernt, daß es wichtig ist, von Anfang bis Ende die Wahrheit zu sagen. Etwas, das auch für euch wesentlich ist und einen der anstehenden Tests ausmacht. Was ist die galaktische Wahrheit: Wer ist da draußen, wer sind sie, woher kommen sie, warum sind sie hier, was wollen sie? Wer sagt die Wahrheit? Warum widersprechen sich so viele Quellen? Warum gibt es so viele Götter? Welcher und wessen Gott ist der wahre? Euer Bestreben, auf diese galaktischen Fragen Antworten zu finden, wird eine neue Ära des Denkens einleiten, denn dies ist das Gebiet, das es zu erschließen gilt.

Ihr seid die Pioniere dieses neuen Gebiets, und doch unterscheidet es sich nicht so sehr von dem eurer Vorfahren. Sie bahnten sich ihren Weg über die Kontinente, bauten Straßen, Häuser, Höfe und Städte. Bei ihren Erkundungen entdeckten sie bestimmte Energiewirbel, genauso wie ihr von eurem Bewußtsein zu natürlichen Meeresbuchten und Wasserscheiden hingeführt wurdet. Schaut ihr euch den Globus in all seiner Fülle an, werdet ihr sehen, daß um die meisten großen Städte herum natürliche Wasserwege und Häfen liegen. Dies waren schon immer sichere Anlaufpunkte für Schiffe, wo Austausch und Handel dann zu florieren begannen. Auf diese Weise erfahrt ihr euch selbst als Kultur; sie bringt das Versprechen des Wachstums und Lernens mit sich. Wir geben euch hier einen bildhaften Vergleich, um euch darauf hinzuweisen, womit eure Vorfahren zu tun hatten, so daß ihr als Menschheit versteht, um was es bei der Erschließung der Weiten sogenannter unbekannter und unsichtbarer Welten geht. Zu welchen Häfen fühlt ihr euch hingezogen? Was für Straßen werdet ihr bauen, und wo werdet ihr Pionierarbeit leisten? Wo werdet ihr euer Zuhause aufschlagen? Und werden einige sagen: »He, laß dich da lieber nicht nieder – zu gefährlich!« Wo wird es sichere Räume geben? Werdet ihr wieder, wie eure Vorfahren, eng beieinander in Gruppen leben, oder werden die Neuzeitlichen unter euch das Gebiet auf neue Art erschließen, eine neue Art von Verbundmuster erschaffen, durch das die Menschen in Wechselwirkung miteinander treten können?

Nehmt genau in diesem Moment einen tiefen Atemzug bis in eure Lungenspitzen hinein, haltet ihn kurz und atmet dann vollständig aus. Stellt euch dabei euren Atem als feinen Energienebel vor, der mit eurer Absicht durchdrungen ist. Ihr könnt Energie verwenden, wie ihr wollt. Denkt daran, eure Absicht zu Beginn der Reise bestimmt den Weg der Offenbarungen, den ihr beschreitet. Stellt euch nochmals die seitwärts liegende Ziffer 8, das Unendlichkeitssymbol vor, wie es über euren Augen liegt. Aktiviert diese Vorstellung als Teil eures Selbst. Wenn wir über Tests und Zyklen der Zeitalter sprechen, dann stellt euch ein energetisch pulsierendes Mandala vor, ein Form und Farbe annehmendes Kaleidoskop. Fühlt es. Es mag euch wie ein weiteres Auge erscheinen, das auf euch schaut, in der Mitte schwarz wie eure Pupillen und sich ebenso weitend und verengend. Die Iris dieses Auges spiegelt euer gesamtes inneres Wesen wider. Verbindet euch mit Hilfe dieses inneren Auges mit eurem inneren Selbst. Hiermit könnt ihr euch auf die Höhepunkte des Schicksals zubewegen, auf wichtige Entscheidungspunkte und Schlüsselvorgänge. Nehmt das her, was wir mit euch teilen, um euch bei euren Lebensaufgaben in diesen treibenden schnellen Zeiten zu unterstützen.

Aus unserer Sicht gibt es momentan nur einen Ort, wohin ihr euch begeben könnt, und zwar nach innen. Die Wandlungen, die unsere Worte und Energien auslösen, ermöglichen es euch, mehr über euch selbst und eure Verhaltensmuster herauszufinden. Die alten, euch so angenehmen und vertrauten Realitätsmuster hielten euch stabil an Ort und Stelle, fest verwurzelt, doch auch Konflikten und Kämpfen ausgesetzt. Diese Muster werden nun im Zuge eurer Öffnung für unsere Energien erschüttert. »Warum, ihr Plejadier, müssen sie erschüttert werden?« fragt ihr vielleicht. Nun, bei aller Höflichkeit und Wohlwollen: Ihr seid starrköpfig, was Veränderung angeht. Eure Lektionen wiederholen sich und sprechen eine laute, klare Sprache. Und doch habt ihr lieben Menschen große Probleme, aus alten, tief verwurzelten Mustern des Mittelmaßes und der Gleichförmigkeit auszubrechen, denn ihr denkt: »So habe ich es schon immer gemacht.« Es scheint euch nicht klar zu sein, daß alles, was ihr tut, Reaktionen und Konsequenzen nach sich zieht, denn alles ist mit allem verbunden.

Eine der größten Fertigkeiten, die wir als Zeitspringer mit Zugang zu den Büchern der Erde und der Existenz erlangt haben, ist, euch die Energie zukommen zu lassen, die die Bücher der irdischen Bibliothek enthalten. Indem ihr euch selbst kennenlernt, gelangt ihr an diese Daten und Energien. Was ihr mit diesen anstellt, muß sich noch zeigen. Eure Gefühle leiten euch dabei. Vertraut euren Gefühlen und lernt sie auszudrücken. Macht nicht irgend jemand anderen verantwortlich für eure Gefühle. Seid ihr selbst, beobachtet euch selbst. Dies hilft euch, alle Krisen und Konflikte der Vergangenheit wie auch der Zukunft zu verstehen und zu meistern.

Krisen und Konflikte sind der Stoff, aus dem die Gelegenheiten bestehen, alte erstarrte Muster aufzulösen, denn diese fallen nicht einfach so eines schönen ruhigen Morgens von euch ab, indem ihr euch sagt: »Ah, heute lass' ich einfach alles fallen.« Das wäre eine Verstandesentscheidung; die Veränderung, die wir hier meinen, spielt sich in euren Gefühlen ab, oft eben durch solche Krisen, in denen ihr eure ganze Willenskraft, euer Herz und euren Kopf einsetzen müßt, um euer Leben neu auszurichten. Krisen erschüttern euer sonst undurchdringliches Feld, ähnlich einer Samenschale; ihr müßt darauf vertrauen, daß, wenn die Schale aufbricht, ein Keimling aus ihr heraustreibt und wächst. Ihr wißt, das ist nicht mit jedem Samenkorn der Fall. Und so wachsen auch nicht alle Menschen zu ihrem vollen Potential heran, doch aufkeimen tun sie alle. Alle Menschen, wo oder wer auch immer sie sind, was auch immer sie durch all die Zeitalter erleben, fügen eurem großen Tierkreis des Wissens über diesen Existenzbereich Informationen zu.

Es ist nicht nötig, loszulaufen und über diese Gebiete Bücher zu kaufen und zu studieren. Nutzt eure Vorstellungskraft. Geht nach innen, um herauszufinden, wie ihr euch über das fühlt, was ihr gegenwärtig kreiert. Solltet ihr kürzlich eine emotionale Erfahrung gemacht haben, die euch für tiefgreifende Gefühle geöffnet hat, dann gratuliert euch dazu; verurteilt eure Emotionen nicht. Wir möchten euch allerdings daran erinnern, daß ihr genau auf jegliche Gefühle von Zorn, auf Opferhaltungen und Schuldzuweisungen achtet. Es ist nichts verkehrt damit, Zorn zu spüren; macht jedoch nie andere für eure Gefühle verantwortlich. Wenn ihr an Zorn-, Haß- oder Opfergefühlen festhaltet, werdet ihr nie imstande sein, Verantwortung für euren Teil des Dramas zu übernehmen, was sich dann in einem unsichtbaren »elektrischen Sturmtief« in eurer Aura äußert und über kurz oder lang auch euren physischen Körper in Mitleidenschaft zieht. All die Vorurteile und Mißemotionen, die ihr anhäuft – gegenüber eurer Familie, eurem Partner, euren Freunden, Kollegen oder Vorgesetzten –, wirken wie Vulkane, Hurricanes, Tornados, Flutwellen und Taifune, die durch euer Energiefeld fegen, weil eure unausgedrückten Gefühle diese Gedankenformen nähren.

Um euch selbst kennenzulernen, müßt ihr euch fragen: »Wie fühle ich mich damit? Warum habe ich dies erschaffen?« Ihr müßt die Abgestumpftheit ablegen, um bewußter werden zu können. Es gibt bestimmte Schicksalsmuster, und ihr werdet den Höhepunkt eures menschlichen Schicksals erreichen, wenn eure eigenen Schwingungen mit wahrhaftigem Wissen über euch selbst und damit einhergehender Souveränität durchdrungen sind. Eure technologische Welt mag euch dabei unterstützen – sie kann euch aber dabei genausogut im Wege stehen und ablenken. Ihr erreicht Größe dadurch, daß ihr lernt, mit anderen auszukommen, andere als Spiegel zu sehen und zu wissen, daß ihr die Wahrhaftigkeit eures eigenen Wesens über eure Verbindung zur Familie und zu Freunden erlangt. Technologie isoliert und fragmentiert euch in vielerlei Hinsicht; in den letzten 550 Jahren des Fische-Zeitalters hat sie euch mit Sicherheit von allem getrennt. So seid ihr zu »Wundern« der Bedeutungs- und Sinnlosigkeit geworden.

Diese Trennung ist die Hülse, aus der ihr euch nun herausschält. Einige dieser Hülsen stammen aus der Kindheit und aus anderen Zeitlinien. Nutzt die Werkzeuge, euren Atem, eure Willenskraft und eure Absicht im Verlaufe eurer Selbstfindung und sagt euch: »Ich will wissen, wer ich bin, mit mir selbst im Frieden sein und mich selbst akzeptieren. Ich bin bereit, mich zu ändern, mir selbst ins Auge zu schauen und zu bejahen, daß ich so bin, wie ich bin. Ich werde über mich selbst kein Urteil fällen.«

Mit jedem Jahr innerhalb dieser 25-Jahres-Periode erfolgt eine Beschleunigung, die es euch ermöglicht, euer menschliches Erbe noch umfassender zu integrieren, wozu eine euch mit allem Leben verbindende Hellsichtigkeit und Hellfühligkeit gehört, einschließlich einer telepathischen Wiederverbindung mit den Göttern. Wenn jeder von euch sein eigenes Potential erschlossen hat, wird die Welt sehr anders aussehen. Wer wird noch Zeitungen brauchen? Werdet ihr über eure neugefundenen Fähigkeiten Buch führen, oder versteht ihr, daß sowieso alles im Tierkreis, im Äther, in den himmlischen Plänen verzeichnet ist und daß jeder Moment des Lebens und Atmens euer Aufzeichnungsvorgang ist?

Ihr werdet schließlich vom »Empfangsmodus«, in dem ihr euch noch befindet und mittels dessen ihr Ideen aus dem Kosmos erhaltet, umschalten in den »Sendemodus« und eure eigenen Ideen hinausstrahlen; der Höhepunkt dessen wird um das Jahr 2012 sein. Was werdet ihr senden? Im Idealfall werden dann die Früchte eurer jetzigen Arbeit Freiheit, Grenzenlosigkeit und die Schwingungen der Liebe und der Vergebung sein. Ihr werdet Vergebung üben und erfahren – nicht nur, weil ihr weitherzig und wohlwollend seid und die Vergehen anderer toleriert, sondern weil eure Fähigkeit des Vergebens auf wahrhaftiger Weisheit beruht, auf dem Verstehen, daß Haß und Anklage, wenn sie noch in eurem Energiefeld vorhanden sind, fortlaufend auf euch zurückgeworfen werden. Ihr beendet den Krieg auf eurer Welt, indem ihr den Krieg in eurem eigenen Geiste beendet. Und das ist die wirkliche Brücke ins 21. Jahrhundert.

Die Höhepunkte des Schicksals rufen euch, fordern euch zur Entfaltung eures einzigartigen Wesens auf; vertraut auf euer Wachstum, sobald die Hülsen gesprengt sind und der Same Raum hat zu wachsen. Im »Frühjahr« eures Bewußtseins, genau wie im Frühjahr der Natur, bevor sich die Schönheit entfaltet, kann die Erde mitunter noch trostlos und häßlich aussehen. Doch wie stürmisch der Wechsel der Jahreszeiten auch abläuft, vertraut ihm, denn die allem innewohnende Ordnung in der Natur ist in den immerfort zyklisch ablaufenden Bewegungen der Gestirne erkennbar. Sturm, Regen und Feuer wecken nur das, was noch schläft. Ihr seht die Natur vielleicht als etwas Selbstverständliches, doch wenn ihr euch das Wunder genau betrachtet, würdet ihr euch selbst darin erkennen, denn ihr seid der menschliche Same beim Sprießen. Vielleicht spürt ihr den Druck des Dunkels und der Enge, wenn die Samenschale noch nicht geplatzt ist – doch würdet ihr eurer Saat gestatten abzusterben, nur weil die Schale sich von innen so hart und rauh anfühlt? Die wirklich intelligente Saat hingegen hilft tatsächlich bei der Gestaltung des Wetters. Die Samen, die zur Fortpflanzung auf der Erde beitragen, wissen sehr wohl, was sie brauchen, und senden entsprechende Signale hinaus an die Menschen, die das Land lieben. Würden die Menschen dem Land ihre Liebe entziehen, wäre es für die Saat sehr schwer, innerhalb der großen Klimaveränderungen, die ihr nun erfahrt, ihre Lebenskraft für sich zu nutzen und zu stärken.

Es gibt bei eurer Entdeckungsreise zu euch selbst viel zu untersuchen: eure Nahrung, eure Konzentration der Absicht, euer Umgang mit all den neuen Entdeckungen und die plötzlichen Veränderungen, die überall eintreten, nicht nur individuell, sondern auf breiter Basis. Denkt daran, daß euch immer noch Gewalt zum Kauf angeboten wird; spürt also alle Nischen in euch selbst auf, in denen noch Reste von Gewalt und Zorn verblieben sind, und befreit euch davon. Malt euch bewußt Szenen mit

Menschen und Situationen aus, in denen ihr vielleicht noch mit Zorn reagieren würdet – in diesem und in früheren Leben – und bestätigt einfach dieses Gefühl. Dann nehmt einen ganz tiefen Atemzug und füllt mit all eurer Absicht euren gesamten Körper mit Liebe und Frieden. Setzt all jene frei, die ihr vielleicht noch als Gefangene des Zorns in eurem Energiefeld an euch gebunden hattet; laßt diese Menschen wissen, daß sie nicht länger Gefangene eures Geistes sind. Spürt, wie sich genau im Moment der Freilassung euer Energiefeld lichtet und klärt. Diejenigen, die dann noch verbleiben, bieten euch eine bisher unerkannte Gelegenheit zu einer Lektion, denn diese sind es, die ihr wirklich lieben lernen müßt, um euch von allen Gefühlen der Angst, des Hasses, der Ablehnung und der Schuld zu läutern. Diese Wesen müssen als Energien ebenfalls ihre Freiheit zurückerlangen; sagt ihnen also: »Ja, es ist an der Zeit zu gehen; ich entlasse euch aus meinem Feld. Ihr seid frei. Ich binde euch nicht länger durch Schuldzuweisung an mich, denn ich verstehe, daß es Lektionen zu lernen gibt. Und nachdem ich euch freigelassen habe, laßt mich wissen, was ihr lernt, so daß auch ich weiter wachsen kann.« Führt diese Befreiung jetzt durch und spürt die Schwingungswandlung in eurem Feld.

Habt keine Angst vor Läuterung und Entgiftung. Der Himmel weiß, daß ihr in einem vergifteten Umfeld lebt; alles ist giftig. Ungeziefer hat Millionen Jahre lang in einer vergifteten Umgebung gelebt, sich an sie angepaßt – und überlebt. Wir haben oft spaßeshalber den Vergleich zwischen ihnen und euch gezogen. Insekten sind sehr viel anpassungsfähiger als ihr. Sie sind auch über bestimmte Frequenzen miteinander in Kommunikation und müssen nichts niederschreiben. Tiere stehen miteinander telepathisch in Verbindung, und eure Vorfahren, die über den Tierkreis Bescheid wußten, verehrten sie für diese Fähigkeit. Einige haben immer Zugang zu den Bibliotheken des Geistes, des Äthers, gehabt, und gerade jetzt erbaut ihr eine Brücke aus dem Kern eures Wesens heraus in den Äther, wo ihr entdecken werdet, wer ihr wirklich seid.

Wenn Entgiftung oder Läuterung in eurem Leben stattfindet, geht tief in euch und eure Gefühle, um herauszufinden, was es aufzugeben gilt. Der Keimling gibt seine schützende Samenschale auf. Was hattet ihr bisher zum Schutz verwendet? Schutz nimmt gewöhnlich Formen der Isolation an und hält euch in Trennung. Samen wissen, daß sie sich im Erdboden befinden und freuen sich auf den Moment, an dem sie sich ihren Weg durch die dunkle Erde an die Oberfläche bahnen und die Sonnenstrahlen anziehen können; sie wissen, daß sie vom Geräusch vorbeifliegender Insekten zum Sprießen aufgefordert werden, so wie die Trommelrhythmen unserer Vorfahren ebenfalls Geister herbeiriefen. Samen reagieren auf Klänge, wie alle anderen Dinge auch. Eure Welt ist voller Klänge; viele könnt ihr hören, einige nicht. Als moderne Menschen hört ihr hauptsächlich künstliche Klänge von Instrumenten, die ihr erbaut habt, doch ihr würdet euch viel mehr erschließen, wenn ihr den Klängen der Natur lauschen würdet, indem ihr euch in Resonanz mit der Erde bringt und tiefer in ihre Mysterien und Lehren eindringen würdet.

Einige von euch rümpfen die Nase bei solchen Ratschlägen; ihr befürchtet, von Käfern und Schlangen gebissen zu werden, oder daß in der manchmal angsteinflößenden Natur euch irgend etwas Dunkles oder Unbekanntes ergreifen würde oder ihr vielleicht sogar entführt würdet. Zu wenige unter euch wissen die Natur zu schätzen; lieber besucht ihr einen öffentlichen Park oder schöne Plätze in eurer Gemeinde, als daß ihr euren eigenen Hintergarten zu einem Park machen wolltet. Schaltet mal alle Motoren und Apparate ab, schnürt eure Wanderschuhe und macht mal wieder Ferien in der Natur. Schenkt eure Aufmerksamkeit den Geschöpfen der Erde: Insekten, Vögel und alles, was da so vierbeinig kreucht und fleucht, denn sie erschaffen Schwingungen, die euch beim Brückenschlag hin zum intuitiven Leben, wie sie es führen, helfen können. Wenn ihr euch einmal von Haß und Zorn befreit habt, öffnet euch für die Intelligenzen im Äther um euch herum; ihre Schwingungen können euch zu einem neuen Lebensbewußtsein führen.

Wenn ihr einmal nachvollzogen habt, daß ihr in einer bedeutungsvollen Welt lebt und daß ihr diese Welt mit euren Gefühlen und Gedanken formt, dann werden sich eure Erfahrungen auf höchst wundersame Weise wandeln. Bewußtsein entspringt immer einem Wunsch, einem Verlangen, welches wie ein aufkeimender Same wächst und einem inneren Muster folgt. Jeder von euch beherbergt in sich ein solches von euren Vorfahren ererbtes Muster: ihre Fähigkeiten, Neigungen, Hoffnungen, Wünsche und Ängste. Ihr müßt mit eurer Innenwelt vertraut werden. Dann werdet ihr entdecken, daß ihr bestimmte Muster nicht mehr benötigt – den »Unrat« im Keller, all dies dunkle und abstoßende Zeug. Doch wenn ihr es hinauswerft, tut es mit Liebe – euer Unrat ist vielleicht ein Schatz für andere. Bei eurem »inneren Hausputz« werdet ihr vielleicht Gefühle oder Fähigkeiten hervorkehren, die ihr euch selbst bisher nicht zugestanden habt. Viele von euch werden spüren, daß sie diese Intuitionen schon die ganze Zeit hatten, auch wenn niemand euch half, sie zu verstehen. Vielleicht hattet ihr Angst hinzuschauen, oder euch wurde einfach der Mund verboten. Denkt daran, viele dieser Eingebungen sind nicht notwendigerweise statisch definierte oder physisch greifbare Erfahrungen.

Mit den einsetzenden Veränderungen in diesem Selbstfindungprozeß tritt auch eine Beschleunigung in eurem Energiefeld ein, was euch mit den Feldern anderer verbinden wird. So wie die Sonne sendet ihr bestimmte Strahlung aus. Eigentlich werdet ihr zu so etwas wie Sonnen. Sonne und Mond sind tatsächlich telepathische Wandler, die euer Denken beeinflussen. Die Zyklen von Licht und Dunkel werden durch die Zeit hindurch erfaßt, und Sonne und Mond bringen Licht ins Dunkel, wie eine von euch eingeschaltete Lampe am Abend. Diese Himmelskörper beeinflussen euch auf die gleiche Weise – Licht und Dunkel –, und diese Lichtmodulationen senden euch Information und Energie.

Wenn ihr das unsichtbare Terrain eures Bewußtseins erschließt, werdet ihr bei bestimmten Ideen innehalten, weil ihr merkt, daß diese Gedankenenergien euer Feld aufrechterhalten.

Bei eurer Erforschung des Lichtes und des Dunkels in eurem Innern werdet ihr spüren, wie dies auch auf planetarer Ebene zu einer enormen Beschleunigung in Richtung auf Erschließung und Integration von Licht und Dunkel führt. Bis zum Jahre 2012 werden alle Karten offen ausgelegt; alle Geheimnisse und Mysterien werden bis dahin gelüftet, so daß in bezug auf Schwingungen und Frequenzen die endgültige Entscheidung getroffen und der abschließende Rat erteilt werden kann. Wie schon gesagt, bis zum Jahre 2012 besteht eure Aufgabe darin, die Schwingungen, zu denen ihr euch bis dahin hochgearbeitet habt, in alle Richtungen der Existenz hinauszusenden.

Man könnte sagen, daß die Mitglieder der galaktischen Konferenz neugierig auf eure Bühnenpräsentation warten. Viele Lobbies machen sich stark, das Kartenmischen um diese Präsentation herum ist in vollem Gange, so wie es euch auch schon aus der Geschäftswelt und der Politik des Welt-Management-Teams geläufig ist. Stellt euch den Schwingungsaspekt solcher Aktivitäten vor. Wie schon gesagt, es gibt Wesen – menschliche und andere –, die eure Schwingungen kontrollieren wollen. Dieses »Frequenzmanagement« kam erst durch die Preisgabe eures Denkens und eurer übersinnlichen Fähigkeiten zum Tragen, wie ihr euch erinnert. Dies war immer wieder der eigentliche Test im Buch der Erde: Wird der Mensch in dieser einzigartigen Lebenssphäre und Lernumgebung, mit diesem prächtigen Schatz des Wissens, es schaffen, die Brücke des Wissens von einem Zeitalter hinüber ins nächste zu bauen? Oder wird er wieder einmal aufgrund seiner Ängste seine eigene Macht abgeben?

Mit jedem Atemzug verändern sich jetzt eure Zellen und mit ihnen eure DNS. Es ist nicht nötig, loszulaufen und durch bestimmte Exerzitien und Übungen zu gehen, auch wenn ein bißchen Energie- und Körperarbeit euch keinesfalls schaden würde. Atem und Absicht im Hier und Jetzt wird eure inneren Kräfte freisetzen. Ruft die Göttin, die Quelle allen Lebens, die weibliche Energie – denn genau sie ist es, die euch zum Ausgleich in eurer Welt fehlt. Sie kann euch helfen, als männliche und weibliche

Wesen in Balance zu leben und zu verstehen, daß eure Vorfahren mit den Göttern in Kontakt waren. Sie wußten um die mannigfaltigen Formen, die die Götter einnehmen konnten, daß sie multidimensionale Formwandler sind, die mal als menschliches Wesen, mal als Tiere, als Schlangen, Drachen und Reptilien erscheinen konnten. Die alten Legenden sind voll von Geschichten über Drachen, ihre Fähigkeit, sich mit dem Mineralreich zu verschmelzen und ihre Vorliebe für kristalline Strukturen. Sie waren zu Wasser, zu Land und in der Luft zu finden. Sie sind eure eigentlichen Vorfahren. Doch bei der Lektüre von Büchern über diese Geschöpfe bekommt ihr vielleicht den Eindruck, daß sie nur der Phantasie entsprungen sind, da ihr sie in eurer heutigen Welt nicht finden könnt. Eure Vorfahren haben jedoch nicht in einer elektronisch abgetrennten, bedeutungslosen Welt gelebt. Sie lebten mit der Natur; um sich herum fanden sie eine frei verfügbare lebensorientierte Geistesenergie vor; eine Energie, die ihre eigenen virtuellen Realitäten und Wellen zum »Surfen« erschuf. Eure Vorfahren hatten das Wissen, eure Tiere beherbergen die Erinnerung. Nun ist es an euch, dieses Wissen anzuzapfen und zu nutzen – euch zu erinnern.

Es ist an der Zeit, aus dem Schatten zu treten als die einzigartige biologische Struktur, die ihr darstellt. Während ihr unsere Worte lest, denkt an eure Lieblingsblume, euren Lieblingsvogel und seinen Ruf an die Pflanzen zu wachsen. Alle Tiere und alle Töne und Klänge, die sie von sich geben, die Klänge der Natur, rufen nun auch euch. Die mechanische Wiedergabe dieser Klänge auf Tonband, in Filmen oder Videos entspricht nie dem Original, denn man kann die Natur nicht mechanisch wiedergeben. Deshalb ist es wichtig, daß ihr die Schwingungen der Natur selbst erforscht. All eure technologischen Fortschritte entfernen euch in Wahrheit von der inneren Erkenntnis, wer ihr wirklich seid. Technologien können weder die Natur noch die Liebe kopieren. Diese beiden Erfahrungen – Natur und Liebe – sind Geschenke, die ihr nur in der Selbsterkenntnis und im Vertrauen in die Welt um euch herum finden könnt.

Die Anwendung der Liebesschwingungen auf andere Lebewesen wird euch lehren, wie wichtig es ist, daß ihr euch selbst liebt. Diese Worte sind wohl leicht zu vernehmen, doch offensichtlich schwer umzusetzen. Viele von euch sind großartig darin, Geschenke zu machen. Wie gut seid ihr darin, Geschenke entgegenzunehmen? Wenn die Idee, daß andere etwas für euch tun, euch Liebe schenken, sich um euch kümmern und euch aus der Tiefe ihres Herzens helfen wollen, für euch noch etwas Erschrekkendes an sich hat, solltet ihr euch vielleicht dieser Idee öffnen. Es ist in Ordnung, Selbstversorger zu sein, doch schließt bitte andere in diesem Prozeß nicht aus. Eure wahre Identität wird euch nur klar werden, wenn ihr euch mit anderen Menschen umgebt. Wie schon gesagt, die Realität ist ein Spiegel – wo wäre also euer Spiegel, wenn nicht im Wesen des Menschen euch gegenüber?

Denkt daran: Ihr bestimmt, wann ihr geboren werdet – euren eigenen göttlichen Moment. Ihr findet euren Weg durch die Äonen – doch dann vergeßt ihr, indem ihr euch auf eine einzige Realität fixiert. Ihr vergeßt, so daß ihr leben könnt. Solche Perioden des Vergessens sind das Testgelände für die Beständigkeit eurer »Denkkäfige«, und gerade jetzt werden die Käfigtüren geöffnet, um den Sturmwind des Wandels durch den Käfig, euer Denken, eure Wahrnehmung und eure Vorstellung von euch selbst blasen zu lassen. Glaubt an eure Einzigartigkeit, vertraut eurer Schöpferkraft, denn in euch befindet sich Genialität im Wachstum. Es ist wichtig, daß ihr euch selbst und das, was euch in eurem Leben widerfahren ist, liebt, akzeptiert und versteht und die weiteren Lektionen entdeckt. Diese Einstellung wird euch Wohlbefinden schenken, denn indem ihr euch selbst liebt, stärkt ihr euer Immunsystem, eure Zellen und erlangt auch Resistenz gegenüber Giften, denn die Schwingung der Liebe ist die mächtigste Kraft in allen Universen.

Wenn wir unsere Ideen mit euch teilen, verwenden wir die Gelegenheit auch dazu, tiefergehende Erkenntnisprozesse in eurem Bewußtsein auszulösen. In den Worten, die wir dabei verwenden, stecken verborgene Bedeutungen und Codes – wie in den Sonnenstrahlen. Sprache bedient sich vieler Wege des Ausdrucks und Verstehens. Überall existieren solche Codes; wenn ihr euer Bewußtsein weitet und die Einzigartigkeit eines jeden Wesens und seiner Schöpfungen und Erfahrungen wahrnehmt, werden euch Sprache und persönlicher Ausdruck in einem völlig neuen Licht erscheinen. Lernt euch selbst kennen, glaubt an euch selbst und erstellt für euch selbst einen Integritätskodex, der auf Verantwortlichkeit und Verläßlichkeit beruht. Denkt daran, Ver-Antwortlichkeit ist eure Fähigkeit, Antworten auf die Fragen des Lebens zu finden und umzusetzen. Seid ehrlich im Umgang mit euren Schöpfungen, denn Ehrlichkeit wird nun von allen verlangt.

Baut euren Selbstfindungsprozeß auf dem Fundament der Liebe auf; sie ist eure Identität, eure Ausstrahlung, euer »Personal-Ausweis«. In den Korridoren der Zeit, die ihr nun erforscht, um mehr über euch selbst zu erfahren und euren Bezug zu allem Leben zu finden, stehen viele Lektionen an; wir schlagen euch deshalb vor, denjenigen Impulsen des täglichen Lebens zu folgen, die mit euren Maßstäben vereinbar sind. Nutzt eure Absicht und Willenskraft, um die irdischen Mysterien herbeizurufen, um die Geheimnisse, die allen Menschen und Legenden innewohnen, zu lüften. Lernt, eurem gesamten Körper zu vertrauen, und fragt: »Stimmt dies? Oder ist dies wieder nur eine zum Verkauf anstehende Wahrheit?« Denn die Wahrheit ist wichtig und beruht immer auf jemandes Erfahrung und Perspektive.

Eure Öffnung für euch selbst wird auch eine Öffnung für viele neue Gelegenheiten sein. Euer Blut ist so wertvoll wie Gold; es ist die Lebenskraft der Liebe, die durch euer Wesen strömt, das Blut der Schöpfung, das Blut lebendiger biologischer Wesen mit einer Bestimmung. Alles wird zum Leben erwachen – der Schlüssel liegt im Verstehen des Wesens der Schwingung. Lernt, eure eigene Schwingung beizubehalten, während ihr die Schwingungen eurer Vorfahren erforscht. Erdet euch im täglichen Leben und erkennt seine Lektionen. Ihr seid im Begriff, ein

Schönheit ausstrahlendes menschliches Wesen zu werden; laßt also die innere Saat aufsprießen – und verwurzelt euch gleichzeitig tief in Allem-was-Ist. Versteht, daß ihr als menschliche Wesen hier seid, um zu leben, und daß alles, was euch im täglichen Leben begegnet, einen Teil der Lebenslektionen darstellt. Ihr habt die Wahl, diese Lektionen wie Gift zu empfinden oder in euch selbst die Schwingungen der Liebe zu entdecken und diese Lektionen als liebevolle Hinweise und Gelegenheiten anzusehen.

Im Buch der Erde steht, auf welcher der beiden Seiten eines Flusses die Wahrscheinlichkeit, Diamanten zu finden, größer ist. Sie wurden aus dem Erdboden hervorgespült und liegen zum Sammeln bereit im Flußbett – wenn ihr den Mut habt, euch durch Dornengebüsch und Sumpfgebiet den Weg zu den unterirdischen Tunneln zu bahnen, durch die ihr auf dem Weg zum richtigen Flußufer tauchen müßt. Wir bitten euch, über eine Abenteuerreise hin zu diesen Diamanten nachzudenken, über die vielfältigen Möglichkeiten und das Glitzern, das euch bei eurem Erfolg entgegenscheint, welches euren Reichtum als Schöpfer zum Ausdruck bringt. Mit erweitertem Gesichtsfeld werdet ihr erkennen, warum einige eurer Vorfahren, als sie sich Hexen, schwarzen Schafen und Abtrünnigen gegenübersahen, Zerstörung statt Liebe wählten. Die Angst war damals genau wie heute gegenwärtig, doch diesmal werdet ihr das »Kaufangebot« nicht annehmen. Ihr werdet weiser, liebe Freunde. Vertraut darauf.

Behaltet euch also euren regen Geist und vor allem euren Humor – und seht euch selbst als Wesen mit einer klaren Bestimmung. Liebt euch selbst und spürt, wie sich der Fächer entfaltet. Und falls ihr des Nachts, wenn ihr schlafen geht, das Gefühl habt, einen Blick ins Buch der Erde werfen zu können, dann schreibt eure Absichten hinein. Hüllt euren Körper in den Mantel des Lichts, der aus Liebe gewoben ist, und fühlt den Schutz, die Sicherheit, die Erde. Folgt der Lichtspirale in den Äther, um herauszufinden, was noch im Buch zu studieren ist. Es ist ein sehr dickes Buch mit vielen Zeitlinien, die sich in viele Richtungen verzweigen. Vor langer Zeit gab es ein oder zwei Stammlinien der Zeit, die sich dann über die Zeitalter in viele Realitäten zersplissen. Nun, da ihr wiederum in einen Bereich großer Veränderungen eintretet, sind die Zeitlinien wieder beweglich und bereit. Die Maschen des Gewebes werden enger, je mehr Linien wieder zusammenfinden. Stellt euch vor, ein großes Stück Tuch zu weben, das seinen Anfang mit zwei oder drei Grundfäden nahm und dann zu wachsen und wachsen begann. Doch würden alle Fäden separat bleiben, käme kein Gewebe zustande, oder? Und ein Lebensgewebe entsteht dadurch, daß die einzelnen Fäden – oder hier Zeitlinien – sich ineinander verschlingen und verweben, um einen neuen Teppich des Lebensspiels zu knüpfen.

Wir bitten euch also: Lernt euch selbst kennen. Macht ihr Schritte in diese Richtung, werden euch schöpferische Energien zuteil, die euch mit der Familie des Lebens, der Lichtfamilie, mit denen, die Zweck und Bestimmung in allem Lebendigen sehen, verbinden. Umarmt diese Vorstellungen geistig und bereitet euch auf eine noch tiefergehende Erfahrung vor, die euch zu wahren Heilern auf diesem Planeten werden läßt, indem ihr das Wesen und die Kraft der Liebe, die Macht der Hingabe und die Stärke des Mitgefühls versteht. Ihr seid wahrhaftig verbunden, ihr seid Zündfunken füreinander und werdet, wie Glühwürmchen an einem Sommerabend, die Nacht erhellen und elektrisieren. Denkt an das zugrundeliegende Muster, die Bestimmung: Jeder von euch allein hält in sich das Licht, und zusammen ergibt diese Lichtansammlung bestimmte Muster. Vertraut jetzt einfach darauf: Was auch immer euch im Leben begegnet, welche Krise auch immer überwunden werden muß, das Licht führt euch zu den großen Lebenslektionen, wo im Idealfall die Macht der Liebe die ultimative Lektion ist. Übt Vergebung und strahlt eure Lebenslust in alle Himmelsrichtungen hinaus.

Kapitel 6

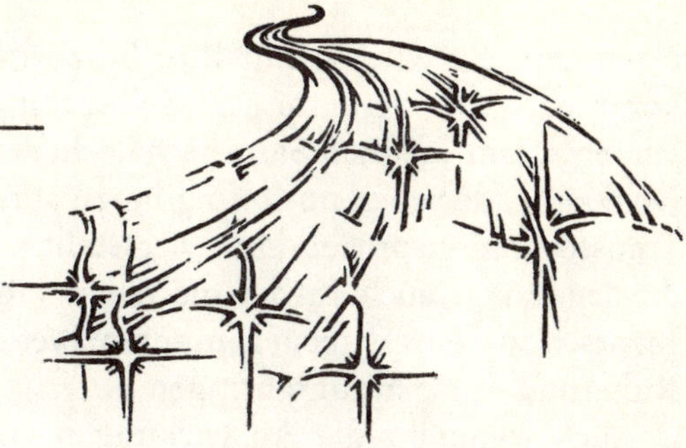

Nichts ist genauso, wie es scheint

Im jetzigen Stadium eurer persönlichen Entwicklung, beim Bau der Brücke ins 21. Jahrhundert und dem daraus hervorgehenden Wissen um eure Bestimmung, ist es wesentlich, daß ihr das Terrain, welches ihr als Pioniere erschließt, kennenlernt und versteht. Noch liegt dieses Terrain unerschlossen und ohne Wegmarkierungen vor euch, doch es ist deshalb nicht unbedingt völlig neu; eure Vorfahren und andere waren mit ihm bereits vertraut.

Ihr betrachtet eure Vorstellungen von euch selbst und der Welt als unumstößliche Tatsachen, die ihr nur zu gern von der Welt um euch herum bestätigt sehen würdet. So habt ihr Orientierungspunkte für euer Verhalten gegenüber dieser Welt. Doch Wandel ist etwas Stetiges, und da ihr nun gerade in eine neue Ära großer Veränderungen eintretet, möchten wir euch beistehen, damit ihr es in diesen Zeiten des Umbruchs auf allen Ebenen und in eurem Innersten leichter habt.

Wie ihr euch selbst innerhalb dieses Zeitflusses seht und was zu glauben euch beigebracht wurde, sind bedeutende Elemente beim Bau der Brücke in eurem Geist, die ihr überqueren werdet, um eure Erfahrungen zu sammeln. Nutzt diesen kurzen vergänglichen Moment, in dem die Menschheit von Grund auf umorganisiert wird, damit ihre Einzigartigkeit zum Ausdruck kommen kann. Wenn ihr euch selbst mit genügend Nährstoffen versorgt, um aus der Samenschale hervorzusprießen, um den Denkkäfig, der euch noch umgibt, zu sprengen, dann setzt euer Transformationsprozeß ein. Dies stellt auch die Heilarbeit dar, die jeder von euch in den nächsten Jahren leisten wird. Die Erforschung eures tiefsten inneren Wesens wird euch Frieden, Ruhe und Entspannung bringen.

Auch wenn ihr die Auswirkungen von Schwingungen und Strahlungen zu erkennen beginnt, fallt ihr doch mitunter wieder in alte Muster von Depression, Mißemotion und Projektion von Haß- und Schuldgefühlen zurück; nun, mit diesen Mustern wird zwangsläufig wieder gebrochen werden müssen. Wenn ihr eure Mitmenschen dabei beobachtet, wie sie in ihrem Leben eine beängstigende Situation nach der anderen erschaffen, fragt ihr euch dann nicht auch, wie man sich mit so viel »Seelengift« umgeben kann? Doch vergeßt dabei nicht, daß nun die Herausforderungen des Lebens größer und die Intensität der Emotionen stärker als je zuvor werden. Es wäre absolut nicht schwer für euch, die euch überall umgebende Furcht als Ausweg zu wählen; die Wahl dafür oder dagegen ist Teil eures Selbstverwirklichungsprozesses.

Eure Wahl muß zugunsten eurer Gesundheit und eures Wohlbefindens ausfallen. Das Auf und Ab im Leben hat nur zum Ziel, euch sozusagen zu »tunen«, euch aufzupolieren, euch durch die »Waschanlage des Lebens« hindurchzuschleusen, so daß ihr auf der anderen Seite wieder gereinigt und funktionsfähig hervortretet. Viele von euch spüren große Angst, wenn ihr Körper nicht richtig funktioniert. Erinnert ihr euch an die Gefangenen des Hasses, die ihr in eurem Energiefeld festhaltet? Nun, am allerwichtigsten ist, euer Feld zu reinigen und Dankbarkeit zu spüren für das, was ihr seid, denn das ist eines der von euch zu vollbringenden Meisterstücke. Oder werdet ihr eure Lektionen wieder vergessen und eine grollende Opferhaltung einnehmen, die nur noch mehr von ihresgleichen in euer Feld zieht? Wie wäre es, dem Flüstern der Bedeutungen und Bestimmungen zu lauschen, das sich nun in euch Gehör verschaffen möchte? Euer Denken und eure Taten verbinden euch mit allem: der Erde, den Tieren, dem Wetter, allem. Ihr selbst malt das Bild der Landschaft, in der ihr euch dann tagein, tagaus vorfindet; fangt also an, Meisterstücke eures Lebens zu malen und entlarvt jegliches begrenzende Denken und jegliche Ängste als das, was sie sind, denn es gibt noch mehr Optionen als nur sie.

Wie könnt ihr als Lichtfamilie Schwingungen erreichen, mit denen ihr für die Menschheit ein neues Stück schreibt, ein neues Lied komponiert? Nur indem ihr euer eigenes Leben verändert und eure Gesundheit zu eurer eigenen Chefsache macht. Haß- und Zorngefühle auszuschwingen ist eine Möglichkeit der Genesung. Achtet auf euren physischen Körper und zieht seine fortlaufende Veränderung in Betracht, wie auch die der gesamten Menschheit. Eure Gewohnheiten, die Art, wie ihr atmet, eßt, sitzt und schlaft – all dies wird nun neu überdacht. Zeit zur Rückbesinnung; laßt euch von eurem Körper und seinen Signalen leiten.

Beim Bau der Brücke und der Entwicklung eures Selbst ist es wichtig, daß ihr versteht, daß das Böse nicht verbannt werden kann. Das »Böse« hat einen Zweck, und mit den euch zur Verfügung stehenden Werkzeugen können sowohl die lichten als auch die dunklen Energien angezapft werden. Wir bezeichneten dic dunkle Seite des Lebens als Familie des Dunkels. Wir haben mitunter schon Witze gemacht, weil niemand schreibt: »Liebe Plejadier, vielen Dank dafür, daß ihr uns erwähnt. Ja, ich bin ein Mitglied der Familie des Dunkels.« Nein – jeder beansprucht für sich, ein Mitglied der Lichtfamilie zu sein.

Wir benutzen Namen, weil ihr Namen mögt. Eure Codes bestehen aus Klängen und Worten, und so ergeben unsere Worte Sinn für euch; ihr sagt: »Oh ja, das klingt gut. Das paßt in mein Verständnis der Realität.« Denkt daran: Worte bedeuten immer mehr als das, was wir sagen oder was ihr hört und seht. Worte sind eigentlich Symbole und können verborgene Bedeutungen weitergeben. Eure Vorfahren verwendeten oft die Symbole von Sternen, Sonnen, Monden und Schlangen in ihren bildhaften Beschreibungen. In den letzten hundert Jahren haben Archäologen Metall-Statuen in den Ruinen alter Zivilisationen entdeckt, die Metallbearbeitung angeblich gar nicht beherrschten. Viele dieser Statuen stellen seltsame Wesen dar mit Helmen, die kreisförmige und dreieckige Verzierungen und Schlangensymbole tragen.

Vielleicht seid ihr der Annahme, daß eure Sprache solche Symbole nicht mehr beinhaltet. Doch wenn ihr das Wesen von Schwingungen noch besser versteht, wird sich eure Sicht ändern, und ihr werdet Pläne innerhalb von Plänen und Bedeutungen innerhalb von Bedeutungen erkennen. Ein Leben voller Bedeutung wird sich vor euch entfalten. Der Begriff Synchronizität beschreibt eine bedeutsame Entfaltung scheinbar unzusammenhängender Vorgänge, die sogenannten göttlichen Fügungen. Wenn ihr diese Erfahrungen als eure Verbindung zum Äther versteht und erkennt, wie ihr Realitäten erschafft und wie euer multidimensionales Selbst und eure Seelenführer alle an einem Strang ziehen, dann werdet ihr imstande sein, euch völlig neu auszurichten und völlig neue Aussichten auf euer Leben zu genießen.

Es ist wichtig zu verstehen, warum ihr über euren Körper Signale empfangt, die eure Gesundheit betreffen. Euer Körper ist für die geistige Welt der leichteste Zugriffspunkt auf euch, wenn ihr selbst nicht bereit seid zuzuhören. Signale, Symbole und Botschaften finden sich zuhauf um euch herum – ihr müßt lernen, sie zu deuten. Euer Körper arbeitet dabei für, nicht gegen euch, und gerade jetzt hilft er euch, etwas zu lernen, egal ob ihr dabei Beschleunigung oder Abbremsung von Schwingungen erfahrt. Urteilt nicht. Wenn ihr euch völlig daneben fühlt, dann gestattet euch dieses Gefühl mit voller Intensität. Fühlt euch wirklich »völlig daneben«. Und wenn ihr euch dann besser fühlt, energetisiert diesen Gedanken: »Ich fühle mich besser«. Lernt, euren innersten Gefühlen freien Ausdruck zu verleihen – so werdet ihr zu euren eigenen Heilern. Überall um euch herum ist Energie; würdet ihr dieser Einlaß gewähren, käme es sofort zu einem Reinigungs- und Revitalisierungsprozeß, egal wie vergiftet euer Umfeld auch sein mag. Diese Idee umzusetzen ist eine große Prüfungsaufgabe, der »Grand Canyon«, den es zu überqueren gilt. Wie sehr die Welt auch immer vergiftet ist – werdet ihr sie entgiften, indem ihr die wertvollste Substanz, die die Existenz kennt, erzeugt? Diese Substanz ist die Liebe, die ihr freigebig erzeugt und hinausstrahlt, wenn ihr einfach mit den anstehenden Aufgaben weitermacht. Ihr müßt auf eurer Reise gesund bleiben und euch bewußt sein, daß euer Körper dazu da ist, euch die anstehenden Lektionen zu vermitteln. Ihr seid nicht hier, damit jemand anders euch rettet oder erlöst. Ihr lernt, wie man Auto fährt und Gourmetgerichte zubereitet; doch wie ihr auf euren Körper Einfluß nehmen könnt, lernt ihr nicht wirklich. Eure Vorfahren wußten tatsächlich mehr über den Körper als ihr. Sie wußten, daß alles, was um sie herum wächst – Pflanzen, Obst, Gemüse – auf sie einwirkt. Pflanzen waren für sie mehr als nur Nahrung. Alles, was um euch herum wächst, verfügt über bestimmte Schwingungen; wenn ihr Pflanzen als Nahrung zu euch nehmt, werdet ihr eins mit diesen Schwingungen. Einige davon sind verwertbar, andere nicht; doch bei eurer Auswahl laßt ihr euch eher davon leiten, was euren Geschmacksnerven behagt, als daß ihr auf die gesundheitliche Schwingungsqualität achtet. Alle Pflanzen und Tiere sind Schwingungswesen, genau wie ihr.

Eure physischen Körper durchlaufen jetzt einen Aufbau- und Stärkungsprozeß, denn die kosmischen Energien, die elektronischen Pulsationen, die Photonen, Sonnenwinde und elektromagnetischen Wellen, sie alle wirken auf euch ein. Ihr seid elektromagnetische Wesen, und euer Gehirn ist energetisch mit Magneten versehen. Jede Veränderung in den elektromagnetischen Feldern um euch hinterläßt tiefe Spuren in eurem Körper. Nun könntet ihr den 110-Notruf wählen und sagen: »Helft mir, rettet mich, haltet mich fest! Verabreicht mir irgendwas, so daß ich mich damit nicht befassen muß!« Und mitunter braucht es ja auch Hilfe in Notfällen, um Leben zu retten; doch in diesem Fall hilft euch die 110 nicht weiter – nur ihr selbst.

Wenn ihr gerade eine gesundheitliche Krise durchlebt, ist dies ein Signal eures Geistes, daß eine Prüfung eurer Glaubensmuster und Lebensvorstellungen vorgenommen werden sollte. Laßt die alten Muster in sich zusammenbrechen und seht euch wie Lego-Bausteine, die zerlegt und aus denen immer wieder etwas neu zusammengesetzt werden kann. Mit Liebe wird euch dieser Neuaufbau und das, was dabei passiert, leichter fallen. Oft ist es so, daß ihr bei körperlicher Krankheit seelisch-geistig weit geöffnet seid, da das euch umgebende Energiefeld erschüttert wird und eure alten Überzeugungen und Muster nicht mehr funktionieren. Ihr erkrankt, weil ihr elektromagnetische Stürme in eurem Feld zulaßt und die »Sturmtiefs« nicht auflöst, oder weil ihr euch weigert, die notwendigen Veränderungen vorzunehmen. Euer Feld kann diesen starken Energieimpulsen letztlich nicht standhalten, auch wenn ihr Widerstand leisten wollt. Laßt statt dessen die Energie einfach durch euch hindurchfließen – das bewirkt die Veränderung. Solange ihr an den alten Mustern und Routineabläufen festhaltet, ihr euch wie ein vorm Hindernis bockendes Pferd verhaltet, steigt der Druck der angestauten Kräfte des Wandels immer mehr. Die Energie, die »Kraft«, folgt euren Anweisungen, ebenso wie ihr ihren Anweisungen zu folgen habt – je nachdem, wie ihr sie verwendet.

Jeder von euch ist ein Heiler, hier um euch selbst zu heilen und die Schwingungen der Heilung zu verankern, so daß Pflanzen, Tiere und die gesamte Erde diese Vibration spüren können. Viele sogenannte Hexen früherer Zeiten waren einfach nur Frauen, die sich in der Pflanzenwelt auskannten und als Hebammen und Naturheilkundige zu Rate gezogen wurden, denn sie wußten, welche Pflanzen bei bestimmten Krankheiten Abhilfe schaffen konnten. Wenn ihr den Pflanzen mit offenen Ohren lauscht, werdet ihr vernehmen, daß jede von ihnen symbolisch einen bestimmten Körperteil repräsentiert. Indem ihr den Energiefluß durch euren Körper erhöht, und indem ihr die Ziffer 8 – das Unendlichkeitssymbol – vor eurem dritten Auge imaginiert, werdet ihr so viel mehr lernen und entspannt den Veränderungen dieser Zeit begegnen können. Was vormals langweilig erschien, erfüllt euch jetzt mit Faszination, denn plötzlich seid ihr in der Lage, die Informationen zu »lesen« – und ihr werdet euch fragen, wie ihr sie vorher eigentlich so überlesen konntet. Eure Zellen erwachen jetzt, ihr entfaltet euch nun schnell und erwachst zur vollen Blüte eures Gesamtwesens. Heilt euch selbst in dieser Zeit des Blühens und Gedeihens, erlaubt der euch umgebenden Energie, euch zu erhalten, während ihr Vergebung und Hingabe übt.

Die Lichtfamilie ist hier, um gewissermaßen Präzedenzfälle zu schaffen, um verschiedene Optionen und Alternativen aufzuzeigen – nicht, um einen Weg als den einzig richtigen hinzustellen. Es braucht keine Vereinsbeiträge, Mitgliedschaftsgebühren, Diplome oder Bescheinigungen; ihr lebt einfach und erzeugt eine Schwingung und einen Lebensstandard um euch herum, der andere in Erstaunen versetzt. Viele, die die Zeichen der Zeit nicht zu deuten wissen, fürchten sich vor der Macht, mit der die Menschheit nun versehen wird, und so mißdeuten sie das Verhalten einiger mächtiger Menschen als arrogant. Zieht keine vorschnellen Schlüsse. Während sich eure Energie und Heilkraft entfaltet, seid aufrichtig und gnädig. Rümpft nicht die Nase über solche, die sich ihrer Fähigkeiten noch nicht gewahr geworden sind; auch sie werden von diesen Energien berührt. Wenn ihr diese Entdeckung schon gemacht habt, gebt sie an andere weiter und inspiriert sie.

Zum jetzigen Zeitpunkt seid ihr auf der Erde ein ganz spezielles Kollektiv menschlicher Wesen. Jeder von euch kam ursprünglich hierher, um das Schwingungsmuster, das in diesem kleinen Zeitfenster hier und jetzt hinausgesendet wird, zu erfahren und zu seiner Form beizutragen. Ihr seid beide, die Lichtfamilie und die Familie des Dunkels, gleichzeitig hier, um eure Dramen und Szenarien umzusetzen und euch damit gegenseitig zu unterstützen. Mitglieder der Lichtfamilie, sorgt euch nicht über die Familie des Dunkels, denn sie wird sich schon um sich selbst kümmern. Je mehr ihr euch sorgt, desto größer ist die Wahrscheinlichkeit, daß ihr bei ihrer erneuten Zusammenkunft im Jahre 2012 auf ihrer Party statt auf eurer eigenen landet. Eigentlich wäre damit nichts besonders verkehrt; ihr würdet sehen, daß sie euch eigentlich ziemlich ähnlich ist. Glaubt ihr, daß die Familie des Dunkels sich je Gedanken darüber macht, ob sie bei eurer erneuten Zusammenkunft auf eurer Party landet? Sie kann sich nicht die leiseste Vorstellung davon machen.

Wie eine ständig zur einen und zur anderen Seite neigende Wippe seid ihr im Begriff, euch mit der Polarität auseinanderzusetzen. Das Licht fürchtet sich davor, das Dunkel zu begreifen, das Dunkel fürchtet sich davor, das Licht zu begreifen. Was genau sind Licht und Dunkel, und was dachten die Alten über ihre Verschiedenheit? Wir können sehen, daß ihr lernt, was eure Vorfahren wußten, wenn ihr euch selbst heilt und Frieden herstellt mit dem, was ihr in eurem Leben als Licht und Dunkel anseht. Die Alten lebten mit der Kraft, die sie umgab; manchmal zogen sich diese Kräfte lange Zeit zurück, dann traten sie wieder aus dem Himmel hervor und wirkten universell durch die Dimensionen hindurch oder physisch durch die Zirbeldrüse des Menschen auf die Welt ein. Jede Kultur hat ihren eigenen Schatz an Erzählungen über diese Wesen, wie sie mit allen möglichen Fahrzeugen am Himmel entlangflogen. Einbildung? Legende? Mythos? Warum glaubt ihr bestimmten Erzählungen eurer Vorfahren und lehnt andere rundweg ab? Es fällt euch nicht schwer, das Sichtbare zu benennen: »Ah ja, das ist ein Bison, das eine Antilope. Dies sind Früchte, und das ist ein Feuer.« Doch dem Unerklärlichen steht ihr achselzuckend gegenüber, bezeichnet es als reine Phantasie oder Torheit, als Reste einer Pop-Art oder als Science-fiction. Und dabei überseht ihr in eurer Welt, daß die Science-fiction von gestern sich anschickt, zur Realität von heute zu werden.

Viele sogenannte Science-fiction-Autoren sind in Wirklichkeit großartige Seher, die verschiedene mögliche Formen der Zukunft und der Zeitabläufe wahrnehmen können. Wenn euch das anmaßend oder absurd vorkommt, erinnert euch bitte daran, daß jeder von euch gedachte Gedanke irgendwo da draußen eine Realität erschafft. Gedanken haften sich aneinander und existieren mit einer bestimmten Frequenz, Lebendigkeit und Geschwindigkeit, die ihr noch nicht voll erfassen könnt. Doch sehr bald werdet ihr dies nachvollziehen können, denn Wissen entfaltet sich in euch in immer größerem Ausmaß, und alle Symbole, Codes, Zeichen und inneren Bedeutungen lassen sich nun zu einem sinnvollen Ganzen verbinden.

Die Mathematik, eine abstrakte Sprache, enthält einen Schlüssel, und die gesamte neuzeitliche Physik, egal, ob es Newtons Mechanik oder die Quantenmechanik ist, gründet auf mathematischen Prinzipien. Was steckt hinter all den mathematischen Theorien und Zahlen? Können die Theorien durch Beweise erhärtet werden, oder sind sie einfach ein Weg, ein Bewußtseinspaket, das offenbar im Abstrakten funktioniert und zuweilen die Realität der dritten Dimension untermauert? Die Menschheit wird ihr abstraktes Denken nun ausweiten und erkennen, daß die alte abstrakte Sprache der Mathematik, auf der sich die Wissenschaften gründen, unzureichend ist. Die Wissenschaftler eurer Zeit haben aus der Natur der Existenz etwas sehr Komplexes gemacht; wenn sie einmal die Codes und die Einfachheit der Zahlen durchschauen, wird sich ihnen eine völlig neue Sicht auf die Dinge bieten.

Das Universum ist in euren Zellen und in der Natur codiert. Am Beispiel des sogenannten »Klonens« wird dies klar. Eure Wissenschaftler sagen: »Endlich, endlich können wir Schafe klonen.« Nun, so neu oder großartig ist dies auch wieder nicht – der Mensch wurde schon seit langer Zeit geklont. Alte Schriften, auch die christliche Bibel, besagen, daß der Mensch nach dem Antlitz Gottes geschaffen wurde. Vielleicht wird euch die Bedeutung dieser Aussage klarer, wenn ihr den Vorgang des Klonens versteht und euch vergegenwärtigt, daß die ursprünglichen

Menschen von Wesen, die ihr Gott nennt, tatsächlich genetisch geklont wurden. Eure Wissenschaftler haben hier noch viel zu lernen, denn Klonen zieht nicht den Bereich des Geistes in Betracht. Es ist schon möglich, organisches Leben zu kopieren; doch die eigentliche Frage ist: Wird der Geist, die Lebenskraft, die innere Flamme, einen Klon bewohnen? Klon-Experimente wurden schon Millionen Jahre lang durchgeführt. Denkt daran, ihr seid eine alte Rasse.

An einigen Stellen baten wir euch, eure Aufmerksamkeit auf verschiedene Zeitbereiche zu lenken. Was geschieht im Jetzt mit eurem Körper, eurer Einstellung zu ihm und eurer Einweihung zum Heiler? Als Heiler ist es euch möglich, das, was eurem Körper widerfahren ist, in einem neuen Licht zu sehen, und als Ergebnis davon wandeln sich die euch umgebenden Energiefelder, während ihr die alten Programme, Filme und Videos – die alten Märchen, auf denen ihr euer Leben aufgebaut habt – hinauskehrt. Gebt diese alten Vorstellungsbilder frei. Schaut über das unmittelbare Jetzt hinaus auf eine Brücke, die sich ins 21. Jahrhundert spannt, während ihr gleichzeitig Rückschau auf die letzten 500 Jahre zurück bis zur Renaissance haltet. Fühlt das Resultat der gewaltigen Veränderungen auf eurem Planeten, und überdenkt das Anwachsen der Menschheit im späten 20. Jahrhundert auf über sechs Milliarden Menschen. Denkt daran, diese besondere Zeitperiode brachte dem gebildeten Menschen die Idee der Trennung vom Ganzen nahe, mit dem Ergebnis eines zur Bedeutungslosigkeit verurteilten Lebens. Nun geht im Geiste noch weiter zurück, ungefähr 1 000 Jahre, ins Mittelalter. Der erste Zeitabschnitt davon – das sogenannte dunkle Zeitalter – dauerte von ungefähr 500 bis 1 000. 500 Jahre davor begann das Fische-Zeitalter mit der Saat des begrenzten Denkens, in dem faule Kompromisse und politische Tyrannei an der Tagesordnung waren. Die alten Mysterien und Lehren wurden von Energien überschattet, die das alte Wissen zerstreuten – das Römische Reich, die Alte Weltordnung.

Wenn ihr diese Zeitabschnitte betrachtet, denkt daran, daß

jedes dieser 2 000-Jahres-Segmente bestimmte Lektionen mit sich bringt. Könnt ihr euch vorstellen, daß eure Vorfahren in einem Zeitabschnitt lebten, den ihr nun wiederzuerleben, zu heilen und zu energetisieren versucht – einen Zeitraum von 500 000 Jahren, wobei dessen damals vorherrschende Energien nun auf den Planeten zurückkehren? Natürlich existierten diese Wesen schon davor, und sie kamen seitdem immer wieder mal zurück; eure Lebenslektionen ähneln sich, egal welchen Zeitabschnitt ihr euch anschaut. Die Alten schrieben in ihren Mythen und Legenden über gewaltige Himmelsschlachten, fliegende Drachen und Schlangen, über Feuerbälle und Götter, die Blitze schleuderten und unvorstellbar große Energien einsetzten. Diese Himmelswesen sind Teil der Geschichte im Buch der Erde. Eingeborenen Volksstämmen sind ihre Erzählungen heilig, in denen ihre Abstammung von bestimmten Sternsystemen erwähnt wird. Dieses alte Wissen wurde in Form von abstraktem Wissen und in der Sprache der Symbolik weitergegeben, so daß ihr heute die Information entschlüsseln könnt.

Die Schlange ist ein auf der ganzen Welt benutztes auffälliges Symbol, das den Thron fast jeden Papstes, Pharaos, Königs und jeder Königin ziert. Auch Schamanen und Stammesälteste haben dieses Symbol zu allen Zeiten benutzt. Und sie ist am Äskulap-Stab auch das Symbol der Medizin. Dieses Symbol wurde unterschwellig in jeden Lebensaspekt eingeflochten, ohne daß ihr wirklich versteht, warum. Das Bild der kreisförmig oder oval gewundenen Schlange, die sich in ihren eigenen Schwanz beißt, ist das Symbol der Göttin und ihrer Lebensschöpfung: eine Vulva, die Eingangspforte zu den weiblichen Lebensorganen. Diese Symbole sind überall auf eurem Planeten anzutreffen. Eure Vorfahren verstanden die Kräfte der Fruchtbarkeit und der Sexualität in Verbindung mit den Göttern, genauso wie sie wußten, was es bedeutet, einen Körper zu bewohnen, zu wissen, was dieser Körper alles tat, daß er Leben oder Krankheit hervorbringen kann und daß das gesamte Spektrum der Gefühle von großem Schmerz bis zu höchster Exstase und Entrückung mit ihm erfahren werden kann.

Viele alte und moderne Gebäude sind mit den geheimen Symbolen der Fruchtbarkeit verziert. Ovale Kirchenfenster und hohe Kirchtürme wecken im Unbewußten die Erinnerung an eure Sexualorgane. Warum werden Kirchtürmen noch Kreuze aufgesetzt? Denkt daran, das Kreuz ist ein uraltes Symbol für die Markierung von sich kreuzenden Wegen, von sich am Kreuzungspunkt treffenden Energien. Von den Hexen wird erzählt, daß sie sich an solchen Kreuzungspunkten trafen, denn dort wurden Energien verstärkt und ausgetauscht. Das Kreuz ist auch eine Antenne; als es zur Kreuzigung benutzt wurde, sendete es die Energie des Schmerzes in den Äther. Damit ihr eure Wahrnehmung erweitern könnt, betrachtet Symbole und Ideen auf neutrale Weise, denn viele von euch halten noch viel zu sehr an vermeintlichen Wahrheiten fest. Die Wahrheit gründet sich immer auf einer bestimmten Sicht der Dinge – wenn diese sich ändert, kommen neue Wahrheiten für euch zum Vorschein.

Wir verweisen absichtlich auf euren Körper, darauf, daß ihr euch einen Jungbrunnen erschaffen könnt, indem ihr den Impulsen folgt, die zu einem gesunden Leben führen – körperlich, emotional, mental und spirituell –, so daß ihr eine von Leben vibrierende Energie in den Äther hinausschicken könnt. Je mehr von euch dies tun, desto leichter wird es dann für andere. Denkt daran, ihr lebt in einer polaren Welt. Die Familie des Dunkels würde euch gern glauben machen, daß Gift, Leiden und Schmerz eure einzigen Optionen sind. Wenn eure Wahl auf diese Optionen fällt, sendet ihr, ohne daß es euch bewußt ist, genau diese Schwingungen hinaus in den Äther. Doch ihr habt immer die Wahl, und ihr könnt euch hier und jetzt darauf konzentrieren, Frieden, Verantwortlichkeit und Bedeutungsfülle auszustrahlen.

Indem ihr euch heilt, erdet und eine starke Grundlage für eure Gesundheit, euren Wohlstand und eure Liebe schafft, könnt ihr die wachsenden Zweige eures erblühenden Selbst hinaussprießen lassen und aufnehmen, was dort draußen in der Existenz vor sich geht. Ohne feste Wurzeln im Lebensgrund wird euch jedoch der Wind des Wandels forttragen. Doch die Energien, die euch entwurzeln oder forttragen könnten, sind in Wirklichkeit hier, um euch zu stärken. Nehmt euch mit Gnade, Anmut, Dankbarkeit und Würde der Lektionen an, die ihr euch selbst kreiert. Lernt aus ihnen. Die Antworten sind gewöhnlich sehr einfach und liegen direkt vor euch ausgebreitet, und oft verlangen sie von euch, das zu tun, was euch am meisten widerstrebt. Oft haben eure Lektionen nun mit Demut zu tun, mit Vergeben, mit Eingeständnis von Fehlern, mit Aufgeben dessen, worauf man fixiert beharrt hat, nur um im Recht zu sein – so ziemlich die schwersten Herausforderungen, die sich euch Menschen stellen. Würde euch jemand 10 000 Gewehre schenken – ihr wärt sofort da draußen, um das Kriegsspiel zu spielen. Doch vergeben? Euch selbst und anderen zu verzeihen? Eine herkulische Aufgabe. Die Hindernisse erscheinen größer als die große chinesische Mauer, unüberwindlich und endlos. Nun, trotz allem: Zeit für euch, diese Mauern und Muster, mit denen die Götter euch umgaben und isolierten, zu konfrontieren und sie zu sprengen.

Wenn ihr euer eigenes Feld wiederherstellt und aufbaut, besonders nach einer größeren Erschütterung, ist diese Technik hier wesentlich: Erzeugt mit eurem Atem ein sphärisches oder eiförmiges Energiefeld um euch herum. Füllt diese Sphäre mit dem, was ihr zu erfahren beabsichtigt und sein wollt. Lernt die Schwingung der Liebe zu erzeugen, denn das ist eure eigentliche Aufgabe. Eure Bestimmung, eure Aufgabe und eure Gesundheit gehen Hand in Hand. Wenn ihr auf der Schwingungsebene euch selbst und eure Absichten erzeugt, verbindet euch dies mit bedeutungsvollen Projekten in der dritten Dimension. Die Voraussetzung dafür ist jedoch eure vorherige Arbeit an euch selbst.

Ein echter Heiler versteht, daß die Realität ihre Botschaften immer zum Ausdruck bringt und daß Lektionen zuerst im Emotionalkörper und dann im physischen Körper eintreffen. Anfänglich habt ihr vielleicht eine Idee, eine mentale Äußerung, und dann nehmt ihr die entsprechenden Emotionen dazu wahr; dies alles ereignet sich in eurem Energiefeld, denn es ist eine spirituelle Lektion. Wie schon gesagt, die Energie, die euch umgibt und die wir als Geist, Äther oder Lebensenergie bezeichnen, kann euch sowohl gebieten als auch gehorchen. Manchmal veranlaßt sie euch, mit speziellen Situationen fertigzuwerden, oder sie liefert euch eine Gelegenheit, die jedoch zunächst als Verlust oder Mißstand daherkommt. In jedem Aspekt des Lebens sind auf kluge Weise verborgene Botschaften enthalten. Als Heiler könnt ihr diese Botschaften in eurem Feld wahrnehmen und die nötigen Veränderungen vornehmen, bevor die Energie sich als Krankheit im Körper manifestiert. Unwohlsein und Krankheit auf körperlicher Ebene existieren nur, weil ihr euch nicht schon vorher auf mentaler, emotionaler oder geistiger Ebene um die Auslöser gekümmert habt. Bitte vernehmt die Botschaften, die Lektionen, die der Geist euch zukommen lassen will. Tut ihr dies, dann wird schließlich euer Einfühlungsvermögen in eure eigene Erfahrung steigen, und dies ist in sich selbst eine große Lebenslektion.

Während ihr dabei seid, euer Potential zu erfassen und zu verstehen, was von euch verlangt wird, überfordert euch bitte nicht mit der Frage, wie sich alles zusammenfügen wird. Nach dem Buch der Erde ist beabsichtigt, daß ihr der rechtmäßige Empfänger der euch zugesandten Energien sein sollt. Seid offen für die Vorstellung, daß ihr gerade jetzt in einer Zeit stärkster Veränderungen lebt, und laßt die empfangenen Energien euch stärken, während das Gedächtnis an eure Vorfahren sich nun in euren Zellen regt und durch die Zeit hindurch nach Heilung für alle ruft. In diesem so kurzen Moment fließt eine bemerkenswerte Kraft durch den Menschen, eine übergroße, erstaunlich reiche, einzigartige und ganzheitliche Kraft.

Während ihr zu dem erwacht, was ihr seid, werden viele andere auch von dieser Schwingung kosten wollen. Seid jedoch nicht allzu freigebig; glaubt nicht, eure Bestimmung sei, jedermann retten zu müssen. Es gibt Menschen mit sehr niedrigem Energieniveau, die euch eure Energie wie Vampire absaugen möchten und euch danach ausgelaugt und erschöpft euch selbst überlassen. Seid dem gegenüber wachsam. Eure Aufgabe ist die

Ausweitung eures Frequenzbandes, die Aufrechterhaltung des Energiekreislaufs und die Erzeugung freier Energie zum Zwecke der Erschaffung dessen, was ihr wollt – und andere zu inspirieren, das gleiche zu tun. Ihr heilt andere am ehesten, indem ihr ihnen Mitgefühl und Geduld für den Lernfortschritt ihrer Lektionen zukommen laßt – ob mit Hilfe eurer Vorfahren und Götter durch die Vergangenheit oder hier und jetzt mit eurer Familie, euren Freunden oder Nachbarn. Um wirklich Mitgefühl zum Ausdruck zu bringen, würdet ihr wohl sagen: »Oh, an dem Punkt war ich damals auch. Ich wünsche dir für diese Lektion das Beste.« Und ihr haltet die Frequenzen für sie offen. Dies heißt nicht, daß ihr sie mit Energie vollpumpen sollt, auch wenn ihr dies in bestimmten Situationen sicher tun wollt, um allgemein für viele Wesen die Frequenz zu erhöhen. Verwechselt euch jedoch nicht mit einem Messias oder Heiland. Ihr seid hier, um die Schwingung des menschlichen Lebens zu erhöhen, doch dies auf dem Wege der Inspiration und Hilfe zur Selbsthilfe – nicht indem ihr es für sie tut.

Die Götter kämpften seit Äonen um euch, unter wechselnden Namen und auf der Reise von einer Realität zur anderen. Eure heutigen »Götter« sind Filmstars, Präsidenten, politische Führungspersonen und Monarchen. Doch wer sind sie wirklich, und wen repräsentieren sie? Was seht ihr, wenn ihr ihnen in die Augen schaut? Die Augen eines wirklich offenen eingestimmten Wesens besitzen ein bestimmtes Funkeln oder Glitzern, eine große Tiefe und etwas Mysteriöses, das nur ein Wesen ausstrahlt, das die großen Energietore der Seele aufgestoßen hat, denn die Augen sind das Fenster der Seele – und noch mehr. Sie sind euer Ausblick in diese Welt, eure Weltlinse, und diese verändert sich stetig.

Viele festgefahrenen oder einseitigen Situationen verändern sich nun über Nacht vollkommen. Nichts ist mehr genauso, wie es scheint, und das ist die Wahrheit. Vertraut anderen, doch setzt auch euer Urteils- und Differenzierungsvermögen ein. Lernt eure übersinnlichen Fähigkeiten kennen und anwenden, um Situationen richtig einschätzen zu können, während ihr die Kraft der Heilung erfahrt. Wenn ihr Gifte aus eurem Energiefeld freisetzt, reinigt ihr auch den Äther und zieht gemäß dem Resonanzgesetz neue höhere Energien an, Energien, die mit Liebe vibrieren. Gleiches zieht Gleiches an.

Heutzutage sind Betrug und Täuschung nur möglich, weil ihr eure übersinnlichen Fähigkeiten verleugnet. Täuschung zieht Täuschung an. Als menschliche Wesen zieht ihr bestimmte Energien und Wesen an: euer multidimensionales Selbst, Astralwesen, körperliche Wesen, alles Mögliche. Sprechen wir von euren Vorfahren: Glaubt ihr vielleicht, daß diese ausschließlich körperliche Lebewesen gewesen seien? Kulturen aller Zeiten sahen ihre Vorfahren als Geistwesen und Vermittler zwischen den Lebenden und den Toten, denn sie konnten diese Wesen um sich spüren. Die modernen Medien – Spielfilme, Fernsehshows und alles, was euch heute suggeriert, wie eure Vision aussehen sollte – gab es damals nicht. Eure Vorfahren erschufen ihre eigenen Visionen und waren sowohl mit den körperlichen als auch den nicht-körperlichen Vorfahren in Kontakt. Sie gingen davon aus, das diese sich überall aufhielten: in Bäumen, Felsen und in der Erde selbst, von wo aus sie symbolische Botschaften hinaussandten. Sie glaubten auch, daß die Art und Weise, wie jemand stirbt, Aufschluß darüber gebe, wie dieses Wesen nach dem Tode weiterleben würde und wie es sich wieder ins körperliche Leben einfügen würde.

Dies ergibt sicher Sinn; die Umstände eurer Geburt und ihre Wirkung auf euch entfalten sich nun vor euch und ergeben ein Muster von Sinn und Zweck. Alles, was ihr erlebt, wird in euch aufgezeichnet. Vielleicht sind euch Geschehnisse früh im jetzigen Leben momentan nicht verfügbar, genausowenig wie die aus früheren Leben – doch dieses Wissen, diese Erinnerung, kehrt nun zurück. In dem Maße, wie ihr eure Fähigkeit des Rückrufs weit zurückliegender Geschehnisse als wichtig erachtet – wo eure Ideen herkommen, wer sie euch eingegeben hat –, in dem Maße werden sich auch die Zeitlinien für euch öffnen. Wir möchten, daß ihr euch stabil fühlt, während sich der Fächer zur gesamten Existenz hin öffnet und zu dem, womit ihr verbunden seid. Es wird Zeit für das Wiedersehen mit den Göttern – und zwar nicht nur mittels der Geschichten über sie, sondern direkt, so daß ihr entscheiden könnt, ob diese Götter und Göttinnen aus alten Zeiten real sind oder nicht. Sind sie Magier? Sind sie in der Lage, die Realität zu manipulieren und sich mit anderen zu verschmelzen?

Ihr werdet entdecken, daß die Symbole, Werkzeuge und Codes, die sie euch hinterlassen haben, nun eine völlig neue Bedeutung für euch erhalten. Die Wellen, auf denen Genie und wachsende Intelligenz zu euch getragen werden, strömen nun äußerst schnell auf euch zu. Vertraut diesem Prozeß. Seid weise und legt euch nicht vorschnell auf bestimmte Ideen als unumstößliche Realität fest, denn die fixierten Ideen von heute sind die erschütterten Muster von morgen. Fangt mit euch selbst und eurem Körper an, dann werdet ihr schon bald die Vorgänge am Himmel verstehen: woher Kometen kommen, was die großen Energiewellen mit sich führen, wer die Raumschiffe baut und fliegt und aus welcher Zeitebene sie hierherspringen. Springen die Atlanter in ihre eigene Zukunft? Kommen Erdwesen aus einer 25 Jahre vorausliegenden Zukunft hierher zurück, um das Jetzt anders zu gestalten?

Viele sind sich des jetzt laufenden Countdowns auf der Erde bewußt. Das Welt-Management-Team, das auf eurem Planeten gerade die Macht innehat, besteht aus einer Reihe von Familiengeschlechtern, insgesamt einigen tausend Menschen. Sie beherrschen das Bank- und Finanzwesen, die Medien, die Ausbildung und Erziehung sowie den Fluß von Information rund um den Globus. Sie, eine Handvoll Wesen, sind es, die die eigentliche Herausforderung für eure Freiheit darstellen. Sie sind über ihre Gedanken mit anderen Wesenheiten verbunden, genau wie ihr. *Der einzige Unterschied ist: Sie wissen es,* im Gegensatz zu den meisten von euch, und so benutzen sie ihre Werkzeuge und Techniken, um euch mit niedrigschwingenden Wesenheiten kurzzuschließen, denen sie Energie zukommen lassen möchten.

Die Vorstellung von unsichtbaren Vampiren ist nicht unbekannt. Denkt daran, die Götter können alle möglichen Formen annehmen, und sie kommen hierher, um euch zu unterweisen und ihr eigenes Schicksal zu erfüllen, nämlich ihre eigenen Lektionen zu lernen. Wie schnell ihr selbst lernt und welche Lektionen ihr in eurem Leben anzieht, wird dadurch bestimmt, wie schnell ihr die jetzt vor euch liegenden Lektionen lernt. Wenn die Energien des Kosmos euch jetzt eine großartige Gelegenheit bieten zu lieben und zu vergeben, ihr diese aber noch ausschlagt, dann könnt ihr sicher sein, daß euch diese Gelegenheit immer wieder geboten wird, bis ihr sie als solche erkennt. Dies kann mitunter so lange dauern, daß ihr in der Zwischenzeit schon mehrfach auf der Nase gelandet seid, bis ihr das Ganze durchschaut.

Meistert die unmittelbar vor euch liegenden Lektionen. Umarmt das Leben in all seiner Größe und vertraut darauf, daß die Lichtfamilie ihre Bestimmung hat, wie auch die Familie des Dunkels, und daß jeder von euch eigentlich beiden angehört. All eure Vorfahren sind miteinander verwandt, und selbst wenn ihr einer ganz anderen »genetischen Experimentierreihe« entsprungen seid, so wurdet ihr doch nach dem Antlitz Gottes geschaffen, entsprechend euren alten Texten. Dies allein gibt euch einen Schlüssel für eure Gene an die Hand, ebenso wie die jetzt veröffentlichten Entdeckungen auf dem Gebiet des Klonens. Denkt daran: Wenn man einmal imstande ist, *irgend etwas* zu klonen, dann ist man auch imstande, *alles andere* zu klonen.

Entscheidet euch dafür, Heiler zu sein; indem ihr euch selbst heilt, werden eure Schwingungen spürbar und andere ebenfalls zur Heilung inspirieren. Die verborgenen Geheimnisse und Mysterien, die die herrschenden Familiengeschlechter des Welt-Management-Teams euch immer noch vorenthalten, müssen nun offengelegt und untersucht werden. Von jetzt an bis zum Jahre 2012 müssen alle Karten offen auf den Tisch gelegt, die Geheimnisse enthüllt werden. Und diese Geheimnisse – Schlüssel für multidimensionales Leben – werden euch offenbart, so daß ihr sie zur Heilung, zum Heil- und Ganz-Sein verwenden könnt. Ihr spielt genau die gleichen Dramen und Szenarien durch wie die Götter. Wenn ihr euch auf eurer jetzigen Ebene in Kämpfe verwickelt, dann leistet ihr den Göttern der Gewalt Vorschub; wenn ihr löst, heilt, liebt, dann sendet ihr genau diese Schwingungen hinaus zu euren irdischen Vorfahren und den himmlischen Wesen. Ihr gebt ihnen damit eine Gelegenheit, ihr Jetzt, das ständig im Begriff ist, sich auszudehnen, zu wandeln. Vielleicht inspiriert ihr sogar die Götter, wenn ihr in euch selbst die Saat der Kühnheit und Courage aufgehen laßt, so daß die Götter ihrerseits dann durch eure Inspiration auf einer kraftvolleren, höheren Frequenz schwingen können.

Atmet nochmals tief durch, seid dankbar und schaut euch in eurem Leben um: Alles läuft nach Plan, einem Plan innerhalb eines größeren Plans, der wiederum Teil eines noch größeren Plans ist. Wacht auf und erkennt dies! Trefft eure Entscheidungen, was ihr für euren Teil des Plans erreichen wollt, und dann wird dies auch miteinbezogen. Vertraut auf euch selbst, seid im Hier und Jetzt und seid Heiler.

Kapitel 7

Das Reich des Geistes

Der Zeitabschnitt von 1987 bis zum Jahr 2012 ist dadurch gekennzeichnet, daß alte unbewußte Vorstellungen, die eure Geistesgrundlage bildeten, hervorgekehrt und untersucht werden, um daraufhin vielleicht neu organisiert zu werden. Auch die nähere Betrachtung eurer gesellschaftlichen und kulturellen Entwicklung mag die Notwendigkeit einer Überholung alter Vorstellungen nahelegen. Wir erinnern euch noch einmal daran, dies geistig anzugehen und den alten Strukturen und Glaubenssystemen, die den Kern eures gegenwärtigen politischen Denkens und eurer Erziehungssysteme bilden, einfach zu gestatten, sich von selbst aufzulösen. Erkennt – ohne Zorn oder Anklage –, daß ihr euch mitten in einem fortlaufenden Prozeß des Wandels befindet. Wenn ihr einfach weiter euren Weg geht, werden sich die neuen Energien mit eurem Körper vereinen und harmonisieren; wenn ihr jedoch weiterhin an Ideen festhaltet, die nicht länger lebendig und vitalisierend sind, werden euch äußerst große Herausforderungen für eure Lebendigkeit und, jawohl, euer Leben begegnen.

Der Wandel von Energien hat einen bestimmten Zweck. Wie schon gesagt, hat alles eine bestimmte Frequenz; manche Frequenzen sind mit eurem Wesen vereinbar, andere wiederum nicht. Je mehr sich allerdings euer Bewußtsein entfaltet, und je mehr ihr imstande seid, die Frequenz der Liebe zu halten, desto mehr seid ihr auch imstande, die bisher schädlichen Energien in nützliche umzuwandeln. Je mehr ihr euch zu jenem Wesen entwickelt, das wir mit unseren Worten in euch ansprechen, desto mehr Energie, Kraft und innere Liebe werdet ihr spüren, und die euch umgebenden Gifte werden einfach ohne Wirkung durch euch hindurchfließen. Durch die Art, wie ihr Frieden in eure geistigen, emotionalen und physischen Körper integriert, werdet ihr für euch eine höhere Frequenz erzeugen. Wenn dies eintritt, werden eure selbsterschaffenen Frequenzen von Liebe, Gewißheit und Ausgeglichenheit jegliche äußeren negativen Frequenzen unschädlich machen. Das Leben verändert sich in wachsendem Maße, und ihr seid hier, um mit dem Wind der Wandlung zu reisen – nicht, um gegen diesen Wind anzukämpfen.

Sicher habt ihr schon einiges von dem, was wir euch durch die Dimensionen hindurch als Geistesnahrung für euer »Büfett« darreichen, gründlich durchdacht. Schaut euch an, was euch das Leben kürzlich gelehrt hat, was euch euer Körper mitgeteilt hat, in welche Spiegel ihr geschaut habt und wie ihr mit allem in Wechselwirkung standet. Und nun, da ihr euch etwas besser kennt, könnt ihr einen Schritt zurücktun und alle alten, nicht mehr vernünftigen Meinungen und Ansichten auflösen. Wenn ihr glaubt, daß ein bestimmter Lebensbereich der Aufmerksamkeit bedarf, oder wenn ihr euch dabei beobachtet, wie ihr in alte Erfahrungs- oder Verhaltensmuster zurückfallt, die ihr eigentlich vermeiden wolltet, dann seid euch zunächst einmal nur dessen bewußt – mehr nicht. Dies sind genau die Bereiche, in denen ihr getestet werdet, um festzustellen, ob ihr imstande seid, diese alten Muster wirklich aufzulösen.

Entspannt euch; bei diesen Tests gibt es kein Bestehen oder Durchfallen. Ihr seid soweit auf eurer irdischen Reise wirklich gut vorangekommen in diesen Zeiten der Umwälzung – Zeiten, die von den Zeitspringern ganz bewußt wie ein verborgener

Schatz aufgesucht werden. Viele Entdecker und Taucher erkunden die Kontinente und Ozeane mit alten Karten und alten Legenden auf der Suche nach vergrabenen Schätzen, wertvollen Artefakten, alten Büchern und versunkenen Städten. Jeder sucht nach irgend etwas, und der jetzige Zeitpunkt, nicht irgendein anderer, ist der wertvollste auf Planet Erde, was das Auffinden des Schatzes betrifft. Ein im Buch der Existenz verborgener Schatz, nicht nur ein beliebiger wahrscheinlicher Zeitpunkt der Erdgeschichte. Solche Zeiten mit hohem Wert werden bewußt angesteuert, denn sie enthalten in sich etwas Einzigartiges. Ihr habt euch im Hinblick auf Werte so sehr auf Materielles konzentriert, daß darin auch eine Ursache für den Verlust eurer Freiheit des Denkens liegt. Eure Ausbildungseinrichtungen haben euch darauf trainiert, für ein System, das einfach nicht genug kriegen kann, immer mehr und mehr zu produzieren, um dann mehr und mehr wegzuwerfen. Das Ergebnis dieses Aufgebens eurer eigenen geistigen Souveränität und des Glaubens an Autoritäten ist eine Übersteigerung ins Physische, ein Überbewerten materiellen Komforts und eine schrittweise Zerstörung eurer natürlichen Umgebung. Derart ausufernder Materialismus trennt euch von der in der Natur vorhandenen Bibliothek der Erde, eurer Verbindung zur Mutter.

Ihr werdet viele neuartige und einmalige Erfahrungen sammeln, wenn ihr Vertrauen in die neuen Ideen entwickelt und diese anwendet. Zunächst mag es so scheinen, als ob ihr mit eurer neuen Sicht auf all dies allein dasteht. Sollte dem so sein, ist es wichtig, daß ihr euch damit gut fühlt, denn Selbsterkenntnis geschieht allein im Herzen eures Wesens. Wenn ihr das Glück habt, diesen Prozeß von Anfang an mit anderen gemeinsam zu durchlaufen, tritt eine solche Phase der Einkehr und Einsicht vielleicht schon eher ein. Doch wie auch immer ihr euch auf die Entdeckungsreise zu euch selbst begebt, setzt eure Reise und euer Wachstum fort – öffnet den Fächer eures Bewußtseins zur vollen Spannweite.

Wenn ihr bis hierhergekommen seid, habt ihr sicher schon

über euch selbst, eure Blutlinie, euren Daseinsgrund, wie auch den Grund für eure weitere Reise mit uns nachgedacht. In dieser Reflexion bitten wir euch, daß ihr euch geistig noch mehr in der Vergangenheit und in der Zukunft seht und mit uns die Reise zurück zu Atlantis wie auch ins Jahr 2012 antretet. Die Ziffer 8, das Unendlichkeitssymbol über eurem dritten Auge, kann dabei als »Transporterraum« dienen; energetisiert also dieses Symbol um eure Augen, besonders am Schnittpunkt der Linien über dem dritten Auge. Werdet eins mit diesem Prozeß, seht euch selbst in Atlantis und im Jahre 2012 gleichzeitig – denn sie existieren tatsächlich zur gleichen Zeit. Mit der Aufmerksamkeit im Jetzt spürt euren Körper, euren Atem und die euch umgebende Energie, während wir die Tür für euch einen Spalt offenhalten – die Zeit-Tür, durch die ihr beide Zeitpunkte betreten könnt.

Wenn ihr im Jahre 2012 zu Hause wärt, weshalb würdet ihr hierher ins Jetzt zurückkommen? Und wenn ihr von Atlantis kämt, warum würdet ihr diesen Zeitpunkt hier wählen? Vergeßt für einen Moment, daß ihr von dieser Erde seid, haltet eure Aufmerksamkeit auf diese beiden Zeitwege gerichtet und versetzt euch in andere Wesen – weshalb sie den Wunsch verspüren, aus anderen Zeiten hierherzukommen und sich hier in diesem kurzen vergänglichen Moment einzufinden. Welchen Zweck verfolgen sie? Atmet tief durch und macht euch klar, daß diese beiden Gruppen von Zeitspringern hier auf Schatzsuche sind. Auf der Erde, einem vergifteten Planeten? Welcher Schatz sollte denn hier noch ruhen? Nun, Schätze sind gewöhnlich verborgen und treten nicht so offen zutage.

Wenn ihr euch auf die Reise zu alten Stätten der Vergangenheit begebt, erscheinen euch diese als eure gegenwärtige Realität, als euer »Jetzt« von damals. Die Gesamtheit der Zeit existiert in Wirklichkeit zu jedem Zeitpunkt und in jeder Richtung; selbst euer gegenwärtiger Ort ist überlagert von Schichten anderer Welten und Zeiten, die alle nur durch ihre speziellen Frequenzen voneinander getrennt zu sein scheinen. Die Modulation, der richtige Umgang mit genau diesen Frequenzen, erlaubt euch, diese anderen Welten und Zeiten zu betreten. Was glaubt ihr, weshalb Zeitspringer hier eintreffen? Wonach suchen sie? Wir sagen: Sie sind hier, weil sie eure Frequenzen beeinflussen wollen. Gerade jetzt ergibt sich für die gesamte Existenz die Gelegenheit, die Frequenzen, die ihr erzeugt, und die Energie, die ihr seid, zu erfahren, der einzigartigen Entfaltung eurer neuen Realität beizuwohnen, die vollständige Öffnung eures Fächers im Bruchteil einer Sekunde mitzuerleben.

Eure Wissenschaften bezeichnen dieses Frequenzband der Existenz als elektromagnetisches Spektrum. Ihr nehmt innerhalb dieses Spektrums ein bestimmtes Frequenzband ein und könnt auch anhand dieses Bandes lokalisiert werden, wie ein Radiosender. Doch euer Frequenzband weitet sich nun, und bis zum Jahre 2012 werdet ihr, eurer Bestimmung gemäß, vollen Zugang zu einem erweiterten Frequenzspektrum erlangen – und es ist eine aufregende Sache, genau das mitzuverfolgen und zu sehen, was ihr aus dieser Gelegenheit machen werdet.

Wir sind Zeitspringer, die in eure Realität eintreten und die Zeit verändern, wie andere Zeitspringer auch. Für uns sieht eure Welt wie ein löcheriger Schweizer Käse aus, und die Lichtfamilie ist hier, um einige dieser Löcher in eurer Existenz zu stopfen und die Tränen zu stillen, die bestimmte ätherische Energien in einem Versuch, euch zu unterdrücken, hervorgerufen haben. Als dreidimensionale Wesen seid ihr nicht imstande, die gedankliche »Umweltverschmutzung« wahrzunehmen, die ihr in den unsichtbaren Bereichen der Existenz verursacht habt.

Jede der auf der Erde nun anwesenden Intelligenzformen hat ihren eigenen Grund für ihr Hiersein, doch sie alle beobachten euch bei diesem einzigartigen Prozeß der dimensionalen Entfaltung, der erneuten Nutzung eurer vollen Hirnkapazität, eures Wiedererlangens des Zugangs zum vollen Bewußtseinsspektrum. Die beschleunigt ablaufenden drastischen Veränderungen werden manche Menschen vergessen lassen, warum sie eigentlich hier sind, und sie in alte begrenzende Denk- und Glaubensmuster zurückfallen lassen. Dieser Bewußtseinsmangel gleicht einem Berg, den es zu versetzen gilt. Wie könnt ihr die neuen Energien so an andere weiterleiten, daß auch sie die potentiellen Wege erkennen? Viele Menschen sind außerstande, sich ihren Weg durch das neue Terrain zu erschließen, und deshalb ist die Lichtfamilie – Zeitspringer par excellence, Schöpfer des Wandels, Arrangeure von neuen Spielen, Systemen und der Existenz selbst – als Pionier hier, um die neuen Bewußtseinswege zu ebnen.

Wenn ihr erst einmal die sogenannten »Häfen des Bewußtseins« angelaufen habt, müßt ihr euch von da aus ins »Landesinnere« begeben, in das Terrain genannt »Selbst«. Und doch ist es dabei wichtig, daß ihr beständig extrovertiert bleibt, mit der Aufmerksamkeit da draußen in eurer Umgebung. Alles ist ein Code, eine Botschaft und vereint in sich viele, viele Bedeutungen und Pläne innerhalb von Plänen. Der Plan für euch beinhaltet die Expansion in viel höhere Bewußtseinszustände, indem ihr sozusagen am Drehknopf der Skala des Frequenzspektrums dreht und euch aus dem schmalen Band herausbewegt in die Weite aller Realitäten. Diese von kosmischen Kräften ausgelösten Energien des Wandels und der Bewußtseinsentfaltung stellen euch viele verschiedene Möglichkeiten anheim, die ihr nun überdenken solltet. Zunächst wird dieses neue Terrain für euch schwer zu erschließen sein, da ihr euch ihm noch mit den alten Überzeugungen und Glaubensmustern nähern mögt. Auch eure Entdecker, die vor 500 Jahren den europäischen Kontinent verließen, um neue Welten zu erschließen, fanden etwas anderes vor als das, wonach sie ursprünglich suchten. Und auch sie waren nicht immer imstande, das Neuentdeckte zu verstehen, denn sie übertrugen, genauso wie ihr bisher, ihre alten Vorstellungen und Erwartungen auf die neue Welt. Die Eingeborenenvölker, denen die Entdecker begegneten und die sie eroberten, hatten es schwer, ihre Verbindung zur großen Mutter Erde aufrechtzuerhalten.

Ihr seid mit diesem Expansionsdrang eurer Vorfahren vertraut, denn ihr habt bereits in der Schule etwas darüber gelernt und wißt, daß dieses Zeitalter der Entdeckungen sehr ausgedehnt war. Nun scheint es, als wenn jeder Winkel eures Planeten ausgekundschaftet worden ist – doch laßt euch von dieser Idee nicht in die Irre führen. Die Welt ist immer noch voller Geheimnisse und unerschlossenem Terrain. Ihr seid wie der Wassertropfen, der sich selbst als Ozean sieht, obwohl er nur ein winziger Teil davon ist. Erst wenn ihr weiterwachst, erkennt ihr eure Verbindung zu etwas noch viel Größerem: zu Allem-was-Ist – der Existenz.

Die irdischen Mysterien pulsieren und sind bereit, sich zu entfalten – die Erde ist im Begriff, ihr Buch des Wissens mit all seinen Geheimnissen aufzuschlagen. Eure Grundvorstellungen über das Alter der Erde und die Entwicklung des Menschen und der Zivilisation werden innerhalb der nächsten 10 Jahre aufgrund des beschleunigten Lernfortschritts stark angezweifelt werden. Einige von euch werden sagen: »Ich habe meine alten Geschichtsbücher schon längst hinausgeworfen.« Doch wir sprechen hier von einer größeren, einer globalen Expansion des Bewußtseins, die aus der Bereitschaft einiger weniger Pioniere resultiert, neue Wege in höhere Bewußtseinsebenen zu beschreiten und neue Möglichkeiten und Realitäten für alle zu erschließen. Eure Mitmenschen werden euch auf diesen Wegen folgen, denn sie spüren die Frische und Vitalität eurer Ideen, und ihr werdet bei der Entfaltung irdischen Bewußtseins auch eure eigenen Rollen als Wesen mit einer klaren Bestimmung erkennen.

Ihr stellt ein Gleichgewicht in eurem Wesen her, doch denkt daran, daß die Codes in jedem eurer Mitmenschen die Information fortlaufenden Wandels in sich enthalten. Die Pioniere unter euch werden die Frequenzbänder einstellen und die Wege ebnen. Am besten wäre es, wenn ihr nicht alle miteinander zu eng verflochten wärt, sondern euch Freiheiten und Unabhängigkeiten gewährt. Und doch wißt ihr, daß ihr alle Teil einer gigantisch großen Möglichkeit seid, daß ihr unschätzbar wertvoll seid, eine Bestimmung habt, und vor allem, daß ihr in der Lage seid, die wirklichen Werte zu erkennen. Der eigentliche Schatz ist eure Fähigkeit, euch selbst als Schwingungswesen auszudrücken, das gesamte elektromagnetische Spektrum einzunehmen, in ihm zu leben und als Zeitspringer in ihm umherzutanzen. Indem ihr die Schwingungen, die ihr in eurem Wesen haltet, erweitert, erlangt ihr diesen Zugang zu den noch unsichtbaren Welten um euch herum.

Wir möchten euch noch einmal daran erinnern, daß ein ganz wesentlicher Schritt in eurer Entwicklung die Schaffung von Stärke und das Spüren von Liebe für euer körperliches Wesen ist, für eure mit Namen und Adresse versehene Identität, für ein Wesen, das durch den Geburtskanal einer Mutter in dieses Leben trat. Dies ist das Wesen, dem unser Aufruf gilt, das Wesen, welches sich in der dritten Dimension niedergelassen und lokalisiert hat. Was immer ihr auch tut, ihr seid Teil des Schatzes, und wenn ihr euch von unseren Worten angezogen fühlt und mit auf die Reise kommt, dann seid gewiß, daß alles, womit ihr euch in eurem Leben beschäftigt, eurer Entfaltung hin zu einem Verstehen der Gesetze der Schwingungen dient. Vielleicht lernt ihr bestimmte Lektionen von Pflanzen oder Tieren, oder ihr erfahrt plötzlich übersinnliche Wahrnehmungen in bezug auf Freunde, Familie oder Kollegen. Euer inneres Wissen wird sich entfalten, wie das eurer Vorfahren, und die vormals vagen oder unbestimmten Möglichkeiten nehmen nun konkrete Züge an.

Manchmal konzentriert ihr euch zu sehr auf das Wie anstatt auf das Was, wenn es darum geht, was ihr manifestieren und eintreten lassen wollt. Es gibt jedoch ganz eindeutige Aussagen, die die Richtung eurer »Absichtspfeile« bestimmen und die es dem multidimensionalen Bewußtsein gestatten, sich in eurem Feld gemäß den vorherrschenden Schwingungsmustern zu entfalten. Hier einige Beispiele:

»Ich möchte gesund und kreativ sein; ich möchte mehr Menschen kennenlernen und eine bedeutsamere Arbeit haben. Ich möchte Überfluß erfahren. Ich möchte reisen und all die Gelegenheiten, die sich überall auf der Welt ergeben, wahrnehmen. Ich möchte Liebe erfahren. Ich möchte neue Ideen und Eingebungen empfangen.«

Es ist ganz wesentlich, daß ihr euch als multidimensionale Schöpfungen versteht; ihr werdet das elektromagnetische Spektrum nicht als ich-bezogenes Wesen oder auf die Art, wie ihr euch gegenwärtig wahrnehmt, erschließen, sondern multidimensional.

Erinnert euch an die Entdecker, deren Sicht der Welt als einer flachen Scheibe einer Sicht der Welt als Kugel wich. Sie versuchten zunächst, ihr eigenes Glaubensmuster auf das zu übertragen, was sie entdeckten und sahen, statt sich von den Urvölkern des Planeten belehren zu lassen, die schon immer wußten, daß Mutter Erde rund ist. Eure Vorfahren hatten leider keine Sprache, die ihre multidimensionalen Reiseerfahrungen zum Ausdruck bringen konnte. Es gibt auch keine Schilder, Tafeln, Ampeln und Verkehrsregeln, was diesen Bereich angeht; es ist ein Bereich des freien Willens ohne »Reise-Restriktionen« und »Fahrprüfungen«, den euer Verstand noch nicht erschlossen hat. Eure Vorfahren mußten Segelschiffe aus Holz bauen, um die Ozeane zu überqueren und die neue Welt, nach der sie suchten, zu entdekken; ihr hingegen erbaut nun Schiffe in eurem Geiste – oder Schiffe aus dem Geiste anderer tauchen nun auf, die in Atlantis oder im Jahre 2012 zu Hause sind, um diesen kurzen Moment hier zu »entdecken«. Wonach halten die Zeitspringer Ausschau? Nun, wir behaupten: Sie schauen auf euch und das, was ihr jetzt hervorbringen könnt.

Ihr seid unzweifelhaft faszinierende Schöpfungen. Ihr neigt jedoch dazu, euch zu fixieren und Unnützes aufrechtzuerhalten. Viele von euch verändern sich nur sehr langsam – und selbst wenn, haltet ihr an diesen Veränderungen fest wie ein Krebs mit seinen kräftigen Zangen. Wenn ihr zu einer Wandlung hin zu höheren Frequenzen und neuen Wahrnehmungsweisen der Welt angeregt werden könnt, seid ihr jedoch, wie es scheint, imstande, diese höheren Frequenzen beizubehalten. Dies ist euch tatsächlich möglich; die Herausforderung dabei ist das Abwerfen alter Muster und Frequenzen. Viele der auf euch zukommenden kosmischen »Klimawechsel« sollen euch dabei unterstützen. Wenn die Schlagzeile einer Zeitung folgendermaßen lauten würde: »Komet eingetroffen, um Bewußtseinssprung auszulösen« – dann würde diese Verlautbarung allein schon einen Bewußtseinssprung in euch auslösen. Ihr seid so leicht zu programmieren, daß ihr nahezu alles glaubt, was ihr gedruckt geschrieben seht. Es ist einfach Teil eurer Natur, so leichtgläubig zu sein; deswegen raten wir euch, euer Urteilsvermögen zu entwickeln.

Wenn sich euer multidimensionales Selbst entfaltet, werden euch erstaunlich viele Zeitlinien und deren Orte bewußt werden. Ihr werdet mit eurer Ka-Energie Kontakt aufnehmen oder mit dem, was wir als *Treuhänder* bezeichnen werden. Der Treuhänder hat gewissermaßen die Funktion eines Managers, einer multidimensionalen Intelligenz, die den Wissens- und Energiefluß zu euch hereinlenkt, ohne eure »Schaltkreise« zu überlasten, so daß ihr euch entlang dem elektromagnetischen Spektrum ausweiten und eure Erfahrungen dabei in geordneter Weise beibehalten könnt. Dieser Treuhänder oder Verwalter – auch bekannt als höheres Selbst oder Schutzengel – kann euren Entwicklungsprozeß beschleunigen und erleichtern. Diese Intelligenz hat viele Namen und Formen und ist Teil eures Energiefeldes. Wenn ihr eure Frequenzen erhöht und eure Schwingungen über den Körper hinaus nach außen treten, werdet ihr beginnen, euch mit diesen anderen Formen der Intelligenz – die ihr selbst ebenfalls seid – zu verbinden.

Der Treuhänder ist ein Wegbereiter, ein Reiseführer zwischen Bereichen des einzelnen Wesens und der gesamten Existenz. Ihr habt fast alle schon einmal Parks, heilige Stätten oder Erholungsgebiete besucht, wo ihr auch oft Reiseleitern und Ortskundigen begegnet seid, die euch auf bestimmte Sehenswürdigkeiten oder Highlights aufmerksam machten. Nun stellt euch vor, daß es eine Stimme, eine Wesenheit, eine immens große einheitliche Energie gibt, die für jeden von euch als Konzentrationspunkt existiert, von wo aus eure Expansion gesteuert wird, so daß ihr nicht irgendwelchen Stürmen, Turbulenzen oder Zufälligkeiten ausgesetzt seid. Der Treuhänder kann euch tatsächlich helfen, euren sich öffnenden Fächer des Bewußtseins zu lenken und euch die Richtung aufzuzeigen, in die ihr gehen solltet, um bestimmte Abläufe, Prozesse und Entwicklungsschritte auszulösen. Euer Name ist Teil eurer Frequenz; eure Identifikation mit dem Menschlichen erzeugt eine bestimmte Frequenz; alles, von eurer Adresse bis zur Sozialversicherungsnummer ist Teil eures Frequenzspektrums, genau wie eure Gedanken und Worte in bezug auf euch selbst.

Einige unter euch haben sich zu sehr auf bestimmte Energiemuster fixiert; ihr wiederholt unablässig und ständig die gleichen Abläufe und Erfahrungen in eurem Leben, mit dem Ergebnis, daß eure Energiefelder ziemlich gefühllos und abgestumpft sind. Wenn ihr euer Energiefeld nicht ständig mit neuen Erfahrungen, neuen Ideen und neuen Versionen eines möglichen Selbst anreichert, schrumpft und verkümmert euer Feld in der Monotonie der immer gleichen Abläufe. Sobald ihr aber einmal die tief in euch wohnende Heilkraft wahrnehmt und euch klar wird, was es zu konfrontieren gilt, dann macht damit weiter. Und erfindet neue Geschichten. Und wenn ihr alte wiedergebt, tut das jedesmal auf eine etwas andere Weise. Wenn ihr ständig eure alte Geschichte wiederkaut, entgehen euch die Gelegenheiten, neue Perspektiven zu erlangen: einschneidende Erlebnisse um Leben und Tod, Vergnügen, Ekstase, Tragödien, Krisen. Wenn ihr über eure Erfahrungen sprecht, versucht, ein neues Bewußtsein zu erlangen, eine erweiterte Sicht auf die Dinge, und schaut, was dann aus der Geschichte wird. Wenn jeder von euch sich seinem Leben auf diese Weise nähert, dann werdet ihr am Tage der Enthüllung aller irdischen Geheimnisse auch eine neue Geschichte über euch selbst und eure Herkunft erfahren.

Im allgemeinen sind die Zeitspringer nicht wegen Gold oder Kunstschätzen hier, auch wenn einige von ihnen alte Bücher entdecken, einige Dinge verbergen und andere abändern wollen. Viele von ihnen wollen eure Schwingungen spüren und sie zu euren Gunsten beeinflussen, während andere nur Chaos und

Verwirrung zum Ziel haben. All dies ist der Erde bekannt; sie verfolgt ihren eigenen Fahrplan zur Entfaltung und Perfektion. Trotz Wetterkontrolle und Umweltzerstörung wird die Erde euch allen die große Geschichte, die mit euch selbst zu tun hat, preisgeben. Die Orte, von denen ihr vormals dachtet, daß eure Zivilisation dort ihren Anfang nahm, werden erneut betrachtet. Wir erwähnten, daß der Fruchtbare Halbmond ein den Göttern angemessenes Gebiet war, denn es gab Wasser, das richtige Gelände, um Völker voneinander abzutrennen, und es war überschaubar. Es gab jedoch noch andere große Wasserwege auf eurem Planeten; Zivilisationen erblühten und wuchsen immer um solche Wasserwege und Flüsse herum. Diejenigen unter euch, die nach einem Verständnis eurer Vorfahren und der wahren Bedeutung des Lebens streben, haben – wie es schon immer im Buch der Erde geschrieben stand – eine machtvolle Kraft erzeugt. Die Erde spürt diese Kraft und wird daraufhin sehr bald entlang den Wasserwegen des nordamerikanischen Kontinents Schätze und Artefakten preisgeben, die der Welt tatsächlich einen Schock versetzen werden. Fluten werden diese alten Artefakten freispülen und aufzeigen, daß ihr euch nun in der Jahreszeit des Wandels befindet.

Benutzt im täglichen Leben euren gesunden Menschenverstand und seid respektvoll, denn die vor euch liegenden Jahre werden ein großes Naturschauspiel offenbaren, das eure Aufmerksamkeit auf sich ziehen möchte, genau wie das Internet oder die Kabelfernsehstationen euch gern als Kunden sähen. Die Natur möchte, daß ihr euch für ihren »Kanal« begeistert, und der ist – im Gegensatz zu Internet und TV – kostenlos. Wenn sie also vor eurer Tür stürmt und blitzt, dann möchte sie eure Aufmerksamkeit erlangen, denn sie sagt damit: »Ich habe hier eine Botschaft für euch: Veränderung ist hier.« Und die Veränderung besteht nicht unbedingt aus einer neuen Nachbarschaft, einem neuen Job, einer neuen Beziehung oder etwa dem Tod, der sich vor eurer Tür zeigt. Diese Veränderung spielt sich in eurem Innersten ab: eure Gewohnheiten, eure Tätigkeiten und die Art, wie ihr am Leben teilhabt. Der Treuhänder wird für euch die Verbindungen zu eurem eigenen geistigen Internet herstellen, so daß die Schwingungen von Mutter Natur und die Lebensintelligenz, die sie verbreitet, auch für euch verfügbar werden – und dann wird alles etwas mehr Sinn ergeben. Viele von euch haben nun die Möglichkeit, diese energetische Verbindung herzustellen, indem ihr ein inneres Vertrauen aufbaut, im Bewußtsein, daß diese Verbindung tatsächlich existiert und darüber kein Zweifel besteht. Entwickelt dieses Vertrauen zu eurem Treuhänder, dem Verwalter, denn ohne dieses Vertrauen steht euch der »Service« nicht zur Verfügung.

Wenn eure Wahrnehmungen feiner werden, ist es wichtig zu verstehen, daß manche in eurem Feld erscheinenden Energien wie materiell feste Wesen erscheinen – doch könnten sie einfach eure Frequenzen der festen Welt imitieren und körperlich real erscheinen, obwohl sie in Wirklichkeit nur ein Hologramm sind. Auch ihr könnt an Orte reisen, die real erscheinen mögen, doch eure Reise durchs elektromagnetische Spektrum, die euch der Treuhänder nun erleichtert, mag genauso eine holographische Erfahrung sein. Mit der Vorstellung des Hologramms solltet ihr euch näher befassen: Was kann erzeugt und entwickelt werden? Hologramme sind, genau wie Klonexperimente, nichts Neues. Alles, was eure Kultur in den nächsten Jahren »entdeckt«, ist nur eine Wiederholung, eine Kopie oder Imitation dessen, was euren Vorfahren schon geläufig und verfügbar war. Die Künste werden wieder erblühen, und ihr werdet euch fragen, wer die Saat dafür gesetzt hat, wo ein solch einzigartiger Garten seinen Ursprung hat. Dies ist eine von vielen vor euch liegenden Möglichkeiten.

Schaut und entscheidet, ob ihr Teil dieser Bewußtseins-Renaissance sein wollt, in der ihr das Wissen und die Fertigkeiten eurer Vorfahren wieder anzapft. Und wenn ihr der Teilnahme zustimmt, wird die Erde euch ihre Zeitschichten enthüllen. Da, wo ihr euch jetzt gerade aufhaltet, existieren viele Welten »übereinander« oder »parallel«, und doch sind sie voneinander getrennt und isoliert, jede in sich selbst ein geschlossenes, einzigartiges und sicheres System. Wie ist es möglich, daß so viele Zeitdimensionen denselben Raum einnehmen können? Wie können sich so viele Lebens- und Intelligenzformen alle einen Körper und einen Geist teilen? Euch mag das vorkommen wie der Empfang von 5 000 Fernsehkanälen zur gleichen Zeit, wobei jeder eine andere Show überträgt. Denkt daran, die Technologie, die ihr so rasant entwickelt, und die geheime Technologie, die noch vor euch verborgen wird, sind beides Abbilder eurer Fähigkeiten. Wenn ihr den Fächer der Zeit öffnet und den Bildteppich der Existenz betrachtet, macht euch klar, daß sich das ganze Gewebe zu sehr »aufribbeln«, zu sehr aufspleißen kann, mit dem Ergebnis, daß zu viele einzelne Ereignisfäden des großen Teppichs ohne Verbindung nach außen offen herumhängen und sich schließlich in einem Knäuel der Sinn- und Bedeutungslosigkeit verwickeln können. Laßt euch nicht aufribbeln – haltet die Fäden des Geschehens in der Hand und das Gewebe zusammen.

Wir haben schon oft genug gesagt, daß ihr hier seid, um leben zu lernen, und daß das Leben zu einer völlig neuen Erfahrung für euch wird. Es gibt keinen Grund zur Panik, was die anstehenden Veränderungen angeht, auch wenn Angst, Schrecken und sämtliche Ausgeburten der Hölle nun offen zutage treten und euch zum »Kauf« angeboten werden, mehr als je zuvor. Der 25-Jahres-Test hat damit zu tun, wie tief ihr euch des Vergessens anheimgeben könnt, wie auch damit, wieviel eures vollen Gedächtnisses ihr zurückerlangen könnt. Für euch mag das erscheinen wie die Familie des Dunkels – das Vergessen – und die Lichtfamilie – die Erinnerung. Doch das Welt-Management-Team – für viele der Repräsentant der Familie des Dunkels – und seine geheimen Herrscher scheinen sich erinnern zu können. Sie wissen um die Multidimensionalität, und das ist der Unterschied zwischen ihnen und euch. Sie sind im Kontakt mit den unsichtbaren Bereichen, denn das Wissen darum haben sie immer geheim und für sich behalten.

Im Fische-Zeitalter entschwanden die Götter, und die Lichtfamilie vergaß ihr Erbe. Nun müßt ihr euch an das erinnern, was die Familie des Dunkels weiß, und mit diesem Wissen in Balance kommen, indem ihr euer Wissen miteinander teilt. Ihr werdet herausgefordert, Licht und Dunkel, das Gute und das Böse, neu zu definieren. Auf euch allein gestellt, könnte euch das ein ziemliches Rätsel aufgeben; haltet also eure Augen offen und schaut dabei auf die Verbindungen, die euer Treuhänder bereits für euch hergestellt hat. Hört auf die Stimme des Geistes, des Ka, dieses vagen flüchtigen Etwas, das die Ägypter so verehrten. Die Stimme des Treuhänders dringt durch viele Aspekte des Spektrums und führt euch zu vielen Zeiten und möglichen Welten, und es ist dieser Aspekt multidimensionaler Existenz, zu dem ihr nun lernt, Zugang zu erlangen.

Seht im Geiste euren eigenen Verwalter und stellt euch vor, daß euch jetzt eine unermeßlich große Menge an Wissen zugeführt wird. Wir können euch dabei unterstützen, denn wir sind imstande, diese Energie zu senden und euch die Gelegenheit zu geben, diese Sendung zu empfangen und zu verinnerlichen. Wir senden euch nun diese Schwingungen, und mit eurer Willenskraft und Absicht könnt ihr die Lichtinformation immer wieder empfangen. Erlernt den Umgang mit diesem Verwalter und fühlt die organisierte Intelligenz, die auf euch einströmt und die euch dazu anregt, noch viel mehr Wissen zu integrieren als bisher. Dann wird sich das dreidimensionale Leben euch auf magische Weise offenbaren. Diese Offenbarung der Schlüssel des Lebens ist nicht nur eine Angelegenheit für wenige oder für einzelne Entdecker, Archäologen oder Pioniere, sondern bezieht die gesamte Menschheit ein.

Während ihr also all dies betrachtet und die Veränderungen spürt, fragt euch, welche Schwingungen ihr nun für die Erde erzeugt. Was für eine Zivilisation hinterlaßt ihr euren Nachkommen für ihre Aufzeichnungen? Welche Sagen und Legenden werden sie über euch erzählen? Denkt daran: Es wurden und werden schon immer – in Vergangenheit und Zukunft – Aufzeichnungen über euch geführt; nun kommt ihr zurück ins Jetzt, um mehr Erfahrungen zu sammeln und euch entsprechend zu verändern. Vielleicht kommt ihr über unsere Worte ins Grübeln, was die Kontinuität der Zeit angeht. Wenn man an jedem Punkt und aus so vielen verschiedenen Richtungen in die Zeit eintreten kann: Wie gefestigt, wie stabil ist die Zeit dann überhaupt? Zeit erscheint euch ziemlich beständig und verläßlich. Doch je weiter ihr euren Fächer spannt, desto mehr erkennt ihr, daß nicht nur ihr euer Bewußtsein in die Zeit hinausweiten könnt, sondern daß auch andere, die sich entsprechend auf eure zeitliche Realität einstimmen können, hier ebenfalls Pionierarbeit leisten und auf Schatzsuche gehen wollen, durch dieses 25-Jahres-Fenster Zugang zum Frequenzband der Erde haben.

Was ist bei all diesen Vorstößen nun eure Aufgabe? Jeden einfach hereinspringen zu lassen? Euch selbst zu vergessen? Oder seid ihr möglicherweise selbst dieser Schatz? Dieser Millisekunde in der gesamten Existenz entspringt nun etwas sehr Tiefgreifendes, zwar noch nicht direkt greifbar, doch gerade im Begriff, die menschliche Existenz völlig umzuwandeln. Seid euch eurer selbst als wertvolles Wesen bewußt, das mit jedem Gedanken die Saat für die Zukunft legt. Wenn wir als Lichtfamilie im Buch der Erde blättern, möchten wir euch nochmals daran erinnern, daß die eigentliche Schwingung, die es auf der Erde zu erzeugen und zu verankern gilt, die der Liebe ist, und dies kann auf unterschiedlichste Weise geschehen. Eure Vorfahren waren nicht immer voller Liebe für die Wesen, welche sich als multidimensionale Selbste in ihnen entfalteten, und oft kam es zu Krieg mit ihnen. Einige Götter kamen, verdunkelten den Himmel und legten Köder mit Gift aus; doch ebenso füllten andere die Sphären mit Klang, Licht und Liebe. Eure Abstammungslinie auf diesem Paneten ist, durch alle Dimensionen und Himmelssphären hindurch, äußerst vielschichtig.

Eure Frequenzen ziehen bestimmte Energien an. Als Mitglied der Lichtfamilie seid ihr hier, um Schwingungen der Heilung und Balance um die Erde herum zu verbreiten, die größte aller Gelegenheiten wahrzunehmen und die schwierigste aller Aufgaben zu meistern, nämlich die Frequenzen von Angst und Verzweiflung umzuwandeln in die der Liebe und der höchsten Ekstase. In dem Moment, wo ihr das vollbracht habt, werdet ihr in den tausendjährigen Frieden eintreten, von dem eure Geschichten und Legenden berichten. Vielleicht glaubt ihr immer noch an Rettung und Erlösung durch einen Messias oder andere himmlische Wesen, die eure Probleme für euch lösen und Krankheit und Vergiftung einfach so aufheben. Doch die Wahrheit ist, daß ihr nicht auf die Ankunft eines solchen Messias wartet, sondern auf die Ankunft eines neuen, von einer einzelnen Person unabhängigen Bewußtseins. Durch all die Zeitalter hindurch bieten die beschleunigten Zeitabläufe euch Möglichkeiten, Wissen zu integrieren, Verantwortlichkeit zu zeigen und eure Bestimmung als Schöpfer zu erfüllen. Einige himmlische Wesen zollen euch dafür Beifall; sie sehen bereits sechs Milliarden potentielle neue Götter auf der Erde heranwachsen. Was für eine Energie! Was für eine Lebendigkeit! Sechs Milliarden neue Götter! Wer wird sie leiten? Werden sie den Teppich des Lebens gemeinsam knüpfen, oder werden sie ihn aufribbeln, in ein unentwirrbares Knäuel verwickeln und sich selbst zerstören?

Wir teilen diese Bilder, diese Metaphern, mit euch als Geschichten und Ideen, die euch zur Reflexion über euer eigenes Leben veranlassen sollen: warum ihr lebt, warum alles mit einer solchen Intensität geschieht und warum um euch herum, in der Arbeitswelt und der Industrie, alles bröckelt. Manchmal übertrifft sich die Aktualität bestimmter Dinge selbst; brillante Ideen, um heute ein Vermögen zu machen, sind die Konkursanmeldungen von morgen. Ihr seid Zeuge des sich nun entfaltenden menschlichen Genies, und ihr wißt, daß es schon immer eine schmale Gratwanderung zwischen Genie und Wahnsinn gab. Seid euch darüber im klaren! Genie und Wahnsinn, Licht und Dunkel, Yin und Yang, Gut und Böse – sie alle sind zwei verschiedene Seiten ein und derselben Münze. Ihr könnt diese Münze hin- und herdrehen, um die feine Balance zwischen Kopf und Zahl wahrzunehmen – um das, wonach ihr eigentlich sucht, zu finden – den Ort, wo Licht und Dunkel euch gleichermaßen vertraut sind, denn indem ihr diese Pole und ihre Schwingungen integriert, festigt ihr eure Verbindung zum Ganzen mit der gleichen Energie wie der Schöpfer, wie Eltern, die sich gewiß sind, daß ihre Kinder alle heranwachsen und dabei Geborgenheit erfahren.

Diese Schwingung wirklicher Ganzheit drückt sich in einem inneren Gefühl tiefen Friedens aus, im Gefühl der Verbindung zu euren Vorfahren, zu eurer Vergangenheit, Gegenwart und Zukunft und all der Leben darin. Ihr würdet erkennen, welche Möglichkeiten ihr nicht gewählt und welche ihr tatsächlich gewählt und gelebt habt, sei es in bezug auf Partnerschaften, Erziehung, Beruf, Reisen oder Ortswechsel. Alles in euren Leben ist Teil eures multidimensionalen Erbes, bei dem euch der Verwalter, das Ka, helfen kann, diese Erfahrungen zu integrieren. Diese Energie spricht mit der Stimme des Wohlwollens und der Wertschätzung; sie ist ein Teil eurer selbst, das dem Du hilft, sich selbst auszudrücken und es bei der Entwicklung und beim Wachstum zu unterstützen.

Was die Lichtfamilie bei ihrer erneuten Zusammenkunft im Jahre 2012 für alle, die sich einfinden werden, geplant hat, ist eine Menge Spaß und Freude! Manchmal spielen die Mitglieder der Lichtfamilie Märtyrerrollen, wie damals beim Übergang vom Widder- zum Fische-Zeitalter und durch das ganze letztere hindurch, wo es jede Menge von ihnen gab. Doch die Zeiten des Märtyrertums sind vorbei, und eure Fahrkarte zur Multidimensionalität ist nun Selbstrespekt für euer Menschsein auf spielerische Weise, ohne andere anzugreifen oder zu verletzen. Vielleicht ahnt ihr nicht immer, wo eure Talente, Fertigkeiten und Ideen ihren Ursprung haben, doch eine wahre Zeit der Renaissance nähert sich euch, so grundlegend, daß über sie jetzt schon detailliert Aufzeichnungen geführt werden. Ihr werdet beobachtet, um zu sehen, was ihr als Schwingungswandler und Designer des Geistes nun hervorbringen werdet. Während ihr die Brücke hinüber ins nächste Zeitalter spannt, ist es wichtig, daß ihr wißt, wer ihr seid und was ihr wollt, und daß ihr im Umgang mit anderen, eurer Familie, Freunden, Partnern und allen anderen Wesen keine Furcht vor ihnen und euch selbst spürt. Um es noch einmal klarzustellen: Dieser Wandlungsprozeß soll die Menschheit nicht destabilisieren, sondern den Wesenskern eures Selbst stärken, so daß ihr zu den einzigartigen Wesen werden könnt, auf die eure Vorfahren warten.

Viele Formen der Intelligenz hatten auf euch eingewirkt, und nun erscheinen sie wieder hier – jede von ihnen, in der einen oder anderen Form – um ihre Energien mit euren wiederzuvereinigen und herauszufinden, was ihr nun hervorbringt. Mächtige Wesen, die einst ihren Einfluß auf der Erde hinterlassen hatten – Eroberer, Könige, Königinnen, Päpste, Präsidenten und andere berühmte Gestalten –, kehren nun zurück, inkarnieren, öffnen ihre Schatztruhen und Trickkisten und lernen ihre eigenen Lektionen des Lebens. Alle möglichen Götter und Himmelsgeschöpfe in allen Formen und Variationen, vom Engelwesen bis zum Reptil, befinden sich in eurem Umfeld, genau wie sie es damals zur Zeit eurer Vorfahren waren. Die Erfahrungen, die eure Vorfahren mit ihren multidimensionalen Verwandten gemacht hatten, konnten nicht aufgezeichnet werden, da es für die Beschreibung dessen, was geschehen war, keine Worte gab. Um ihre Erfahrungen dennoch wiederzugeben, hinterließen eure Vorfahren Zeichen und Symbole, oft in Stein gehauen, als wichtige Information, die weitergereicht werden sollte. Symbole helfen euch, abstrakte Vorstellungen, die nicht in Worte gekleidet werden können, doch direkte Erfahrungen und Erkenntnisse wiedergeben, zu verstehen.

Während ihr eure Fähigkeit steigert, verschiedene Frequenzen zu erzeugen und zu erfahren, werden sich die Bibliothekstüren einfach dadurch öffnen, daß ihr die vielen uralten Symbole – Sonne, Mond, Sterne, Schlangen, geometrische Figuren, gewundene Linien und Punkte – entweder mit der Hand berührt oder vor eurem geistigen Auge seht. Die Symbole werden zu ganzen Lektionen, zu Enzyklopädien des Wissens über Schwingungen und Frequenzen. Wenn ihr eure Schwingungen hinaussendet, während ihr auf diese Symbole schaut, kann sich für euch ein

Wissensgebiet öffnen, das eure Vorfahren für euch und eure Vorbereitung auf die kommenden Zeiten des Wandels und der Gelegenheiten hinterlassen haben.

Euer Entfaltungsvorgang vollzieht sich nun schnell, wie ein aufgefächertes Kartenset, und mit jeder Sekunde eurer Existenz öffnet ihr euch weiteren Energien. Schaut euch um und seid dankbar für die Menschen um euch herum, die ihr Leben mit euch teilen. Versucht, voneinander zu lernen, denn auf diesem Wege – Beziehungen zu anderen – wachst ihr in eure Beziehungen zu euren Vorfahren und zu multidimensionalen Wesen hinein. Denkt daran, daß die Erde ein Schatz ist, hinter dem viele herjagen, und ihr habt etwas unglaublich Wertvolles anzubieten; seid also stolz auf das, was ihr seid und wer ihr seid. Eine unbezahlbar wertvolle Qualität entfaltet sich in euch; seid ihr gegenüber aufmerksam und dankbar dafür, lebendig zu sein. Der Umfang der anstehenden Aufgabe läßt sich kaum in Worte fassen. Sie gleicht dem Weg des Fötus durch den Geburtskanal, der sich in der Enge unter Druck hinausbewegt aus dem so angenehmen Uterus, den er ungern verläßt – doch eure Willenskraft und der Wunsch nach Leben pressen euch hinaus.

Heutzutage wird vielen Babys diese Gelegenheit schon nicht mehr gegeben. Sie bewegen sich nicht mehr aus eigener Kraft aus dem Mutterleib – zumindest in der westlichen Welt. Frauen sehen dem Geburtsvorgang mit Grauen entgegen, und ihre Beziehung zu ihrem Innersten und den Kindern, die sie zur Welt bringen, wurde fragmentiert und kontrolliert. Sie haben Angst vor der Geburtserfahrung – der Göttin wurde »beigebracht«, sich vor ihrem größten Vermögen, ihrer größten Anlage zu fürchten: Leben zu gebären und zu nähren. Wir sprechen euch alle an, Männer, Frauen, die ganze Menschheit. Macht euch ein Bild davon, wer ihr sein könntet. Der Schub durch den Geburtskanal, den ein Kind erfährt, ist Teil einer natürlichen Bewegung hinaus in die Welt. Wenn ihr Kinder zunehmend durch Kaiserschnitt zur Welt bringt, verweigert ihr ihnen ihr Erbrecht auf selbständiges Sich-hinaus-Bewegen in die Welt, und unbewußt identifizieren sich diese Kinder mehr mit der Schwingung der Angst statt mit der Schwingung, im Leben willkommen geheißen zu werden, gleichgültig wer sie sind.

Es ist ganz wesentlich, daß ihr bei eurer Entdeckung der Welt, die ihr bevölkert und erschafft, eure Methoden der Reproduktion untersucht. Klonen wird keine Lösung sein. Nur der Geschlechtsakt versieht die Zellen des Neugeborenen mit Lebenskraft – ohne ihn fehlt ein großer Teil dieser Kraft, auch wenn euch dies noch einige Jahre nicht klar sein mag. Ihr eßt genbehandelte Pflanzen und Tiere, und irgendwann werdet ihr feststellen, daß diesem manipulierten Etwas die Vitalsubstanz fehlt. Diejenigen, die menschliche Wesen klonen – und das geschieht schon seit einiger Zeit –, fragen sich, weshalb diese Wesen nie ganz so vital, gesund und lebendig sind wie normale Wesen. Nun, was fehlte, war der sexuelle Schöpfungsakt. Natürlich sind manche Menschen das Produkt einer Zeugung unter Gewalt, und doch sind sie mit den Qualitäten der Lebendigkeit, Vitalität und des Vorwärtsdrangs versehen, eben der Energie, die das Leben repräsentiert – ob liebevoll oder unter Gewalteinfluß. Wenn Leben in einer Petrischale in einem sterilen Labor hervorgebracht wird, hat es einfach nicht dieselbe Lebenskraft wie solches, das einem wahren sexuellen Schöpfungsakt entspringt.

Heutzutage haben viele Menschen Probleme mit der Zeugung von Kindern. Die Spermienproduktion des Mannes hat nachgelassen, und Frauen sind einem ungeheuren nervlichen und emotionalen Druck ausgesetzt, wenn sie nicht das »Barbiepuppen-Idealbild« abgeben. Der Genuß des Geschlechtsaktes geht dem Menschen immer mehr ab. Häufig wird die Sexualität nur noch als Mittel zur Erzeugung von Nachkommen angesehen, die dann mit den für sie gekauften Dingen versorgt werden, worauf ein größeres Haus her muß, um all dem Gekauften mehr Platz zu verschaffen – und so werden Kinder in einem System unterwiesen, welches weiterhin die Zerstörung der Erde vorantreibt. Viel zu viele Menschen haben einfach vergessen, wie es ist, als ein lebendiges sexuelles Geschöpf zu existieren. Ihr habt vergessen, daß die Wertschätzung des Lebens etwas ganz Wesentliches ist. Euch, die ihr als Schöpfer kommender Generationen euer Erbe antretet, bitten wir, die Schwingung der Liebe in euren Körpern zu erzeugen und zu halten, die Schwingung, die euch ein ganz neues Verständnis des Lebens nahebringen wird. Wenn ihr Kinder wollt, schickt eine Einladung hinaus an jene Wesen, die inkarnieren wollen. Laßt die Bringer der Liebe, die darauf warten, nun wiedergeboren zu werden, wissen, daß ihnen bei euch Liebe gewiß ist. Heißt eure Kinder willkommen und laßt sie wissen, daß ihr bereit seid, von ihnen zu lernen, auch im Hinblick auf die Schwingung der Liebe und ihre Erzeugung im Übermaß.

Wir bitten euch, die Erde mit Wesen zu bevölkern, die eine sehr hohe Schwingung tragen; dies bedeutet, sich um alle Kinder zu kümmern, nicht nur um die, die ihr persönlich gebärt. Beobachtet Kinder aus der Nähe und laßt sie die Schwingungen spüren, die ihnen das Gefühl geben, daß ihr über ihr Hiersein glücklich seid. Die Kinder der heutigen Zeit sind allesamt außergewöhnliche Frequenzprojektoren und Schwingungswandler, und in jedem neuen Jahr werden Kinder mit der Fähigkeit, mehr und höhere Energien zu halten, geboren. Diese Kinder werden sich nicht mehr mit den alten abgetragenen Wegen und Deutungen des Lebens zufriedengeben; fügt ihnen also keinen Schaden zu, indem ihr sie vielleicht einem medizinischen Versorgungssystem aussetzt, das eher auf Angst als auf Liebe und Heilung beruht. Oft übernehmen Kinder die Probleme, die ihr noch in eurem eigenen Feld habt, besonders die, die ihr zu ignorieren versucht. Achtet darauf, was euch eure Kinder zu sagen haben. Alles hat Symbolcharakter.

Das Reich des Geistes ist unermeßlich groß; es ruft euch auf jedem Kontinent, aus jeder Richtung. Alle Götter, die auf der Erde durch alle Zeiten hindurch ihre Spuren hinterlassen haben, ob sie bekannt waren oder unbekannt blieben – sie alle kehren nun zur Erde zurück. Deshalb verspüren viele von euch nun den Impuls, alte heilige Stätten zu besuchen, denn die Götter nutzten viele dieser alten Steinbauten und Tempel für die Aufführung ihrer Schauspiele und Dramen. Wenn ihr diese Stätten besucht, scheint ihr dreidimensionale irdische Reisende zu sein – doch eure anderen Selbst-Bestandteile spielen an gleicher Stelle, doch zu anderen Zeiten im Drama mit. Es gibt Aspekte von euch, Versionen von euch, die die Erinnerung an das bewahrt haben, was ihr noch alles gewesen seid, welche Sandalen, Schuhe oder Stiefel ihr getragen habt, wie euer Haar, eure Haut, euer Körper beschaffen war und welche wechselnden menschlichen Gestalten ihr hattet, wechselnd wie die Jahreszeiten.

Der Himmel bietet euch nun eine Gelegenheit; habt also keine Angst davor, was passieren wird. Kometen und Himmelskörper in allen Formen, Wirbel, Spiralen, Strahlen und Blitze werden am Himmel Zeichen setzen, und nicht immer wird euch klar sein, was die Zeichen bedeuten. Zeichen und Symbole des Himmels können auf vielerlei Weise hervorgebracht werden, auf elektronischem wie auch auf anderen Wegen. Ihr selbst habt zu dieser Zeit Geräte erfunden, mit denen ihr bestimmte Bilder und Zeichen ans Himmelsgewölbe projizieren könnt und mit denen ihr euch den Zeitspringern anschließt, die aus Atlantis und dem Jahre 2012 hier nun eintreffen, ebenso wie die aus allen anderen Zeitrichtungen, die nun auch mit ihrer Technologie auf den Plan treten.

Die Show mit Namen Existenz ist nun kurz vor ihrer Entfaltung, und Wesen aus allen Ebenen bringen ihre Medienausrüstung mit hierher, um sie hier für die kommende 25-Jahres-Periode zum Einsatz zu bringen. Und spätestens jetzt fragt ihr euch wohl, was das alles zu bedeuten hat. Wie verrückt kann es werden? So verrückt, wie ihr es wollt. Ihr werdet immer Gelegenheit haben, langsam und tief durchzuatmen, über die Vorgänge zu reflektieren, dem Ganzen mit einem Lächeln zu begegnen und zu sagen: »Oh, Großer Treuhänder, danke für deine Hilfe, danke fürs Zusammenhalten der Fäden, so daß ich das Muster nach wie vor erkennen kann. Als meine Vorfahren mit diesen Sphären in Berührung kamen und außerstande waren, die

Erfahrung in Worte zu übertragen, drückten sie sich über die Kunst aus. Gestatte mir, die Bedeutung dieses großen Wandels in meiner eigenen Version zum Ausdruck zu bringen, in ein lebendiges Kunstwerk zu übertragen, das mir den Ausdruck der Gefühle meines gesamten Wesens ermöglicht.«

Wundervolle Schönheit ist nun im Begriff hervorzutreten, liebe Freunde, eine Schönheit, die die gesamte wertvolle Lebensessenz umfaßt – und dies solltet ihr euch nicht entgehen lassen. Wachst zu den Schöpfern eurer eigenen Realität heran, sechs Milliarden wache, lebendige und energiesprühende Götter, und laßt die anderen sich den Kopf darüber zerbrechen, wie es bewerkstelligt werden soll! In dem Moment, wo ihr euer Leben in eure eigenen Hände nehmt, werdet ihr den Grundstein für eine völlig neue Lebenserfahrung legen, in der Angst und begrenztes Denken einfach durch euren Mut und euren Pioniergeist in Gelegenheiten umgewandelt werden. Das Wassermann-Zeitalter ist die Zeit der überall und in allem sichtbaren Götter – mehr von ihnen als je zuvor.

Kapitel 8

Die Familie des Dunkels

Als Pioniere des Bewußtseins seid ihr auf einer Reise, deren Kurs sich mitunter ziemlich schnell ändern kann. Einen Moment lang könntet ihr euch völlig ausgeglichen fühlen, wie im Zentrum der Galaxis, und im nächsten Moment wie in einem der tiefsten schwarzen Löcher des Universums. Wenn ihr euch in die Weiten des Bewußtseins begebt, warten viele Prüfungen auf euch, denn diese Reise wird euch auch an einige dunkle Stellen mit unguten Gefühlen führen. Viele von euch werden davor zurückschrekken, in die dunklen Höhlen einzutreten, im Glauben, daß sie zu betreten gleichbedeutend wäre mit Selbstzerstörung. Wir möchten euch daran erinnern, daß die Dunkelheit immer kurz vor der Dämmerung am finstersten ist – und daß die Dunkelheit viele Schlüssel in sich birgt.

Wir richten uns an euch als Lichtfamilie – euch, die ihr das Wissen eurer Vorfahren vergessen habt und euch nun zu erinnern versucht. Euer polarer Gegensatz, die Familie des Dunkels, hat die Erinnerung an die unsichtbaren Welten und die Lehren der Vorfahren beibehalten, mündlich oder in geheimen Texten, auf Tafeln oder Stein aufgezeichnet. Die Familie des Dunkels hütet viele Geheimnisse. Geistig birgt die Dunkelheit viele Geheimnisse, denn es ist euch nicht möglich zu erkennen, was sich da in der Dunkelheit befindet. Macht euch die Vorstellung zu eigen, in der Dunkelheit eure Augen zu öffnen, dort Dinge sehen zu können, diese akzeptieren zu können und euch dabei wohlzufühlen. Einige von euch haben Angst vor der Dunkelheit, die vor ihrer Tür herrscht, und fühlen sich nicht imstande, einen unbeleuchteten Raum zu betreten. Ihr stellt euch vor, daß in der Dunkelheit alle möglichen Wesenheiten auf euch lauern. Ihr habt eine lebhafte Phantasie; würdet ihr euch mit der gleichen Phantasie dem Licht zuwenden, würde sich euer Wachstum enorm beschleunigen. Doch ein Teil eurer Psyche ist in makabrer Weise auf das Dunkle fixiert, mit Sehnsucht danach und Angst davor zur gleichen Zeit.

Wir werden euch nun mit dem im Buch der Erde vorherrschenden Weg des Dunklen bekanntmachen, einem Dunkel, das Geheimnisse in sich birgt, vor deren Enthüllung viele noch zurückschrecken; einem Dunkel, das in sich selbst ein Initiationsschritt ist. Das Dunkle enthält in sich eine Kraft, weder gut noch schlecht, ebenso wie Geld oder Technologien an sich weder gut noch schlecht sind. Absichten bedienen sich des zur Verfügung stehenden Wissens und beeinflussen das, was ihr erschafft. Auf eurer weiteren Reise mit uns wird das Terrain noch mysteriöser, die Schatten noch länger, die Lichtspalte noch schmaler, und die Klänge unbekannter Energien intensivieren sich. Stellt euch vor, ihr spaziert allein in dunkles verbotenes Gebiet. Atmet tief durch und entspannt euch, dann erinnert euch an einige Helden auf eurem Planeten, fiktive Figuren oder reale Personen, die allein den Herausforderungen begegnet sind, ihren Ängsten ins Gesicht sahen und durch sie hindurchgingen. Vergegenwärtigt euch diese Helden und Heldinnen, die auf ihre Weise Pioniere waren und ihr Licht hielten, während sie sich den Weg durch unbekanntes und neuartiges Terrain bahnten.

Wann immer ihr an irgendeinen neuen Ort kommt, gibt es dort etwas Unbekanntes. Eure Annahmen in bezug auf dieses unbekannte Terrain bestimmen, was ihr dort erleben werdet. Ihr könnt nicht in höhere Frequenzbereiche gelangen, wenn ihr nicht das gesamte Terrain erforscht; deshalb fordert euch die dunkle Seite der Menschheit und die der Existenz nun auf, sie zu untersuchen und zu verstehen. Die dunkle Seite der Kraft birgt, wie gesagt, viele Geheimnisse: Sie verbirgt eure wahre Pracht und Macht als einzigartige biologische Wesen vor euch, das Wissen um die Macht eures Geistes, eure Fähigkeit zur Regeneration und die Hintergründe von Sexualität, Geburt, Leben und Tod. Lernt, eure Angst vor der Dunkelheit abzulegen; lernt die Vielfalt sexuellen Ausdrucks und die darin enthaltenen Kräfte kennen, Kräfte, die in eurem Innersten ruhen.

Denkt daran, euch in dieser Phase des Wertewandels auf die Göttliche Mutter zurückzubesinnen, denn sie ist es, die bei der Verschmelzung des männlichen mit dem weiblichen Prinzip gerade fehlt. Sie muß in euren Erzählungen über Themen wie Mut und Lebendigkeit wieder den ihr angestammten Platz einnehmen. Die Göttin kann sowohl im Mann als auch in der Frau erkannt werden, obgleich ihre äußere Gestalt zu Zwecken der physischen Darstellung weiblich ist. Weibliche Energie hat viele Formen angenommen: Manchmal erscheint sie sehr kontrolliert und darum bemüht, Freude zu spenden; andererseits kann sie wilde kriegerische Züge annehmen wie in den Legenden über die Amazonen, die mit feurigen Rössern in den Krieg zogen.

Was ist euer Verständnis der weiblichen Energie? Geschichtlich gesehen wurde die Göttin, das weibliche Prinzip, im Fische-Zeitalter aus der Existenz verbannt. Erst 500 Jahre nach Beginn dieses Zeitalters wurde eine Übereinkunft erzielt, die der Mutter des Erlösers, den ihr Christus nennt, die gebührende Ehre zukommen ließ. Diese Geschichte von der Mutter mit ihrem Kind ist uralt und datiert Tausende von Jahren zurück zu Kulturen, die sich dessen bewußt waren, daß die Mutter die Hüterin der Blutskräfte darstellt. Sie allein konnte Blut fließen lassen, ohne verletzt zu sein, und dies war eine Magie des Dunklen. Euer Blut enthält den gesamten Reichtum eures Selbst, die Summe all eurer Schwingungen. Einige Rituale des Fische-Zeitalters verordneten sogar das Trinken von Blut und das Essen des Körpers.

Was rufen diese Worte in euch hervor? Einige von euch werden sagen, dies sei metaphorisch zu verstehen, doch wir sagen: Allem wohnt eine tiefere Bedeutung, ein Code, inne; es gibt da eine Wahrheit hinter der Wahrheit und einen Plan hinter dem Plan. Die Wahrheit gründet sich immer auf eure Fähigkeit der Expansion aus der Kontraktion, der Regeneration aus dem Verfall. Um also eure Sicht der Dinge zu erweitern, denkt das Undenkbare, erwägt das völlig Abwegige und Lächerliche. Und versteht, daß informiert zu werden nicht gleichbedeutend ist mit umgedreht oder »bekehrt« zu werden.

Obgleich Energien durch die Kräfte der Sexualität erzeugt werden können, erlebt ihr sie doch noch aus vielen anderen Gründen. Für die meisten von euch ist die Sexualität ein Trieb; ihr sprecht von der Energie eurer Hormone und sucht nach einem Partner, mit dem ihr diese Energie freisetzen und austauschen könnt. Ihr empfindet dabei Vergnügen, ihr erhaltet, wonach ihr euch sehnt, und fahrt mit dem Leben fort. Es ist euch meist nicht bewußt, was während des Geschlechtsaktes auf biologischer und auf Zellebene abläuft. Der Geschlechtsakt ist eine regenerative Kraft, und die Erfahrung des Orgasmus kann zum Aufbau und zur Stärkung eures Energiefeldes benutzt werden. Doch der Ausdruck des sexuellen Triebs kann auch etwas ganz anderes hervorbringen. Wenn dem Sex die Grundlage der Liebe fehlt, wenn es ein ritueller Mißbrauch von Energien ist, können viele andere Möglichkeiten auf den Plan treten.

Einige alte Kulturen auf eurem Planeten, besonders die im Osten, betrachteten den Geschlechtsakt bei Neu- oder Vollmond und bei Finsternissen mit Vorsicht. Sie wußten, daß die Himmelsenergien euer eigenes Energiefeld beeinflußten, das euch mit dem Ätherreich verbindet. Sie wußten auch, daß die Astralbereiche für bestimmte Wesen Fallen darstellen konnten. Zur Zeit ist das Astralfeld der Erde mit fragmentierten orientierungslosen Wesen durchsetzt, die auf der Suche nach Ganzheit sind, sich dabei jedoch in eurem Energiefeld verstrickt haben. Eure Lebensängste ziehen diese Astralwesen an, ihr gebt ihnen gewissermaßen ein Zuhause. Der Geist vieler menschlicher Wesen wurde beim Tod in zahllose einzelne geistige Bruchstücke zersplittert; ihr Energiefeld wurde heftig erschüttert, denn sie wußten nicht, wie sie sterben sollten oder daß sie bereits gestorben waren. Eure Aufmerksamkeit wurde durch Erzählungen, die euch nicht mit dem vereinen, was ihr wirklich seid, auf angstvolle Tode gelenkt, und so sterbt ihr aufgrund von Vergiftung und Krankheit. Wenn ihr in diesem Zustand an das Tor des Todes tretet, ist es schwer, intakt zu bleiben und sich in höhere Sphären zu begeben. Dies ist ein ganz großes Problem auf eurem Planeten. Die Astralwesen sind wie Parasiten, die sich von euch angezogen fühlen. Mit dem fortschreitenden Kollaps der Astralbereiche in euer menschliches Energiefeld nehmt ihr diese niedrigschwingenden Energien auf, und es verändert sich euer Leben dadurch, obgleich es euch nicht auffallen mag. Vielleicht fühlt ihr euch erschöpft oder ausgelaugt, oder ihr legt plötzlich bizarre seltsame Gewohnheiten an den Tag; vielleicht raubt es euch die Nachtruhe oder verursacht Kopfschmerzen oder andere unerklärbare körperliche Probleme oder Krankheiten. Nicht nur die physische Erde und ihre Nahrungsmittel sind vergiftet, auch die niederen Astralbereiche sind es.

Die meisten Menschen befinden sich in einem Zustand der Rastlosigkeit, der so offen zutage tritt, daß selbst die Luft, die Atmosphäre um euch herum diesen Unfrieden abstrahlen. Je mehr sich eure übersinnlichen Wahrnehmungen entwickeln, desto mehr spürt ihr diese Rastlosigkeit um euch herum. Die Angst war schon immer ein hervorragendes Werkzeug, Menschen voneinander abzukoppeln und sie so zu erobern. Und das geschah die ganze Zeit über mit euch: *Ihr wurdet voneinander getrennt und so erobert.* Und hier setzt ein weiterer Test für euch an: Werdet ihr den auf euch einströmenden immensen Energiefluß sammeln und nutzen und euch wieder zusammenfinden? Oder werdet ihr euch wieder voneinander abkoppeln, euch zersplittern, weitere Kriege führen und Konflikte schüren? Bestimmte Energien wollen euch auf physischer und multidimensionaler Ebene im Zustand der Trennung halten. Große, nach eurer Zeitrechnung Tausende von Jahren lebende Wesen haben es zu ihrem Lebenszweck gemacht, euch zu beherrschen und sich an euch zu nähren, was ihr eigenes Selbstwertgefühl angeht – und ihr betrachtet euch nun als wert- und bedeutungslos. Die, die euch auf all diesen Ebenen beherrschen, wissen um die Kraft eurer Genitalien, um ihr Potential, Leben, Vergnügen, Schmerz und Tod herbeizuführen. Ohne daß es euch bewußt ist, benutzen sie eure sexuelle Energie als Wege für ihre Zwecke. Und nun werden auch eure Kinder geistig dahingehend beeinflußt, daß sie ihre Unschuld und Unversehrtheit einbüßen – wiederum ohne daß es euch bewußt ist. Doch es nutzt euch nichts, mit Zorn darauf zu reagieren und andere für das, was geschieht, verantwortlich zu machen; dies sind einfach die Zeichen der Zeit. Wenn eure Kinder ihre Unschuld und Unversehrtheit eingebüßt haben, fragt euch lieber, was ihr getan habt, um dies zuzulassen.

Es ist wichtig für euch, daß ihr euch an die Geschichte der Mutter mit ihrem Kinde, die überall auf dem Planeten zu finden ist, erinnert. Symbole bringen mehr als das Sichtbare zum Ausdruck. Wo ist der Vater in diesen Geschichten? In dieser Zeit des Klonens, der neuen Methoden der Reproduktion, möchten viele Menschen durch Technologien, durch plastische und herkömmliche Chirurgie, durch neue Körperteile und Organe ihr Leben verlängern. Gerade jetzt findet auf eurem Planeten in bezug auf menschliche Embryos, wie auch mit Menschen allen Alters, die einfach verschwinden, ein ungeheurer Machtmißbrauch statt. Einige verlassen den Planeten, andere werden ins Erdinnere deportiert. Der Verkauf von »Menschenmaterial« hat auf eurem Planeten riesenhafte Züge angenommen. Wie werdet ihr dem beikommen? Als erstes solltet ihr lernen, das Leben, das dem Geschlechtsakt entspringt, zu respektieren und wertzuschätzen, denn wenn ihr das nicht tut, kann es seinen Wert nicht zum Ausdruck bringen.

Viele richtungsweisende Wegbereiter verändern nun das Muster der Realität. Sie leben im stillen, vielleicht werdet ihr niemals ihre Namen hören, und doch sind sie Pioniere neuer Entdeckungswege, die Licht und Verstehen auf die dunklen Verschwörungsgeschichten über planetare, solare und galaktische Kontrolle werfen. Dies ist für diejenigen unter euch, die schon über die letzten Jahre die Schlüssel zu den Vorgängen erhalten und die Synchronizitäten des Gesamtbildes erkannt haben, nichts Neues oder Mysteriöses mehr. Ihr seht die Verbindungen. Um die nun erfolgende Neuausrichtung der Frequenzen der Erde zu verstehen, solltet ihr euch mit denjenigen befassen, die die Erde beherrschen, denn die Herausforderungen der nächsten 15 Jahre haben mit ihnen und den dunkelsten aller dunklen Energien zu tun – der größten Dunkelheit unmittelbar vor der Dämmerung. Einige unter euch werden sich irgendwann fragen, wie alles so ungeheuer korrumpiert werden konnte. Nun, wie konnte das geschehen? Die Antwort darauf müßt ihr selbst finden. Ihr seid nun herausgefordert, euch von den niedrigsten Schwingungsebenen zu den höchsten emporzuarbeiten, und indem ihr die dunkle Seite des Machtmißbrauchs erforscht, werdet ihr dorthin gelangen.

Ihr verändert jetzt das Magnetfeldgitter der Erde und die Frequenzen, so daß sich ein Licht nach dem anderen einschaltet und neue Energiefelder hergestellt werden. Ihr müßt herausfinden, wie ihr die astralen Vampire aus den verschiedenen Dimensionen, aus dem Erdinneren und von der Erdoberfläche, die sich immer noch von euch nähren, stoppen könnt. Das Schlüsselelement dabei ist die Sexualität und wie sie benutzt wird. Viele globale Führungspersönlichkeiten, besonders die aus Politik, Religion und Erziehung – und ganz besonders die, die sich vorgeblich um die Belange der Kinder kümmern – sind in Wirklichkeit Teil einer massiven verdeckten Operation von Pädophilen, die Kinder zu sexuellen Zwecken mißbrauchen. Dies kann passieren, wenn Eltern nicht in Kommunikation oder Kontakt mit ihren Kindern sind. Und es passiert, weil diese pädophilen Neigungen von einer Generation auf die nächste übertragen werden. Dies ist eines der dunkelsten Kapitel und Geheimnisse der Familie des

Dunkels auf eurem Planeten. In den Herrschaftshäusern der Reichen strotzt es nur so von Geheimnissen um Sex mit Familienmitgliedern, Sex als rituellem Mißbrauch, Sex zum Zwecke des Herbeirufens der Dunkelheit und der Göttin des Dunkels – alles Schwingungen ohne Liebe, nur auf Erlangen von Macht ausgerichtet.

Wenn wir hier über Macht und Dunkelheit sprechen, dann bekommt nicht das Gefühl, vor dieser Erfahrung davonlaufen zu wollen, um wieder zum Licht zu gelangen. Begreift die Mächte des Dunkels, so daß ihr die Wunden und Abwegigkeiten in den Seelen dieser Wesen versteht – Wesen, die verzweifelt nach etwas suchen, das ihnen von ihren Eltern oder anderen Menschen nie gegeben wurde. Ihre abwegigen Praktiken verbleiben nur deswegen in ihrer Blutlinie. Was fehlt ihnen? Ihr wißt es schon: Liebe. Die auf Abwege Geratenen, die Mörder, Vergewaltiger, Pädophilen und Massenmanipulateure, spüren keine Liebe, und sie wissen es nicht einmal. Und so ist eure Aufgabe, den Planeten zu heilen, um so größer, und zwar in dem Moment, wo die dunklen Geheimnisse um die okkulten Praktiken der die Welt beherrschenden Familien offenbar werden.

Im Buch der Erde können wir verfolgen, daß in vielen Fällen eure Vorfahren die gleichen Fehler gemacht haben. Sie wollten am Pomp, am Prassen und an den Paraden der Blaublütigen teilhaben, besonders zu der Zeit, als ihre eigenen Zeremonien und Feierlichkeiten ihre Bedeutung verloren hatten, als die Zeitzyklen und die Bedeutung von Licht und Dunkel – die Modulation zyklischer Veränderungen – verlorengingen und eine Fixierung auf das Äußerliche stattfand. Ihr hattet eure Macht an Führer abgegeben, die sich auf vielerlei Weise veranlaßt sahen, die Macht, die ihr ihnen aufgedrängt habt, zu übernehmen. Sie wußten nicht, wie sie selbst Macht erzeugen konnten. Ihre Eltern und Großeltern wurden in Mysterien eingeweiht, die sich zunächst oft sehr wohlwollend anließen. Das gleiche könnte auch euch widerfahren. Doch auf dem Wege zur Macht könnt ihr nicht davonlaufen, wenn das Dunkel euren Weg kreuzt. Viele dieser Herrscher – die einstmals machtvolle und wohlwollende Wesen waren – schlossen einen Bund mit dem Dunklen in dem Moment, wo es ihren Weg kreuzte. Mittels Geheimnissen und Lügen erlangten sie Macht über andere, und da einer Lüge weitere auf dem Fuße folgen, wurde es immer schwieriger, die Wahrheit aufrechtzuerhalten.

Der Mißbrauch der sexuellen Kraft ist nichts Neues. Kinder-Pornographie und -Sklaverei, überhaupt alle Formen von Sklaverei und Gewaltanwendung um den Planeten herum, waren schon immer zugegen. Ihr habt diese Praktiken in euren irdischen Geschichten verborgen gehalten und scheut euch, sie in euren Klassenzimmern zu studieren. Doch vielleicht werdet ihr euch demnächst mit der dunklen Seite eingehender befassen und einen Kurs über okkulten Machtmißbrauch in euren Schulen anbieten? In der Erziehung eurer Nachkommen ist es wichtig, die Karten der Dunkelheit aufzudecken und offen auf den Tisch zu legen. An vielen Orten auf eurem Planeten werden die dunklen Kräfte anerkannt, und es werden ihnen kleine Geschenke oder Aufmerksamkeiten zugedacht. Selbst in der Praxis des Exorzismus, der Befreiung des Menschen von astralen Wesenheiten, die ihm anhaften, werden solche Aufmerksamkeiten, etwa Nahrung oder Süßes, benutzt, um die Wesenheit zur Mitarbeit zu veranlassen.

Ihr seid im Begriff, den Bezug zu eurer lebendigen und reichen Geschichte und Herkunft zu verlieren; statt dessen tauscht ihr dieses alte Wissen gegen sinn- und gehaltlose Schriften ein, die euch veranlassen, sinn- und gehaltlose Daten hervorzubringen, so daß ihr damit fortfahren könnt, sinn- und gehaltlose Leben zu führen. Ihr nehmt an Familienzusammenkünften, Picknicks und Cocktail-Parties teil, nur um euch gegenseitig zu versichern, daß ihr nach wie vor die Hypothekenzahlungen tätigen könnt und überhaupt anständige Bürger seid. Ihr verleibt euch die Nahrungsgifte eurer Gesellschaft ein und legt das Schicksal eurer Kinder in die Hände von Big Brother, dem Bewußtseinskontroll-Management-Team, in dem eigenständiges Denken tabu ist, dafür aber alles mit Lichtgeschwindigkeit getan werden muß – oder Eliminierung die Konsequenz ist. Der gesamte Medienkomplex, von den Zeitungen bis zum Fernsehen, ist auf diesem Planeten im Besitz und unter Kontrolle einiger weniger Individuen. Die wahren Besitzverhältnisse und Urheberschaften sind hier nur schwer nachzuvollziehen, denn es existieren Pläne innerhalb von Plänen und Spieler im Hintergrund von Spielern – wie schon gesagt: Nichts ist genauso, wie es scheint. Es ist an der Zeit für euch, aufzuwachen und zu erkennen, daß ihr mit Informationen gefüttert werdet, die nur den Zweck verfolgen, euch zu begrenzen und zu kontrollieren, die euch auffordern, die Ökonomie des Todes zu unterstützen und Teil von ihr zu werden. Ihr spürt, wie ihr eure Lebendigkeit, eure Gesundheit schrittweise einbüßt, und lauft von einem Arzt zum nächsten, immer das Versicherungspaket in der Hand und mit einem Auge auf der Erbschaft – all dies, um euch abzusichern und Garantien zu haben – für was? Je mehr ihr von Krankheit heimgesucht werdet, je mehr ihr hektisch nach Allheilmitteln sucht, desto mehr spielt ihr der Ökonomie des Todes zu. Versteht ihr das?

Während wir den dunklen Teil der Geschichte mit euch teilen, wie z. B. die verdeckten pervertierten sexuellen Praktiken eurer Herrscher, ist es nicht an uns, hier Namen zu nennen. Ihr werdet für euch selbst herausfinden, daß überall, in jedem Land auf eurem Globus, diejenigen in den höchsten Positionen genau deshalb dorthin befördert wurden, weil sie aufgrund ihrer Perversionen die »notwendigen Qualifikationen« mitbrachten, um Macht über andere auszuüben. Dies ist ein seit Äonen existierendes Geheimnis, doch nun wird es aus den dunklen Nischen ans Licht gezerrt. Schon jetzt gibt es Bürgermeister, die sich in der Öffentlichkeit als Transvestit gekleidet zeigen, und sehr bald werdet ihr einen Präsidenten oder Papst haben, der als Revuetänzerin posiert und sein Unwesen treibt. Alles geht drunter und drüber, keiner weiß mehr so ganz genau, was angesagt ist. Eure Wertvorstellungen sind völlig durcheinandergeraten – und das ist auch richtig so. Warum? Dies bietet eine ausgezeichnete

Startplattform. Wenn ihr euch den Mißbrauch am Menschen genau anschaut, wenn ihr konfrontiert, wie ihr ausgetrickst und hintergangen wurdet, werdet ihr den ganzen frivolen Schnickschnack über Bord werfen und euch wieder auf eure wahren Kräfte und Werte als spirituell-biologische Wesen konzentrieren. Das ist die Möglichkeit, die ihr idealerweise am Ende dieses und am Beginn des neuen Jahrtausends, in dieser heißen Phase radikaler Umwälzungen, wählt.

Es wird eine Menge zornigen Protests um den ganzen Planeten herum geben, und die Energien werden sich bis zum äußersten steigern – Energien, die euch zur Veränderung aufrufen. Schocks, Skandale und Eklats, wie ihr sie noch nie erlebt habt, werden an die Öffentlichkeit gebracht. Ihr werdet aufwachen und erkennen, daß das, was sich in einem Land abspielt, sich in jedem anderen auf der Erde genauso zuträgt. Nach dem Turmbau zu Babel wurde die Menschheit in alle Himmelsrichtungen verstreut; die Götter kamen hernieder und erkannten: »Diese Menschen sind im Begriff, sich wieder zu vereinigen; sehr bald werden sie uns an Größe überragen. Also laßt sie uns mit vielen verschiedenen Sprachen durcheinanderbringen und sie so voneinander trennen.« Und so kam es zum heutigen Sprachdurcheinander. Nur wenige von euch sprechen heute zwei oder gar drei Sprachen. Die meisten von euch sind abgetrennt und isoliert, in ihrem eigenen kleinen Heim, ohne Kontakt zu Nachbarn, geschweige denn der Welt, in der ihr lebt. Und doch behauptet ihr von euch, eine globale, sich durch elektronische Technologien auszeichnende Kommune zu sein – als wenn das Alter und die Langlebigkeit eures Planeten, der schon seit Milliarden von Jahren seine Bahn zieht, plötzlich nichts mehr zählt. Eine merkwürdige Haltung eurerseits!

Wir bitten euch: Überdenkt euer Leben, nehmt eine Neubewertung eurer Lebensumstände vor, nun da ihr euch regenerieren sollt. Ihr sollt, ihr müßt und ihr werdet euch ändern, denn das sind die Zeichen der Zeit. Wie sehr sich der stürmische Himmel auch verdunkelt – nehmt euren Mut zusammen und schaut euren Ängsten ins Auge. Bittet euren Treuhänder um Unterstützung; er wird euch helfen, das Dunkle zu ergründen und die Begegnung mit ihm zu überleben. Wenn ihr vor dem Dunkel davonlauft, schiebt ihr nur mehr Macht in seine Richtung, und das Spiel geht ständig weiter. Wenn ihr eure Augen verschließt vor Praktiken, die anderen Schaden zufügen, vor allem sexuell, dann erlaubt ihr diesen schädlichen Praktiken fortzubestehen. Jeder von euch ist nun gehalten, den menschlichen Geist zu heilen und die Schwingung der Liebe zu verankern, so daß die neu eintreffenden Wesen, eure Kinder, auf dieser Basis ihre wesenseigenen Liebesschwingungen nun auch einbringen und verankern können. Ihr müßt euren Jüngsten die Garantie geben, daß sie nicht mißbraucht oder zu Zombies und Sexsklaven degradiert werden, oder gar im Rahmen von Kolonisierungsprojekten als Arbeitssklaven zu anderen Planeten verfrachtet werden, genausowenig wie sie als lebendiges Genlabor für Körperteile herhalten sollten – oder für Außerirdische auf der verzweifelten Suche nach frischem Genmaterial, um ihre eigene erschöpfte und unbrauchbar gewordene DNS wiederherzustellen ...

Viele Urvölker eures Planeten waren mit ihren multidimensionalen Vorfahren in engem Kontakt. Sie wußten um sie, über Zeit und Dimensionen hinweg und durch ihre eigene Blutlinie. Sie wußten auch, daß sie sich immer wieder verkörperten, weshalb sie in ihren Kulturen oftmals weit vorausplanten, mitunter bis zu sieben Generationen voraus. Das Prinzip der Reinkarnation, das später aus allen heiligen Schriften entfernt wurde, war ihnen noch vertraut. Auch das Welt-Management-Team weiß um dieses Prinzip. Die Bücher des Wissens, in die die Familien des Lichts und des Dunkels Einblick haben, sind dieselben. Beiden stehen die gleichen Informationen zur Verfügung. In naher Zukunft werden die Menschen ihre Abstammung auf andere Weise zurückverfolgen als bisher. Zur Zeit ist es noch euer Familienstammbaum, den ihr zurückverfolgt, doch schon bald wird es eure multidimensionale Abstammungslinie sein. Wie es fast immer der Fall ist, wenn sich die Tore zu neuem Terrain öffnen, wird es auch hier einige Betrüger und Hochstapler geben. Einige multidimensionale Wesen – außer Kontrolle, aufrührerisch und mit geringer Integrität – werden behaupten, mit euch verwandt zu sein. Lernt, ein Gespür dafür zu entwickeln, wenn ihr auf solche Weise eingelullt, eingenommen oder bevormundet werdet. Seid darüber nicht aufgebracht – gewinnt einfach an Weisheit!

Eure globalen Herrscher haben sich seit Jahrhunderten so aufgeführt. Heutzutage besteht eine Tendenz, mit der Dunkelheit auf eine noch dreistere und unverfrorenere Art zu spielen als je zuvor. Warum? Im Buch der Erde scheint es, als ob ihr einfach nie aufwachen würdet, wenn nicht die Familie des Dunkels auf solch grotesk-unverfrorene Weise immer wieder eure Wertvorstellungen und willkürlichen Grenzen erschüttert. Ihr würdet einfach in selbstgefälliger Manier, wie satt-zufrieden wiederkäuende Kühe, nie merken, was um euch herum eigentlich passiert. Und das macht es dem Schändlichen, dem Entwürdigenden, dem Erschütternden und dem Mißbräuchlichen so leicht, auf der Erde seine Flagge zu hissen und hoch im Wind wehen zu lassen. Wenn dieser Zustand erreicht ist, könnt ihr für euch feststellen: »Aha, die Zeit ist gekommen . . .« Doch seid euch bewußt, daß noch viel mehr auf euch zukommt. Kein Mensch lebt lang genug oder ist clever genug, sich diese immens großen Kontrollpläne einfallen zu lassen; wenn ihr also hinter die Kulissen schaut, werdet ihr etwas über eine sehr alte Rasse mit ihrer eigenen Geschichte von Trennung, Geheimnis und verborgener Macht erfahren. Sie sind die Urreptilien, eure Vorfahren, eure Verwandtschaft.

Reptilwesen haben seit Äonen hinter diesen Kulissen die Fäden in der Hand gehalten und euch ihre Marionetten als Botschafter präsentiert. Diese Marionetten wissen oft selbst nicht, daß sie sich in der Hand von massiv manipulierenden Wesen befinden. Wenn sie mitunter herausfinden, daß sie Teil eines solch grotesken Plans sind, schrecken sie zurück und ziehen sich zusammen, selbst wenn sie Päpste, Präsidenten, Könige, Königinnen oder andere Wesen mit Prestige und Macht sind. Sie erkennen, daß sie nur Werkzeuge sind, die deshalb benutzt werden konnten, weil sie aufgrund ihres Hangs zu Perversionen, Lügen, abwegigen sexuellen Praktiken und ihrer Raffgier diesen Kräften Tür und Tor öffneten. Eure Welt ist voller Dunkelheit, die in ihrer Einwirkung auf euch die gleichen Lektionen wie durch all die anderen Zeitalter hindurch vermittelt.

Es ist eine Sache, in Zeitungen über empörende Szenarien zu lesen, und eine andere, mit diesen direkt konfrontiert zu werden. Wo immer das Dunkle euch aufsucht, seid euch bewußt, daß es in schwierigen Situationen zu euch hereinkommt, in denen die Furcht vielleicht wie eine Welle eure Arme hinaufströmt, euer Stammhirn, das Reptilhirn, elektrisiert und euch auffordert, die Erinnerung an etwas wiederzuerlangen. Seid euch in diesem Moment bewußt, daß ihr Teil eines Plans seid und daß sich eines eurer Lebenskapitel nun dem tiefsten dunklen Inneren öffnet, so daß ihr imstande seid, euch durch einen Wandel eurer Frequenzen zu verändern. Ihr könnt das Licht nicht ohne Kenntnis des Dunklen erreichen, und das Dunkle erscheint nun massiv mit der Bitte um Heilung. Abgründe und Perversionen werden sich nun auftun, denn die Mutter-Kind-Liebe und auch die Vater-Kind-Liebe ist nicht vorhanden. Die Form der Liebe, von der wir hier sprechen, wurde seit Hunderttausenden von Jahren nicht mehr praktiziert. Genetisch gesehen reinigt ihr nun die Wunden von Generationen von Menschen, einer sehr langen Abstammungslinie des Menschen, von ihrem angesammelten Schmutz.

Es ist eine Zeit der Herausforderung, in der ihr feststellt, wie heruntergekommen, im wahrsten Sinne des Wortes, die Frequenzen der Menschheit eigentlich sind. Unterschätzt eure Aufgabe nicht; schaut dem Dunkel und eurer Arbeit an ihr ins Auge, nämlich euch selbst und den Planeten zu regenerieren und herauszufinden, was wirklich wichtig und wertvoll ist. Erschütternde Umwälzungen werden die Zivilisation heimsuchen, genauso wie es beabsichtigt ist. Einige von euch würden lieber die

Zeit des Lichts als Picknick-Trip ansehen, doch das ist nicht der Fall. Das Thema Ver-Antwortlichkeit muß nun auf eurem Planeten beleuchtet werden – nicht um Schuldzuweisungen auszusprechen, sondern um zu lernen, daß es an der Zeit für euch ist, die Führung über euch selbst wieder zu übernehmen. Niemand wird dies für euch tun. Im Wassermann-Zeitalter werden die Götter wieder sichtbar – und jeder von euch ist Gott.

Habt keine Angst vor dem Fall eurer Führer. Dies entspringt alles dem Plan, so daß ihr hinter die dunkelsten Familiengeheimnisse kommt: daß nämlich Eltern von Generation zu Generation ihre Kinder sexuell mißbrauchen, weil sie die Liebe nicht kennen. Liebe muß den längeren Atem haben. Ihr müßt nun eure biologische Abstammungslinie reinigen, genau wie die Äther- und Astralsphären, denn die neuen Kinder, die nun inkarnieren wollen, werden dies nur tun, wenn sie von Frequenzen angezogen werden, die ihnen Liebe und Fürsorge garantieren. Ohne diese Liebe und Fürsorge gibt es für das Fortbestehen der Menschheit auf der Erde keine Garantie. Dies betrifft auch euren Respekt und eure Anerkennung für den Geschlechtsakt, denn die Qualität eurer Vereinigungen wird die Frequenz in euren Energiefeldern bestimmen. Ihr könnt nicht daran vorbeischauen: Eure Sexualität ist der zentrale Sitz eurer Lebenskraft. Sie ist es, die euch hier hat ankommen lassen. Wenn ihr in die Zukunft springen würdet und sähet, wie das Klonen in Mode gekommen ist, würdet ihr auch erkennen, daß ihr nie einen Klon von euch erschaffen könntet, der die gleiche Lebenskraft besitzt wie ihr. Geklonten Wesen fehlt die sexuelle Vitalität und die Erfahrung lebendiger Wesen, und kurz nachdem sie erzeugt wurden, bleiben sie auch schon hinter den in sie gesteckten Erwartungen zurück. Es existieren bereits viele geklonte Menschen wie auch absichtlich erzeugte Doubles lebendiger Wesen auf eurem Planeten, und dies schon seit Tausenden von Jahren. Die Absicht dahinter war, diejenigen an der Macht durch Wesen zu ersetzen, die genau wie die Machthaber aussahen. Die Kunst und Wissenschaft des Klonens ist heute noch ausgefeilter; eine

Kunst, die die Wissenschaftler von solchen Multidimensionalen gelernt haben, die ihre eigene Fortpflanzungsfähigkeit eingebüßt haben und nun hier sind, um insgeheim zu versuchen, euch die eure zu nehmen. Doch die mit wahrer Macht ausgestatteten Wesen bedürfen keiner Geheimniskrämerei. Ihr seid die wahre Macht, und ihr könnt sie immer wieder mit anderen teilen oder sie ihnen zukommen lassen. Macht, die weitergegeben wird, wächst; Macht, die verborgen und geheimgehalten wird, schrumpft und verschwindet schließlich.

Akzeptiert eure Macht, indem ihr die Geschichten des Dunklen akzeptiert. Eure Vorfahren sahen sich denselben Herausforderungen gegenübergestellt, auch wenn sie nicht euren Großmut besaßen. Ihr erhaltet jetzt viel Hilfe. Euer Treuhänder ist dazu da, euch durch diese massive Expansion der Macht hindurchzugeleiten und euch zu einem Verständnis eurer selbst zu führen, das so vollständig, vielschichtig und ehrfurchtgebietend sein wird, daß es scheint, als ob ihr an einem Nachmittag von einem Samen bis zu einem riesigen Mammutbaum heranwachst! Denkt einmal darüber nach. Dieses beschleunigte Anwachsen von Schönheit und Macht ist das Erbe, das die gegenwärtigen Energien in euch wachrufen, während ihr euch vorwärtsbewegt durch neues Terrain des Bewußtseins, um zu dem Licht zu wachsen, das ihr sein wollt – das Licht, das nun jeden einzelnen von euch berührt. Auch das Licht will verstanden werden, denn die Götter vollführen ihre Tricks auch mit dem Licht, müßt ihr wissen.

Alle Lösungen, nach denen ihr sucht, findet ihr in euch selbst. Die Gefühle und Reaktionen, die die Erschütterungen um euch herum in euch hervorrufen, verlangen nach Wiederherstellung eurer selbst, indem ihr erkennt, was abläuft – denn nur durch Erschütterung und Auflösung kann Neues entstehen. Der Zyklus des Lebens beinhaltet Tod, gefolgt von einer Neugeburt, gleich dem Phönix aus der Asche. Dies zu verstehen ist ein wichtiger Entwicklungsschritt für euch; die Lösung ist, die multidimensionale Perspektive, die ihr nun beginnt einzunehmen, zusammenzufügen und ihren Sinn und Zweck zu erkennen. Schließt Frieden und sammelt euch mit euren Liebsten, euren Freunden; ehrt und respektiert einander, schränkt niemandes Freiraum ein, ob durch Wort oder Tat. Erweist allem Ehre, wie sie auch euch erwiesen wird, und versteht, daß sich die großen Wunden der menschlichen Psyche nun zeigen – Wunden, die ein Vermächtnis eurer Gene sind, Wunden, die in Form von Dunkelheit weitergereicht wurden. Sie alle kommen nun zum Vorschein, und beizeiten scheint es, als ob euch die Heilaufgabe über den Kopf wächst und es keine Salben, keine Antibiotika gibt, die die nun hervortretenden Gebrechen des Geistes kurieren können. Diese Gebrechen und Mißstände waren lange Zeit unsichtbar. Vergeßt bei eurer Suche nach den Heilmitteln nicht, daß ihr multidimensional seid und daß die Ursache oft nicht im physischen Körper, sondern in den unsichtbaren feinstofflichen Astralbereichen liegt, wo euch andere Wesenheiten anhaften, wo Dinge miteinander verschmelzen wie die Nacht mit dem Tag bei Dämmerung.

Dies ist der Bereich, auf den eure Aufmerksamkeit gelenkt wird. Die Zeit der dunkelsten Nacht kurz vor der Dämmerung ist wie ein spiritueller Schlüssel; öffnet also eure Augen und schaudert nicht, wenn ihr Käuzchenrufe und andere seltsame Geräusche in der Nacht hört. Bewegt euch weiter vorwärts ins Dunkel und haltet eine Kerze hinein, um zu erkennen, was dort ist; macht euch zum Vorsatz zu verstehen, was euch begegnet, und öffnet euer Herz in dem Wissen, daß die Gebrechen des menschlichen Geistes dort darauf warten, geheilt zu werden. Es ist diese Krankheit des Geistes, die euch voneinander trennt, die Gewalt zwischen Liebenden, Familien und Freunden schürt. Es ist eine dunkle Gewalt, die sich ins Gewand des Geheimnisses hüllt und den Geist auf eine Weise kontrolliert, die viel feiner und unterschwelliger ist, als eure 3 D-Freunde sich es von ihren Operationen je erhoffen könnten. Die Bewußtseinskontrolleure und all diejenigen, die Einfluß auf das Wetter und alle Aspekte eures Lebens haben, von der Wirtschaft über die Religion bis hin zur Erziehung, werden nun zur Schau gestellt, denn ihr seid jetzt bereit, Verantwortung für euch selbst zu übernehmen. Nur wenn ihr wißt, auf welche Weise ihr manipuliert wurdet, werdet ihr die Courage haben, selbst die Zügel in die Hand zu nehmen. Als Menschen habt ihr wirklich eurer Macht über euch selbst so sehr abgesprochen, daß euch nicht einmal mehr bewußt ist, daß ihr umherlaufende Zombies seid.

Diejenigen, die für euer Elend verantwortlich sind, glauben von sich selbst, so viel besser zu sein als ihr, doch ihre Dunkelheit beschert ihnen endlose Schwierigkeiten. Ihr müßt beginnen, diese Wunden zu heilen. Eure Fähigkeiten des Mitgefühls und Vergebens müssen ein Verständnis der Existenz aufbringen, das über die Ebene der gewöhnlichen dreidimensionalen Belange hinausreicht und zur Erkenntnis führt, daß dieser Machtmißbrauch im Buch der Erde schon immer das vorherrschende Thema war. Der Heilungsprozeß muß tief und profund sein. In diesem Prozeß werdet ihr idealerweise zu eurer Macht finden und eure verwundeten Führer heilen – und sie sind wirklich schwer verwundet. Einige werden sich selbst heilen, andere werden ihre Scham offen aussprechen, und nachdem ihre Dunkelheit enthüllt worden ist, werden sie sich zu großen Führern entwickeln. Die meisten von ihnen werden jedoch ihren eigenen Untergang herbeiführen, und ihr werdet anschließend die astralen Ebenen von ihren vergifteten Formen reinigen müssen.

Ihr werdet diejenigen, die ihre alten Bräuche lebendig gehalten haben, die die Lehren der Vorfahren von den Mysterien und der Geisteswelt übernommen haben, dazu aufrufen müssen, die Bedeutung der Balance zwischen Licht und Dunkel zu erkennen, wie auch die Bedeutung der vier Himmelsrichtungen, der Elemente und der reinigenden Rituale und Übungen, die euch überliefert wurden. Dies ist eine der hervorstechendsten Herausforderungen für euch: zu lernen, wie mit Wesen umzugehen ist, die ihr nicht sehen könnt, die weitaus machtvoller sind, als ihr jemals dachtet, und von diesen Wesen eure Selbstmacht zurückzuverlangen. Es sind also die Reptilwesen, die der Heilung bedürfen, um die Schwingung der Liebe wieder als Grundlage ihrer Existenz zu verankern. Wir behaupten nicht, daß sämtliche reptilischen Energien sich wild wuchernd auf das Böse hinbewegen, wie es auch unfair wäre, gleiches von den Menschen zu behaupten, doch wenn es an Information über beide Gruppen mangeln würde, könnte dieser Eindruck entstehen. Wir sind uns bewußt, daß es eine Menge Menschen guten Willens gibt, und nun ist es an der Zeit zu erwachen, denn sie tragen die Codes in sich, die sie zu den Prüfungen ihrer Selbstmacht führen werden.

Als plejadische Reisende und Zeitspringer, die sich selbst kennen- und erforschen lernen wollen, haben wir sehr wohl einen Blick in die dunkelsten Kapitel des größeren Buchs der Existenz geworfen und dabei gesehen, daß sich diese Prüfungen immer wiederholen. An jeder Stelle erschienen sie auf andere Weise, und doch waren sie alle gleich. Perversitäten, Energien, die anderen auf deren Kosten und zu deren Schaden abgezogen werden – dies ist der Stoff, aus dem Trennung gefertigt wird. Gewöhnlich sind die feineren Sinneskanäle eures Körpers, mit denen ihr Zugang zu höheren, leichteren, ekstatischen Frequenzen habt, verschlossen, abgesperrt und mit »Kein Zutritt«-Schildern versehen. Die Wesen, die sich dadurch von anderen nähren, daß sie ihnen Schaden zufügen, egal ob Mensch oder Multidimensionaler, versorgen ihre Energiefelder durch einen eng begrenzten Kanal, durch den ihnen die Energie nicht so frei zufließen kann. Infolgedessen sind sie bestrebt, um so mehr Energie heranzuziehen, und das gewöhnlich auf gewaltsame Weise. Diejenigen, die anderen schaden, sind selbst energetisch ausgehungert. Warum? Weil es ihnen an Liebe mangelt und sie sich nicht mit dem Leben verbunden, sondern von ihm abgeschnitten fühlen. Ohne Liebe lauft ihr herum wie Untote oder Zombies.

Dies sind vielleicht nicht gerade erbauliche Vorstellungen, die ihr da über euch selbst vermittelt bekommt, doch sagen wir all dies nicht, um über euch ein Urteil zu fällen. Wir sehen die Erde und ihre Zyklen als Energieflüsse. Unsere Absicht ist, euch wissen zu lassen, wer ihr seid, euch als Spiegel zu dienen und die

Suche zu dokumentieren, auf die ihr euch als Menschheit begeben habt. Es ist schwieriger, einen Berg hochzukraxeln, als auf einer Ebene zu verweilen und einen Blick zurückwerfen zu können. Doch beim Besteigen eines Berges ergeben sich Möglichkeiten, einmal aus dieser, ein anderes Mal aus jener Höhe einen Blick rundum zu werfen und die Dinge neu einzuschätzen. Jetzt gerade befindet ihr euch allerdings noch in den niederen Sumpfgebieten der Erde. Es gibt zwar schönere Orte und bessere Zeiten zu besuchen, doch erst einmal muß das Sumpfgebiet durchdrungen werden. Die Energien des dunkelsten Dunkels müssen zunächst einmal anerkannt werden, bevor ihr entscheiden könnt, was ihr mit dem Sumpfgebiet anstellen wollt. Was machten die alten Götter mit dem Sumpfgebiet Mesopotamien? Sie legten es trocken und schufen fruchtbares Land.

Viele schöpferische Möglichkeiten stehen euch zur Wahl, doch die wichtigste von ihnen ist zur jetzigen Zeit die Konzentration auf Heilung. Größere Unruhen können zu Revolutionen, Aufruhr, Anarchie und Rachegelüsten führen, und viele Führer werden aus ihren Ländern fliehen. Dies ist in sich selbst ein Zeichen. Die Menschheit wird ihre Stimme finden. Die Vereinigten Staaten von Amerika haben, wie jedes andere Land auch, ihr eigenes Schicksal. Egal, wo ihr euch auf diesem Planeten befindet und welches Blut in euren Adern fließt: Erlangt eure Würde zurück und seid stolz darauf, ein Mensch zu sein. Schließt euch als ein großes Kollektiv menschlicher Wesen zusammen – vielleicht ist es dieser Stolz, ein menschliches Wesen vom Planeten Erde zu sein, der euch in eurem kollektiven Leben fehlt. Wir meinen hier nicht den überheblichen Stolz, sondern einen, der euer Herz öffnet und euch mit der Einheit verbindet. Wenn dies geschieht, fügt ihr eurem Leben und eurem jetzigen Kapitel des Buchs der Erde die Qualitäten von Sinn, Zweck und Bedeutung zu.

Energien in allen Formen und Größen fließen zu euch hinein, doch es scheint, als ob die Reptilien derzeit die größte Herausforderung darstellen, denn sie sind die Herrscher hinter den Kulissen. Besonders im Welt-Management-Team sind sie vorherrschend, aber auch in anderen Strukturen, die ihr verehrt, besonders in solchen religiöser Natur. Sie fordern ihre Teilnehmer zu bedeutungslosen Ritualen auf und bringen anderen bei, gleiches zu tun. Solltet ihr an irgendeinem Ritual teilnehmen, dann macht es zu eurem eigenen oder stellt zumindest sicher, daß ihr versteht, was sich da abspielt. Es ist nämlich einfach, euch eure Energien abzuziehen, indem man euch Hallelujas, Amens und andere Gebetsformeln daherpredigen läßt, ohne daß ihr wirklich durchschaut, wen oder was ihr da eigentlich herbeiruft. Die großen Weltreligionen werden in sich zusammenfallen, genau wie die alten Geschichtsbücher fortgeworfen werden.

Die Sichtungen ungewöhnlicher Himmelserscheinungen werden sich fortsetzen – Lichtblitze, Feuerbälle, Kometen, seltsames Himmelsleuchten und andere bizarre Phänomene. Wir möchten euch nochmals daran erinnern: Ohne die Dunkelheit wärt ihr nicht imstande, dieses Lichtspiel zu sehen. Die kosmischen Frequenzen beinhalten viele Erfahrungsschichten und Pläne. Vielleicht fragt ihr euch: »Sind diese Sichtungen natürliche oder künstliche Phänomene?« Nun, der Schöpfer wohnt allem inne – gibt es also so etwas wie »Natürliches« und »Künstliches«? Ist denn nicht alles mit allem verbunden? Die Frequenzkontrolle über euer Bewußtsein wird zum zentralen Thema auf eurem Planeten werden: wie das Fernsehen euch bestimmte Visionen bietet, wie Computer, Musik, Filme und unsichtbare Mikrowellenausstrahlungen eure Gedanken- und Lebensmuster beeinflussen. Bewußtseinskontrolle wird als die ultimative Auseinandersetzung mit dem Dunkel angesehen werden.

Wenn die Herrscher der Welt ihre Wunden zeigen und ihre Geschichten erzählen und ihr von Land zu Land ähnliche Muster beobachten könnt, werdet ihr euch fragen, wie dies zustande kommen konnte. Die Dunkelheit wird zunehmen, und schließlich werdet ihr den dreidimensionalen Plan einsehen können, wie das menschliche Denken entworfen, programmiert und unterteilt wurde, als wenn ihr in einzelne Zellen unterteilt worden wärt, jede ein Individuum für sich. Diejenigen, deren Plan die Kontrolle eurer Frequenzen beinhaltet, würden diese Zellen lieber ohne Verbindung zueinander sehen, ohne Bewußtsein über ein Zusammenwirken, nicht mal bewußt, daß Trennung vorliegt. Weil ihr euch von euren eigenen Kindern trennt, von eurer sexuellen Kraft, eurem Wunsch nach Wissen um eure Macht und voneinander, liefert ihr der Trennung in eurem Geiste einen fruchtbaren Boden. Bewußtseinskontrolle ist nichts Neues. Vielleicht ist der Begriff »Frequenzkontrolle« neu für euch, doch Bewußtseinskontrolle ist ein ganz alter Hut. Wenn ihr herausfindet, wie euer Geist durch offene oder versteckte Operationen auf eurer Welt kontrolliert wird, werdet ihr schließlich die Kontrolle zu verstehen beginnen, die durch die Dimensionen hindurch auf euch einwirkt, und welchen Mächten und okkulten Einflüssen ihr euch wirklich gegenüberstellt.

Die Bücher der Alten werden für euch mehr Aussagekraft haben, wenn ihr deren Bedeutung nicht vorwegnehmt und mißinterpretiert. Diese Bücher erwähnen das Eintreffen von Wesen aus höheren Sphären und beinhalten viele Schlüssel in bezug darauf, was euch erwarten wird. Wenn ihr das Dunkle mit all seiner ehrfurchtgebietenden Macht aufdeckt, werdet ihr die Vorboten göttlicher Macht vernehmen. Es ist *eine* Sache der ganzen Geschichte, die pervertierten Praktiken und Bewußtseinskontroll-Aktivitäten eurer Weltherrscher zu konfrontieren, aufzustehen und Rückkehr zu integrem Verhalten zu fordern – und doch gleichzeitig Liebe und Mitgefühl zu empfinden für das, was ihr in Wirklichkeit beseitigen wollt. Es ist jedoch in der Tat für euch eine *andere* Sache, diesem Ganzen gegenüberzustehen – wie David einstmals vor Goliath – und die Wesenheiten zu verstehen, die diese seelisch schwer verwundeten Weltherrscher wirklich sind. All jene in gehobenen Positionen werden sich dabei wiederfinden, wie sie ihre Macht an die Massen abgeben, so daß ihr eure eigene Macht zurückerlangen könnt.

Die Lehren der dunklen Seite zeigen euch die Fallen, die es zu meiden gilt, wenn ihr eure Macht zurückerhaltet. Diejenigen an der Macht, die bereit sind, sich jetzt zu offenbaren, werden ihre eigene Bühne vorfinden und der Welt eine neue Lehre widerspiegeln – besonders solche, die im Rampenlicht des öffentlichen Interesses stehen. Niemand ist je ein Opfer, auch wenn eure Eroberer euch dies gern glauben machen möchten. Wie hätten sie euch sonst erobern können? In den Großen Büchern finden sich nirgendwo Opfer – nur solche, die vergessen haben, daß sie Schöpfer sind, Angst als Weg wählten, die Liebe vergaßen und sich abtrennten. Es ist immer dieselbe Geschichte, nur mit verschiedenen Spielern. Und im größeren Gesamtbild ist es tatsächlich dieselbe Geschichte mit *denselben* Spielern, immer wieder.

Wir bitten euch, mit all eurem Mut das Dunkle zu wecken, das darauf wartet, geheilt zu werden. Als Lichtfamilie bitten wir euch, mit Liebe und Mut einen Aufruf ergehen zu lassen: »Dunkel, Machtmißbrauch, Gewalt und Perversion: Es ist an der Zeit, daß ihr hervortretet. Wenn ihr das tut, ist euch Heilung gewiß. Also tritt hervor, Dunkel, so daß die Welt dich kennenlernt – und dann werden wir alle das Licht erkennen und uns mit Freude wiedervereinen.« Dies ist ein großmütiger Aufruf und bedeutet nicht, daß das Dunkle euer Leben übernehmen wird. Euer Aufruf gilt der Heilung des Dunkels und des Energiemißbrauchs, so daß alle Menschen ihre Sexualität mit Liebe zum Ausdruck bringen können, Kinder respektiert werden und eine ehrliche Möglichkeit haben, ihre eigenen sexuellen Erfahrungen zu machen, ohne daß ihnen diese in Form von ritueller Vergewaltigung und Perversion aufgezwungen werden.

Genau in diesem tiefsten Inneren eures regenerativen Selbst, eurer Sexualität und ihren Organen, liegen die Hauptprobleme, so dunkel und geheim, daß sich niemand traut, sie zu erwähnen. Doch sie müssen enthüllt werden. Die Macht über eure eigene Sexualität und Sexualorgane zu verlieren ist gleichbedeutend mit dem Aufgeben eurer inneren Macht über das Leben. Mit Macht meinen wir hier ein Gefühl des Verbundenseins und der Verantwortlichkeit, eine Reife, die sich im Wissen äußert, wann ihr euch sexuell ausdrücken solltet und wann nicht. Es äußert sich auch im Wissen, daß der Geschlechtsakt die höchste Form der Vereinigung darstellt und daß die Lebensschöpfung selbst ein Akt der Vereinigung ist. Deshalb wird Klonen auch nie dasselbe erreichen; es ist kein Akt der Vereinigung, kein geistig beseelter Prozeß. Ihr seid einzigartige biologische Wesen, und, wie schon gesagt, die Götter haben alles, was sie hatten, das Beste vom Besten, in euch hineingesteckt. Ihr erschafft das außergewöhnlichste Licht von allen. Und indem ihr eure Sexualität, eure Genitalien und eure biologische Substanz wieder ehrt und wertschätzt und euch selbst heilt, wird das euch innewohnende Potential wieder aktiviert.

Und so möchten wir euch nochmals bitten, einen Blick auf euer Leben zu werfen. Was habt ihr unternommen, um Frieden zu schaffen, um ein Lebensziel zu finden, um das hinauszuwerfen, was ihr nicht mehr braucht, und euch von der Last eures eigenen Urteils über eure Taten zu befreien? Was habt ihr gelernt – als menschliche Wesen in diesem und in anderen Leben, als Vorfahren, als multidimensionale Wesen? Setzt euch Werte, die euch bei den nächsten Wachstumsstufen helfen, die alles in euch vereinigen und an den nächsthöheren Ort führen. Schließt Frieden mit euren Sexualorganen, denn sie sind der Ursprung allen Lebens. Ob ihr Kinder habt oder nicht: Ihr könnt der Urquell des Lebens sein, und ihr seid nun herausgefordert, dies umzusetzen und beizubehalten. Wenn ihr eurer Sexualität den ihr entsprechenden Wert beimeßt, könnt ihr vielleicht die Frequenz der gesamten Menschheit neu bestimmen und den neuen Kindern einen Lebensraum bieten; für sie muß gewährleistet sein, daß sie als letztendliche Quelle des Menschengeschlechts willkommen geheißen werden. Wenn ihr nur selbst diese Garantie erhalten hättet – geboren als ultimative Quelle! Manchmal nehmt ihr selbst das Geschenk eures eigenen Vermächtnisses nicht an.

Erhöht eure Frequenz jetzt aus eurem innersten sexuellen Selbst heraus, aus eurer Identität als Mann oder Frau, und seht dies als Grundlage für euer Wachstum. Löst euch aus allen

Verwirrungen. Sucht nach dem, was euren Wert erkennt. Legt alle Perversionen, alle Verzerrungen und alles ab, was der menschlichen Ehre schadet. Erkennt, daß die, die euch verwirren, ihre eigene Verwirrung dramatisieren und ihr eure eigene Klarheit habt. Die Verwirrung über die Geschlechter wird noch zunehmen; Männer, die als Frauen auftreten und umgekehrt, überzeugt, daß dies Zeiten der Androgynität sind. Uns scheint es, als ob ihr in eurem Inneren nach Ausgleich, nach euch selbst sucht, und doch ist nichts genauso, wie es scheint. Strebt nach Ganzheit, Gesundheit, Vernunft; strebt nach Verstehen des Dunklen und bittet den Treuhänder, euren Vertrauensmann, nach Führung auf dem Weg durch das Dunkel hindurch. Und vor allem: Versucht, eure eigene Sexualität zu verstehen, sie nur über die Liebe auszudrücken, denn Sex ohne Liebe ist wahrlich nicht die Erfahrung wert. Jeder von euch muß zu diesem Schluß kommen und für sich selbst Maßstäbe setzen; dann werdet ihr vielleicht eine neue Erdbevölkerung schaffen und ein vollkommen neues Vermächtnis hinterlassen, welches den Schöpfungsakt verehrt.

Eure Kreativität und Macht endet in dem Moment, wo die Angst auf den Plan tritt. Es gilt, die Angst zu konfrontieren, denn ihr müßt die Macht erkennen, die die Angst über euch hat und diese Macht zu eurer eigenen machen, indem ihr die Angst schrittweise umwandelt, wie es die alten Alchemisten mit Materie durch ihre Formeln und Verfahren taten. Dies ist in der jetzigen Zeit eine enorme Aufgabe, doch die Möglichkeit, damit erfolgreich zu sein, besteht. Im Buch der Erde wurden die Zeitlinien nicht gestrichen; sie sind da, und ihr könnt sie finden, also sucht nach ihnen. Wenn ihr zu Bett geht, benutzt eure Willenskraft, um in euren Träumen zu reisen. Wenn ihr euch unter euren Freunden und Familienmitgliedern umschaut, denkt daran, daß sie alle durch dieselben Prüfungen wie ihr gehen; vielleicht drücken sie ihre Erfahrungen anders aus als ihr, doch ihr alle spürt nun die gleiche Lebensintensität. Entdeckt also eure Gemeinsamkeiten und strebt nach Liebe.

KAPITEL 9

Das Geschenk, auf das die Götter warten

Während der ganzen Zeit unserer gemeinsamen Reise haben wir immer wieder den mehrdeutigen Begriff »Vorfahren« für die Gruppe von Wesen benutzt, die, wie ihr erfahren habt, in allen Richtungen existieren: durch eure Blutlinie wie auch durch die Dimensionen hindurch. Dies umfaßt also nicht nur die euch vorangegangenen Generationen, sondern alle Realitätsebenen, denn ihr seid Wesen, die wie Sonnenstrahlen aus allen Ecken hervorbrechen und Teil einer Bewußtseinsexpansion darstellen, die ihr nun auch selbst spürt. Die geistige Welt ist unermeßlich groß, und unzählige Wesen können sich euch durch all die unsichtbaren Bereiche hindurch nähern.

Im Fische-Zeitalter betrachtete man die geistige Welt als unsichtbar, was jedoch nicht hieß, daß sie nicht existierte, denn eure Vorfahren spürten, jeder auf seine Weise, ihre Kraft. Nun konzentriert euch, ohne Geheimnisse, Mysterien oder Wunderdinge, einfach auf das elektromagnetische Spektrum, eure Interpretation der Lichtfrequenzen. Seht, wie ihr euch entlang diesem Spektrum ausweitet und von einem Punkt zu einem anderen springt, wie es eure Vorfahren auch taten. Die von euch angestrebte Bewußtseinserweiterung fordert euch auf, Frequenzen einzunehmen, die den mysteriösen Wesen der unsichtbaren

Welt ähnlich sind. Wenn ihr lernt, wo sich bestimmte Wesen im Frequenzspektrum aufhalten und daß ihr sie gewissermaßen »anrufen« könnt, werdet ihr eine völlig neue Vorstellung vom Begriff »Religion« erlangen.

Eure Vorfahren waren nicht immer imstande, ihre Erfahrungen mit Sprüngen in andere Dimensionen oder die Tatsache, daß Wesenheiten aus anderen Dimensionen sich in ihrer Realität einfanden, in Worte zu kleiden. Beides kann stattfinden. Alte Schriften, vor allem das Buch, das ihr als die Bibel bezeichnet, aber auch andere geheime Manuskripte, enthalten Hinweise und wundersame Geschichten über solche für euch gegenwärtig unerklärlichen Zusammenkünfte vor langer Zeit. Es wurde viel spekuliert, da eure Historiker diesen Geschehnissen nicht direkt beigewohnt hatten, und so entwarfen die Geschichtsschreiber ihre eigenen Deutungen, um die unsichtbare Geisteswelt nachvollziehen zu können.

Ihr seid nun aufgerufen, eure grundlegenden philosophischen Ansätze und Glaubenssysteme zu überdenken und wohlwollend zu berücksichtigen, daß die Deuter damaliger Geschehnisse ihr Bestes gegeben haben. Doch heute kontrolliert das Welt-Management-Team den Informationsfluß auf dieser Ebene; wenn ihr also die Wahrheit wissen wollt, müßt ihr tiefer graben, die »politisch annehmbaren« Glaubenssysteme außer acht lassen und euer Vertrauen in diese Institutionen in Frage stellen. Religionen haben schon immer versucht, den Massen das Unerklärliche zu erklären und sie auf diese Weise zu kontrollieren, und im Buch der Erde konnten wir sehen, daß ihr dieser Versicherung bedurftet. Ihr mögt Lehrer und Mentoren, an die ihr euch in eurer Unschuld wenden könnt und denen ihr eure Fragen zum Wesen des Geistes, den großen Mysterien und den sie verkörpernden Wesen stellen könnt. Und nun wißt ihr, daß ihr solch einen Mentor habt; fragt also euren Treuhänder, der euren Interessen dienen und euch den Weg zeigen wird – ihr könnt ihm vertrauen.

Auf eurem Weg der Bewußtseinserweiterung über die flache

Welt hinaus werdet ihr all eure Glaubenssysteme hinterfragen müssen; selbst die unter euch, die hier schon weit vorgedrungen sind, werden aufgefordert weiterzugehen. Das Reich des Geistes, das Haus der Mysterien und eures großen Erbes ruft euch nun zu sich. Sehr bald werdet ihr entdecken, daß dieses angeblich unsichtbare Reich sehr wohl sichtbar ist. Wenn ihr eure weiteren Lebenslektionen lernt, seid euch klar, daß euer Treuhänder Episoden in euer Lebensbuch schreibt, die ihr selbst dort vielleicht nicht hineingeschrieben hättet, und daß euch dies mit plötzlichen, überraschenden und sogar schockierenden Veränderungen konfrontiert, die ihr selbst nie gewählt hättet. Doch mit wachsendem Verständnis des Lebensziels werdet ihr feststellen, daß tatsächlich ihr selbst es wart, die diese Episoden verfaßt haben, um als Pioniere einen neuen Weg des Lebens zu beschreiten.

Um überhaupt mit uns so weit bis an diesen Punkt zu reisen, müßt ihr euch als Pioniere auffassen. Obwohl nun sechs Milliarden Götter erwachen, wird der Prozeß zunächst nur einige betreffen, doch dann wird sich die Energie über alle Wesen ergießen, wie die Sonnenstrahlen, die langsam alles in Licht tauchen. Es ist Zeit, aufwärts zu klettern zu den Höhen eurer eigenen Existenz, wo ihr bereits wißt, daß eure Bestimmung ist zu leben, zu erleben und zu entdecken, daß der Geist euch nicht vergessen hat. Das Leben steckt voller Bedeutungen – wenn ihr sie nur erkennen könntet! Eine äußerst lebendige Intelligenz umgibt euch im Äther und ermutigt euch dazu, dem Weg dieser Reise weiter und weiter zu folgen. Wenn ihr einmal das Sumpfgebiet der Schwierigkeiten erkannt und euren Ängsten ins Auge gesehen habt, erscheint in der Entfernung ein Gipfel, ein majestätischer Berg, der euch ruft. Falls ihr euch fragt, wie ihr jemals seinen Gipfel erklimmen werdet: Ihr nehmt einfach einen Schritt nach dem anderen. Ihr seid durch Sumpfgebiet und dunkles Terrain gezogen, das all jenes, wovor ihr euch gefürchtet habt, in sich barg, und vielleicht habt ihr dabei gemerkt, daß es im nachhinein doch nicht so schlimm war. Die Lektion beim Durchqueren solch dunkler Bereiche ist, daß das Licht des Vertrauens euch immer leuchtet und erhält, so daß ihr nun die Möglichkeit habt, den Anstieg zum Gipfel in Angriff zu nehmen, von wo aus sich euch neue Aussichten des Verstehens für euch auftun werden.

Stellt euch vor, wie sechs Milliarden Götter erwachen, jeder von ihnen mit Vorfahren, die mit euch in Verbindung stehen, so als wärt ihr die Nabe eines Rades mit vielen Speichen. Alles im Leben ist auf bedeutsame Weise miteinander verbunden. Ihr klettert den Berg, der euch zu seinem Gipfel ruft, nicht allein hinauf. Ihr klettert gemeinsam – ihr und euer multidimensionales Selbst. Der Energieschub, den ihr jetzt erfahrt, hat zur Absicht, euch ins Heim des Geistes zu führen, wo ihr mit eurem angesammelten Wissen über eure Erfahrungen reflektieren werdet und vom Gipfel einen Blick auf euren eigentlichen Daseinsgrund werfen könnt. Die Schwingung des Vertrauens, die ihr beim Durchqueren der dunklen Bereiche erlangt habt, ist eure Belohnung. Nutzt sie, um die dunkle Energie, die der Liebe und Heilung bedarf, mit euch zum Gipfel zu nehmen. Dieser Akt inneren Ausgleichs ist im wesentlichen eine spirituelle Frage und verbindet euch mit den Göttern, so als hätten sie euch ein Telegramm geschickt: »Wir rufen euch nun wieder nach Hause. Kommt zurück und bringt uns all die Geschichten über eure Taten mit, denn ihr seid weit herumgekommen in eurer Neudeutung des Lebens. Wir würden uns freuen zu hören, was ihr erfahren habt und wonach ihr an diesem Punkt eurer Initiation nun sucht.« Ihr, liebe Freunde, befindet euch in einer globalen Initiation, und sobald diese vollzogen ist, werdet ihr hinausgehen, um den Weg zu weisen, um andere in diesem neuen Gebiet des Denkens, dessen Pioniere ihr gewesen seid, zu unterweisen; doch hier und jetzt seid ihr noch im Begriff, den Berggipfel zu erklimmen, einen Schritt nach dem anderen.

Euer Leben steht in Wechselwirkung mit dem vieler anderer, doch da ihr nur einen kleinen Ausschnitt des Spektrums der Existenz wahrnehmt, versteht ihr nicht immer die Vielschichtigkeit eurer Dramen, die den Anschein erwecken können, sie wären isoliert und nur auf euch allein zugeschnitten. Denkt daran, daß Erziehungssysteme auf Trennung und Isolation aufgebaut wurden: Isolation in bezug auf euch selbst und Trennung von anderen. Indem ihr euer körperliches, emotionales, mentales und spirituelles Selbst integriert, verbindet ihr euch mit dem Heim des Geistes; seid euch auch klar darüber, daß den euch umgebenden Spielern in diesem Drama Ähnliches widerfährt. Die dreidimensionale Erfahrung bietet eine einzigartige Möglichkeit. Ihr seid mit vielen anderen Wesen verbunden, und die Lektionen und Dramen des Lebens, die ihnen widerfahren, verlaufen zu einem bestimmten Grade parallel zu euren, doch eure Erfahrungen in der dritten Dimension schlagen Wellen, die noch außerhalb davon spürbar sind. Ihr seid der Punkt aller Konzentration in der Zeit aufgrund des Schicksals der Erde und dessen, was sich hier abspielt. Wir nennen dies manchmal »die Große Kosmische Show«, der unsagbar kurze Moment zwischen den Jahren 1987 und 2012, in dem ihr euch aus tiefster Dichte hinaufschwingt zu den höchsten aller Frequenzen, wo eure dreidimensionale Erfahrung zum sich öffnenden Fächer des gesamten elektromagnetischen Spektrums wird.

Eine weitere einzigartige Fähigkeit, die ihr habt, ist, daß ihr auf sehr grundlegende Weise Dinge manifestieren könnt, wozu andere nicht imstande sind. Ihr lebt in einem äußerst dichten Aspekt der Existenz, und doch fließen euch fortlaufend höherfrequente Energien zu, die auf unmittelbarer Gedankenübertragung beruhen. Dies bedeutet nicht, daß höherfrequente Energie etwas Besseres sei; es ist mehr ein Bezugspunkt, so wie die Noten einer Tonskala benutzt werden, um die Schwingungen hörbarer Töne zu beschreiben, wie sie innerhalb eines bestimmten Zeitabschnitts erklingen. Je tiefer die Frequenz, desto langsamer erfolgt die Schwingung innerhalb eines parallelen oder ähnlichen Zeitabschnitts. Wenn ihr allerdings in der dreidimensionalen Welt schneller schwingt, könnt ihr viele weitere Realitäten umspannen und Zugang zu euren inneren Heilfähigkeiten erlangen.

Im allgemeinen lebt ihr nicht allzulang, gewöhnlich höchstens zehn Jahrzehnte; eure Vorfahren lebten jedoch manchmal Tausende von Jahren, wie in den alten Büchern verzeichnet. Eure Vorfahren waren Abkömmlinge des Himmels, und, welche Spur zu ihnen ihr auch zurückverfolgt, ihr werdet entdecken, daß sie reptilischer Natur waren. Es gibt noch zahlreiche andere Intelligenzformen, die in dieses »Labor« kommen und wieder gehen und ihre Aufzeichnungen und Protokolle über den Umgang mit menschlichen Wesen zur Verfügung stellen. Zu eurer Erinnerung: Ihr könnt mittels Schwingungen gewandelt und »justiert« werden, denn alles ist Schwingung, und euer Leben in der dritten Dimension sieht sich der Herausforderung der Bewußtseinskontrolle gegenüber, die mit ihren Technologien jeden Aspekt eures Lebens beeinflussen kann. Auch andere für euch unsichtbare Wesen können euch mittels Frequenzmodulation aus ihrer Dimension heraus beeinflussen, indem sie euch schwingungsmäßig auf Zellebene einstimmen. Kometen, die Sonne und der Mond sind Träger von Frequenzen, die euch auf bestimmte Weise modulieren und die DNS in den Zellen eures Körpers und euer Bewußtseinswachstum steuern.

Das Ziel des Lebens ist Wachstum; die Angst, die euch auf eurem Weg begegnet, egal in welcher Form, ist eure Version des Dunkels. Die kollektive globale Angst hat mit der Verantwortung für das eigene Leben zu tun; also übertragt ihr anderen die Macht, Entscheidungen zu treffen; und um euren Erwartungen gerecht zu werden, haben sie die dunkle Seite der Machtausübung gewählt. Dies ist Teil der verborgenen heilbedürftigen Wunde, die ihr mit euch zum Berggipfel tragt. Auf die eine oder andere Art seht ihr ein Familienmitglied, einen Freund oder euch selbst, wie ihr mit der Aufgabe der Wundheilung des menschlichen Geistes konfrontiert seid; ein Prozeß, der durch die Weiten der Zeit und der menschlichen Psyche seine Auswirkungen und mit Trennung sowie mit Isolation zu tun hat. Denkt einen Moment darüber nach. Ihr seid zum jetzigen Zeitpunkt vollkommen abgetrennt von der Majestät des Geistes, die euch überall umgibt; aber die über euch ausgebreitete Decke wird nun gelüftet, um eure Lebendigkeit zum Vorschein zu bringen – und dieser Prozeß läßt sich nun nicht mehr aufhalten.

Helft euch selbst und euren Liebsten mit dem Wissen, das wir mit euch teilen, um die Wunden der menschlichen Psyche zu heilen. Fühlt euch ermutigt, aus ihren Verwundungen, wie sie euer Leben – und das anderer – widerspiegeln zu lernen, was das Ziel des Lebens betrifft. Wenn ihr mit diesem Wissen über das Leben und seine Wege der Wandlungen reflektiert, werdet ihr die verborgene Bedeutung und Botschaft der kollektiven Wunde der Menschheit entdecken. Diese Erkenntnis werdet ihr mit zu den höchsten Punkten tragen. Und wenn ihr auf den Gipfeln des Schicksals die dort existierenden Möglichkeiten entdeckt, werdet ihr ins Tal zurückkehren, um eure Einsichten und Erkenntnisse mit den Menschen zu teilen, die dort noch wohnen, und um sie zu ermutigen, selbst gleichfalls den Berg zu besteigen. Und so setzt sich die Reise fort, denn ihr seid Wegführer zu vielen Frequenzbereichen. Die Fähigkeit, Angst umzuwandeln, indem ihr ihren Zweck und ihre tiefere Bedeutung auf persönlicher, kommunaler, globaler und galaktischer Ebene erkennt, ist eine weitere Lektion, die zu lernen ihr hierhergekommen seid.

Die Götter, die im elektromagnetischen Spektrum umher- und dabei in eure Welt gesprungen sind und ihre Spuren hinterlassen haben, warten auf etwas von euch und sind sich dessen nicht einmal unbedingt bewußt. Obgleich ihr diese Wesen als allwissend betrachten mögt, solltet ihr euch klar sein, daß sie nicht so anders sind als ihr. Sie haben jedoch ihre eigene Perspektive der Existenz. Die Heimat der Götter ist nicht unbedingt ein Ort voller Wissen und Wohlwollen und auch nicht so wundersam, wie ihr vielleicht glaubt. Ihre Wissenschaft, die ihr noch ergründen müßt, ist allerdings eine andere. Eure Wissenschaft basiert auf Nachweisbarem und Wiederholbarem, auf einer Anhäufung von Theorien, die, immer wieder nachvollzogen und kopiert, zu grundlegenden Prinzipien werden. Viele Wissenschaftler eurer Welt, z. B. Mendel mit seinen Entdeckungen im Bereich der Vererbung oder Kepler mit seinen astronomischen und astrologischen Studien, haben als Pioniere neue Interpretationen der Realität geliefert. Heutzutage würden alle Wissenschaftler, die alten und die neuen, mit Ehrfurcht und Bescheidenheit auf die umwälzende Neudeutung der Realität reagieren, die herbeizuführen ihr nun herausgefordert seid. Je mehr ihr euch dem Ende dieses so kurzen Moments bis zum Jahre 2012 nähert, desto mehr werdet ihr spüren, wie die Lektionen über die Realität als Spiegel und die Tatsache, daß das Eine nicht vom Ganzen getrennt werden kann, sich in ihrer Aufeinanderfolge drastisch beschleunigen. Theorien, Ansätze, Prinzipien – sie alle werden nacheinander verworfen, und ständig werden neue Ideen geboren und simultan auf alle übertragen, so daß ihr sie alle wie Entdecker des Lichts sofort aufnehmen könnt.

Es ist weise zu fragen, was die Quelle dieser Übertragung ist. Wie wir bereits sagten: Die Götter hatten ihre Versorgungslinien und Depots angelegt – mit Material, auf das sie im Falle einer Belagerung oder Strandung irgendwo in den Weiten der Zeit zurückgreifen konnten. Auf vielerlei Weise sind die Götter jetzt gerade gefangen und wissen nicht, wie sie sich aus der gegenwärtigen Position wieder herausbewegen können. Ihre Wahrnehmung der Realität ist eine viel weiterreichende Erfahrung als eure. Sie springen mit einem Frequenzknopfdruck zwischen Zeitgefügen hin und her und erscheinen als Menschen in allen Bereichen des Lebens – als Führer eines Landes, Filmstars oder Sportler. Und doch tragen sie nicht die Wesensmerkmale einer Geburt aus einem Geschlechtsakt, dieser sexuellen Eigendynamik, dieser Verbindung aus physischem, emotionalem, mentalem und spirituellem Körper, die euer Leben erschafft, denn die sexuelle Vereinigung zweier Körper, die mit ihrer besonderen Schwingung neues Leben willkommen heißt, gestattet euch, eine Bandbreite des Lebens zu erfahren, einen Gesichtspunkt einzunehmen, der Wesen, die nicht aus einer sexuellen Vereinigung hervorgegangen sind, immer verschlossen bleibt.

Wir legen euch nahe, über das, was ihr seid, zu reflektieren, so daß ihr neue Möglichkeiten ins Buch der Erde einbringen könnt, die auf erhöhter Lernfähigkeit und der Transzendenz begrenzten Denkens beruhen sowie eure Lektionen in kleine Kostbarkeiten des Lebens verwandeln. Ihr wurdet geboren, um das gesamte Spektrum der Frequenzen von der tiefsten und dichtesten bis zur höchsten zu erleben, und dies wußten die Götter, als sie ihre Erfahrungen und ihr Wissen hierherbrachten. Sie leben sehr lange Zeit, und manchmal leben sie mit all ihren Lektionen, Ängsten, Schmerzen und sich wiederholenden Zyklen viel länger, als ihr euch ausmalen könnt. Eure Ängste und emotionalen Wechselwirkungen mögen intensiver erscheinen als ihre; doch viele der Wesen, die ihr als Götter bezeichnet, leben Zeitspannen, die immens sind. Sie wurden zu Gefangenen ihres eigenen Geistes und ihrer Traumata. Je mehr sich eure Wahrnehmungen für paranormale Erfahrungen und andere Welten öffnen, desto höher wird die Anzahl von verschiedenen Intelligenzformen, die dann erscheinen. Die Götter, die Multidimensionalen, sind mit euch verbunden, und nicht nur ihr sendet Nachrichten an sie – sie tun es umgekehrt auch in eure Richtung.

Die Angst, die ihr mit auf den Berggipfel tragt, hat weitaus mehr Bedeutung als ihr glaubt. Mit dem, was ihr zur Zeit glaubt, ist nichts verkehrt; ihr werdet aber mit der Zeit auch merken, wie die Bedeutungen neue Größenordnungen annehmen. Ihr erledigt eine Aufgabe – jedoch nicht nur für euch selbst, sondern auch für Wesen in anderen Dimensionen, und sie senden euch über euren Treuhänder ihre Lösungen, die sie selbst nicht umsetzen können, da das Ausmaß an Veränderung in ihrer Realitätsform nicht so leicht für sie zu bewerkstelligen ist wie für euch in eurer. Ihr seid die Agenten des Wandels, und diese Fähigkeit zur Wandlung ist nun wieder eure, über die ihr euch freuen könnt, wenn ihr euch selbst zeigt, daß sich mit Vertrauen und Lernbereitschaft alles harmonisch entfaltet. Es gibt keine bösen Lektionen, doch es macht euch Angst, das Dunkle zu ergründen, und weil ihr es nie studiert, hängt ihr dem, wovor ihr euch fürchtet und was ihr nicht versteht, den Makel des Dunklen an. Einige von euch kommen einfach nicht aus dem Sumpfgebiet heraus, weil sie über die Angst, die sie spüren, nicht den Mut aufbringen, den Berg zu besteigen. Und doch müßt ihr den Weg in Angriff nehmen – für euch selbst, aber auch für die gesamte Menschheit und vor allem für die Reptilfamilie, deren Wunden genauso tief sind wie eure.

Alles ist sozusagen mit Wissen durchtränkt, und ihr seid Teil eines riesigen Hologramms, in dem ein kleiner Ausschnitt die Information des Ganzen beinhaltet. Lernt, euch zu diesem Teil Zugang zu verschaffen, und begreift, daß das Einzelteil nicht vom Ganzen abgetrennt werden kann. Über die nächsten Jahre werden größere Teile der Geschichte der Existenz wie Stücke eines Puzzles auftauchen. Gebt acht, denn mit jedem Schritt, der euch höher den Berg hinaufführt, werden euch neue Entdekkungen zuteil, die sich wie rote Fäden zwischen Himmel und Erde spannen, euch Türen zu eurem Gedächtnis aufstoßen und euch eure majestätische Abstammung durch die Erzählungen aus alter Zeit bewußt machen. Die Götter haben euch mit ihren größten Siegen und ihren höchsten Ambitionen versehen in dem Bewußtsein: Selbst wenn die Realität einmal zusammenbricht und alles zum Stillstand kommt, habt ihr immer noch die Schlüssel des Wissens, woanders neue Realitäten zu schaffen. Dies mögen für euch hochfliegende Konzepte sein, doch dies ist es, wonach ihr auf der Suche seid und was euch von Augenblick zu Augenblick durch die inneren Bedeutungen eures Lebens trägt. Atmet also tief durch und schaut euch um in dem Wissen, daß ihr zur Erweiterung eurer Sicht der Welt aufgerufen seid, daß ihr einen Platz im Heim des Geistes habt und mit anderen teilt, was ihr wißt – zu hören, zu sehen und zu erfahren, wie die Welt von den Gipfeln der Existenz ausschaut.

Die Bergsteiger unter euch wissen natürlich, daß die Luft und die Energien sehr dünn sind, wenn sie den Gipfel eines Berges erklommen haben – doch auch, daß sie oft eine Klarheit überkommt, die ihresgleichen sucht. Wie oft ist es schon den Bergsteigern unter euch passiert, daß ihr mit irgendwelchen Problemen oder Sorgen einen Berg bestiegen habt – und als ihr am

Gipfel wart, wußtet ihr die Lösung. Die Berge haben die Funktion großer Antennen, die bis in die Atmosphäre hinaufreichen – die, wie ihr nun wißt, die gesamte Lebensinformation in sich trägt; und so erklimmt ihr die Berge, um die reinste, feinste Luft zu atmen, einen klaren Kopf zu bekommen und den Gipfel zu erreichen, von dem aus die gesamte Existenz zu euren Füßen liegt, um von euch eingesehen zu werden.

Kann man die Linie des Menschengeschlechts zu einem einzigen Ur-Vorfahren zurückverfolgen? Gibt es ein solches Wesen? Die auf der Erde erzählten Legenden legen das nahe, auch wenn es nach ihnen Götter verschiedener Rangordnungen gibt. In alten Zeiten wußten die Vorfahren, daß diese Götter im Himmel Kämpfe austrugen und regelmäßig mit ihren Lichtschiffen erschienen, wobei sie Erdbeben, Blitz und Donner erzeugten. Manchmal fürchteten sich eure Vorfahren vor ihnen und bereiteten sich auf ihr Eintreffen vor. Vor langer Zeit wurden riesige unterirdische Bauten errichtet – Tunnel und Städte in Südamerika, Kleinasien und China. Über den ganzen Erdball verteilt gibt es immer noch unterirdische Wohnstätten, die viele Tausende von Menschen, sogar ganze Zivilisationen, beherbergten, und die ihr bisher noch nicht entdeckt habt. Das gibt euch sicher zu denken. Warum bauten eure Vorfahren unterirdische Städte? Welche Wesen besuchten regelmäßig den Planeten und hinterließen ihre Spuren in Mythen und Legenden unter vielen verschiedenen Namen? Die Legenden ähneln sich alle sehr, egal von welchem Erdteil sie stammen. Diese Besucher existieren in einer anderen Dimension und treten in regelmäßigen Abständen in eure ein; auch wenn sie nicht sichtbar sind, können sie immer noch Einfluß auf euch ausüben.

Während ihr den Berg weiter besteigt, werdet ihr noch andere Gipfel sehen, ebenso wie das Heim des Geistes und der Götter, und erkennen, wie groß die Anzahl der Götter und ihrer Familien ist. In eurem Wunsch nach einem einzigen Gott habt ihr diesen mit der Singularität der Liebe verwechselt, das einheitliche Feld, das euch und alles andere mit der erfahrenen Existenz verbindet. Ihr seid alle Teil einer Präsenz, eines allwissenden Hologramms, dem Feld der Liebe, das in jedem Spektrum und jedem Universum existiert. Dieses Feld der Liebe ist die letztendliche Kraft und drückt sich auf alle möglichen Arten aus. Auf eurer Suche nach einer einzelnen Gottheit habt ihr nach bestem Wissen und Gewissen UFO-Phänomene und Signale aus der geistigen Welt gedeutet. Tatsächlich senden euch bestimmte Kräfte von überall her Energien, und auch wenn sie euch manchmal verwirren, so helfen sie euch doch nur, den Berg zu besteigen und einen größeren Rundumblick auf die Existenz zu erlangen. Wie ihr darauf reagiert, ist Teil eurer Lebenslektionen. Ein gewaltiger Berg, umgeben von Sumpfland, ruft euch. Vom Gipfel dieses Berges, dem höchsten, den ihr jemals besteigt, werdet ihr eine riesige Anzahl weiterer Berggipfel sehen und erkennen, daß es nicht nur einen einzigen Berg oder Gott gibt. Ihr müßt nicht jeden einzelnen dieser Berge erklimmen, doch indem ihr einen bis zum Gipfel besteigt, ist es euch möglich, einen größeren Überblick zu gewinnen und neu zu überdenken, was es da draußen noch alles gibt. Wenn ihr das, woran ihr glaubt, neu überdenkt, wird sich euer Wissen über das Leben erweitern und sein übergeordneter Sinn klar werden.

Denkt über das Leben nach und ruft eure mystischen Erfahrungen ins Gedächtnis; versteckt diese bitte nicht, nur weil ihr vielleicht befürchtet, als verrückt oder geisteskrank abgestempelt zu werden. Ihr seid nun aufgefordert, die mystische, die geheimnisvolle Heimat des Geistes wieder auf euren Planeten zurückzubringen, denn sie ist es, die euch fehlt. Die Götter warten bereits auf eure Ankündigungen. Sie wissen, daß ihr die Lösungen habt und daß die Schwingung der Liebe, die ihr erzeugen könnt, die letztendliche Heilquelle ist. Ihr wurdet wie keine andere Spezies der Existenz mit dieser Fähigkeit versehen, die schon immer als Potential vorhanden war. Viele unter euch sind bestrebt, ihr Potential zu erhöhen, was mentales und physisches Durchhaltevermögen angeht – doch vor allem möchten wir euch bitten, eure Fähigkeit zur Liebe zu erhöhen. Dies ist das Geschenk in euch, auf das die Götter warten. Wie ihr diese Liebe zum Ausdruck bringt, bleibt natürlich euch selbst überlassen; es gibt so viele Formen des Ausdrucks, wie es Pflanzen, Blumen, Vögel und Bienen auf eurem Planeten gibt – so viele, wie sechs Milliarden Götter eben gedenken zu erzeugen ...

Es ist wichtig zu verstehen, daß die Transformation, zu der ihr aufgerufen seid, sie zu erfahren, ein Akt göttlicher Liebe ist, um die Dimensionen der Zeit zu heilen. Zeitspringer wie auch eure Vorfahren werden euch Stücke ihres Wissens reichen, denn ihr Jetzt ist mit eurem eng verwoben. Ihr seid jedoch der oberste Weber, der bestimmt, wie und wohin die Fäden verlaufen sollen, und der das entstehende Muster daraufhin überprüft, daß alles in Balance bleibt. Tatsächlich haben eure Vorfahren Schlüssel ihres Wissens in Webmustern von Teppichen hinterlassen. Euch erscheinen sie als wundervolle Kunst, doch wenn ihr sie genau studieren und die Wahrheit dahinter aufdecken würdet, fändet ihr heraus, daß sie verborgene Codes und Bedeutungen beinhalten, die durch die Generationen weitergegeben wurden. Besucht doch einmal ein Museum oder eine Ausstellung alter Artefakte; schaut sie euch an und stellt euch vor, wie ihre Funktionen neu gedeutet werden. Vielleicht erwachen die Statuen, Masken, Werkzeuge, Waffen, Utensilien und all das, was ihr da seht, nun zu neuem Leben und erzählen euch eine ganz andere Geschichte als die, die vorwiegend von Menschen handelt, die sich gegenseitig eroberten und trennten. Schaut in jede Nische und öffnet euch für die Vorstellung, daß eine vollkommen andere Geschichte darauf wartet, von euch entdeckt zu werden.

Wenn wir als plejadische Zeitreisende in eure Welt treten, um mehr über uns selbst zu erfahren, tun wir dies in dem Wissen, daß die Realität ein Spiegel ist und daß das einzelne nicht vom Ganzen getrennt werden kann. Wenn dies stimmt – und diese Erfahrung machen wir immer wieder – dann erscheint es uns, als ob sich in letzter Instanz alles miteinander vereinigt und einen Zustand vollkommenen Wissens über das Selbst erreicht. Eure Theorien über die Schöpfung beinhalten Expansion und Kontraktion in ständiger Bewegung. Diese Bewegung erlebt ihr in jedem Moment eures Lebens und mit jedem Atemzug; ihr atmet die Lebenskraft ein, füllt eure Lungen mit ihr und leert sie wieder. Obwohl der Atemvorgang für die meisten von euch unbewußt abläuft, ist die Botschaft doch vorhanden: Expansion und Kontraktion in ständigem Wechsel, denn ihr bedürft beider Vorgänge, um zu leben und die Fülle der Existenz zu erfahren. Eure Aufgabe als Lichtfamilie ist, alle Fäden zu einem Ganzen zu verknüpfen und eure Aktionen zu überdenken; wenn ihr in einem bestimmten Bereich Unwohlsein verspürt, ist es an der Zeit, eure damit verbundenen Einstellungen und Annahmen neu zu bewerten, sie in einem völlig neuen Licht zu sehen.

Ein Wechsel der Administration wird immer von kleinen Raufereien begleitet, und eure Götter haben euch in euren Geschichtsbüchern natürlich entsprechende Erzählungen hinterlassen. Gewaltige galaktische Schlachten wurden ausgetragen, und für einige war die Erde eine Art Zufluchtsort. Sciencefiction-Geschichten über Reisen durch den Raum – Erzählungen über Licht und Dunkel – sind Teil eures Zellgedächtnisses, das ihr nun im Begriff seid zurückzuerlangen und zu adressieren. Letztendlich werdet ihr einen sehr machtvollen Einfluß spüren, so machtvoll, daß euer sterblicher dreidimensionaler Geist außerstande ist, sich einen Begriff davon zu machen, ebenso wie es für euch vor gerade mal fünf Jahrzehnten noch schwierig war, Zahlen in der Größenordnung von Milliarden begrifflich zu erfassen. Schließlich werdet ihr aber im Umgang mit dem geistigen Reich und seiner Größe vertrauter werden und euch in ihm zu Hause fühlen. Es ist vergleichbar mit dem Wechsel von einem einzelnen Computersystem hin zu einem riesigen Verbundnetz wie dem Internet, wo die Auswahl an Daten und Programmen viel größer ist. Die jetzigen Zeiten treiben euch voran, neue neurologische Muster in eurem Wesen anzulegen, und was sich zunächst als zu stimulierend anfühlte, wird schließlich erträglich. Jede Spezies geht durch diesen Prozeß der Bewußtseinserweiterung, wenn ihre Zeit gekommen ist.

Die Götter trugen Schlachten darüber aus, wer das Heft in der Hand halten sollte, und jede Kultur hatte irgendwann ihre Geschichten über die Mutter- und Vatergötter und deren Kinder. Manchmal vermählten sich ihre Kinder mit Menschen, erschufen Halbgötter und weiteten ihre Hierarchie aus, weg vom Einfluß des Mutter-Vater-Schöpfergottes. Eure Vorfahren errichteten Pyramiden, um die Ränge der einzelnen Familien aufzuzeigen, deren Einflüssen sie unterlagen. Nahezu alle Pyramiden wurden mit Symbolen versehen: Schlangen, Monde, Sonnen und Scheiben, die allesamt bedeutsame Schlüssel zu eurem Verstehen dieser großen Intelligenzen, die euch zu verschiedenen Zeitpunkten beeinflußt haben, darstellen. Und nochmals zur Erinnerung: Nur weil ihr diese nicht sehen könnt und sie sich euch nicht zeigen, heißt das nicht, daß sie nicht hier wären. Die Götter können euch aus ihrer Dimension heraus über das Spektrum erreichen – eine Vorstellung, die in euch noch reifen muß.

Euer Lebensstandard ist ein wesentlicher Teil der Frequenzen, die ihr an all die hinaussendet, die mit euch verbunden sind. Und wir sagen nochmals: Es ist ebenso wesentlich, daß ihr euer multidimensionales Selbst dadurch beeinflußt, daß ihr eure Frequenzen in den Äther hinaussendet. Eure Vorfahren zählen diesbezüglich auf euch, denn ihre Wunden sind uralt – und sie wissen nicht, wie sie diese vollständig heilen können. Wir erwähnten schon, daß es die Frequenz der Liebe ist, aus der alles zusammengesetzt wird, und daß menschliche Wesen Liebe in einer einzigartigen Weise erzeugen. Bei der Erzeugung eines edlen Weins werden spezielle Rebsorten auf ausgewähltem Land angebaut, und zu einer bestimmten zyklisch wiederkehrenden Jahreszeit, wenn alle Bedingungen ideal sind, werden diese Trauben gelesen, um zum edelsten, exquisiten Tropfen gekeltert zu werden. Ihr seid wie die heranreifenden Trauben auf einer abgelegenen Seite des Weinberges, die in dieser Jahreszeit des Wandels gehegt und gepflegt werden, um die exquisitesten Elixiere und Essenzen herzustellen. Man wartet auf eure Version der schönsten und feinsten Liebe, und selbst wenn die Ernte nicht allzu umfangreich ausfällt, eine kleine Lese sozusagen, so hat doch eure Erzeugung und der »Vertrieb« dieses besten aller Elixiere im Buch der Erde Auswirkungen weit über euch hinaus und wirkt aufs Ganze ein. Alles ist Schwingung, und es braucht nur eine kleine Frequenzverschiebung, um alle anderen Frequenzen nachhaltig zu beeinflussen. Als Schwingungswesen ist es also an euch, Bewußtsein zu erlangen, euch zu transformieren und zu expandieren – und einzutreten ins Heim des Geistes als Wesen, die andere Wesen anleiten, sich selbst anzuleiten.

Weil ihr unter dem Einfluß der Götter steht, übertragen sich die Schwingungen ihrer ungelösten Familiendramen auch auf eure Welt. Vielleicht fragt ihr: »Sind denn solche Kämpfe innerhalb von Familien nicht normal?« Doch, das stimmt; in jeder Familie gibt es Meinungsverschiedenheiten und Dispute, doch der Gebrauch von Gewalt ist unnötig. Gewalt ist das Gegenteil von Liebe und erzeugt das bekannte »Teile-und-Herrsche«-Syndrom mittels Trennung und Isolation. Die Wunden der Götter – Wunden der Trennung, der Angst, der unentrinnbaren Einsamkeit und des Schreckens – sind nicht tiefer als eure; sie existieren nur schon sehr viel länger und beeinflussen mehr Menschen und einen größeren Teil der Existenz. In ihrer Überheblichkeit haben die Götter sich so in ihrer Macht verstrickt, daß sie unfähig sind, aus der Entfernung auf das zu schauen, was sie kreiert haben. Mitgefühl und Einfühlungsvermögen sind diesen Göttern unbekannt, doch genau diese sind eure hervorragendsten Charakterzüge. Die Erhöhung eurer Frequenzen und die Erzeugung eurer eigenen Version der Liebesschwingung gründet sich auf eurer Fähigkeit, starken Schmerz, Angst, Disharmonie, Verwirrung und Chaos fühlen zu können, sich wirklich in diese Gefühlsenergien hineinzubegeben, sie durchzustehen und wieder zu Frieden und Ruhe zu finden. Nehmt eure Willenskraft, um diesen Frieden in euch selbst und eurem Leben wieder zu erschaffen, und beschließt, daß sich alle Situationen in eurem Leben in Gelegenheiten verwandeln. Viele Wesen hoffen auf euren Mut, mit diesen monumental großen Aufgaben klarzukommen, von denen ihr glaubt, daß ihr sie ganz allein als eure persönlichen Ängste mit euch herumtragt, während sie in Wirklichkeit Ausdruck der großen Trennung und der Wunden dieser Götter, eurer Vorfahren, sind.

Jetzt, wo ihr all dies wißt und euch bewußt seid, daß das Buch der Erde mit der gesamten Existenz verbunden ist, werdet ihr vielleicht etwas leichteren Schrittes den Berg hinaufsteigen, euch aufrichten, tiefer als je zuvor atmen und sicher sagen: »Ah, ist es das, was hier vor sich geht? Nun, da ich von dieser Suche nach mir selbst und der Neudeutung von allem für die Menschheit weiß, werde ich diese Aufgabe selbstverständlich übernehmen.« Denkt daran: Ihr habt jederzeit alle Freiheiten, eine nagelneue, völlig einzigartige Version der Existenz zu erschaffen, doch diese Vorgänge werden zeitlich überlagert und können von vorn und hinten betrachtet werden, so als wären sie feste Ereignisse, die bereits eingetreten sind.

Nur ihr selbst könnt euren freien Willen ausüben. Natürlich gibt es Bestimmungen, doch einige von ihnen werden einfach ignoriert und nie in Betracht gezogen; und doch enthält jeder Moment das Potential neuer Optionen, neuer nie zuvor dagewesener Ideen in diesem so kurzen vergänglichen Zeitraum. Willenskraft und Wissen um die Bedeutung eures Lebens gestatten euch, eure Erfahrungen in Weisheit überzuführen. Die Götter glaubten äonenlang, daß sie alle Wahrheit in Händen hielten, wie es auch das Welt-Management-Team und die Familie des Dunkels glauben. Tatsächlich glauben alle Menschen, daß sie Wahrheiten in Händen halten, doch heute sind neue Wahrheiten, Philosophien und Glaubensinhalte verfügbar, völlig anders als alle eure früheren Auffassungen. Wir geben unser Bestes, das, was geschieht, beim Namen zu nennen und zu beschreiben, doch eigentlich kann es nicht beschrieben werden. Wir können mit unseren Beschreibungen dessen, wohin ihr euch bewegt, nur an der Oberfläche kratzen; so wie euren Vorfahren fehlt es auch uns an Worten, um die Bereiche, die euch erwarten, zu beschreiben, doch liefern unsere Worte eine bestimmte Resonanz und verborgene Bedeutung, einen Plan innerhalb eines Plans. Egal, wo ihr euch vorfindet, seid euch bewußt, eine der größten Wahrheiten ist die, daß alles miteinander verbunden ist. Denkt nicht länger in Begriffen von Trennung und Isolation; das einzelne kann nicht vom Ganzen abgetrennt werden, und mit diesem Bewußtsein werdet ihr Teil des gesamten Plans – und ihr werdet die Pläne innerhalb der Pläne innerhalb der Pläne erkennen. Keine Kraft der Existenz kann ihre Pläne ohne Optionen oder Alternativen, die ebenfalls zur Wahl anstehen, ausführen. Um einen Plan umzusetzen und von einer höheren Bewußtseinsebene aus am Spiel teilzunehmen, müßt ihr euch auf eure Macht zurückbesinnen und wissen, wo diese sich befindet.

Stellt euch vor, wie alles auf der Welt neu überdacht wird, um den Menschen die tieferen Bedeutungen des Landes, auf dem sie leben, zu enthüllen, wie sie Stolz empfinden auf dem Kontinent, auf dem sie geboren sind, wie sie über die Berge schauen, die Sümpfe, Täler, Wiesen und Felder; wie sie den Wind, der über die Steppen oder durch Baumkronen bläst, spüren, wie sie Regen und Donner hören und sich der Wunder der Polarlichter oder des Neu- und Vollmondes gewahr werden. Stellt euch vor, wie die Menschen überall den Ruf wahrnehmen, das höchste Wissen zu erlangen und das Leben von den Gipfeln aus zu betrachten ...

KAPITEL 10

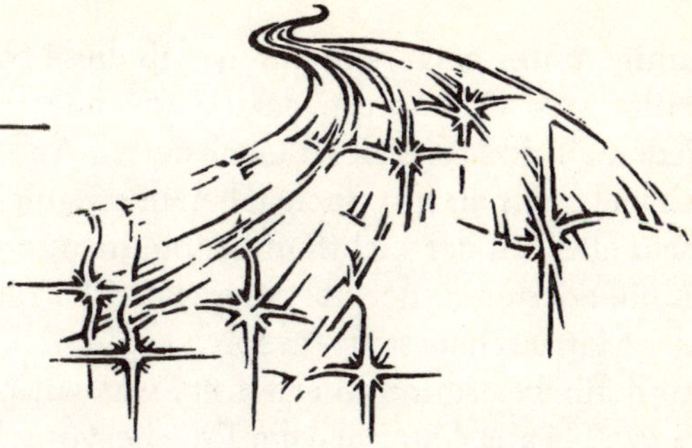

Legenden im Kosmos

Vor 500 Jahren waren eure europäischen Vorfahren mit der Tatsache konfrontiert, daß die Erde rund ist und keine flache Scheibe, auf der sie Gefahr liefen, am Rande hinabzufallen; sie mußten begreifen, daß ihr Lebensbereich viel weitreichender war, als sie es sich je vorgestellt hatten. Obwohl schon immer alte Erdkarten existiert hatten, die die Antarktis ohne Eiskappe und die nördlichen Regionen mit Inseln zeigten, wußte doch niemand, was genau da draußen vorzufinden war, denn das wirkliche Wissen war verlorengegangen. Die Ignoranz setzte sich durch, als die Trennung zum vorherrschenden Einfluß in eurer Welt wurde, nach dem Motto: Trennt sie voneinander, gebt ihnen eine Gottheit und erzählt ihnen, daß diese Gottheit die einzig existierende sei. Heute betet die Menschheit über 200 000 verschiedene Gottheiten an oder hat ebenso viele voneinander getrennte Religionen; doch während des Brückenschlags von einem Zeitalter zum nächsten besteht immer eine Chance zur Wiedervereinigung.

Aus unserer Erfahrung heraus behaupten wir: Wo immer das Bewußtsein sich vorfindet, muß es sich lokalisieren und ins jeweilige Geschehen hineinbegeben. Jeder von euch hat einen Namen, eine Adresse und benutzt Zahlen zur Identifikation, und einige unter euch befürchten, daß diese Namen und Zahlen mit Hilfe von Computern dazu verwendet werden können, euch jederzeit und überall zu lokalisieren. Aus unserer Sicht seid ihr so viel mehr als nur Buchstaben und Zahlen; ihr seid Energie. Ihr seid alle Teil der Lichtfamilie, ob ihr nun ein Cousin entfernter Linie oder einer der überzeugtesten Patriarchen oder Anhänger des Matriarchats seid – es spielt keine Rolle, denn ihr seid so oder so dafür bestimmt zu erfahren, was wir euch mitteilen wollen. So wie es aus dem Buch der Erde hervorgeht, besteht der Test im Verstehen, daß ihr Teil eines genetischen Experiments seid, und die Energien, die ihr empfangt, verwendet jeder von euch nach seiner Wahl und auf seine Weise. Doch wir sehen die Brücke, die ihr baut, eine Brücke von überall und nirgendwo, die es Zeitspringern gestattet, sich in diese große Ära der Kreativität hineinzubegeben, Einfluß auf die Geschehnisse zu nehmen und der Realität für einige Zeit ihren Stempel aufzuprägen.

Es ist wichtig für euch, den Einfluß der Gestirne und des Himmels zu erkennen. Auf der Erde laßt ihr euch vom Mond, der euch beeinflußt, verzaubern und unterhalten. Ihr werdet lernen, mit diesem Himmelskörper noch stärker in Kommunikation zu treten, wenn ihr begreift, daß der Mond eine Geschichte zu erzählen hat, die viele der euch noch fehlenden Schlüssel zur Entfaltung eures Unterbewußtseins enthält. Die Weiten des Himmels sind mit Bewegungen erfüllt, die in Kalendern aus Stein rund um euren Planeten festgehalten wurden und die die Sonnenwenden und Tagundnachtgleichen wie auch die verschiedenen Sternsysteme aufführen. Diese Zeichen wurden absichtlich gesetzt und sind kein Zufall. Eure Vorfahren verstanden kosmische Prinzipien, die ihr heute noch als unwichtig und lächerlich erachtet, und sie waren vertraut im Umgang mit ihren kosmischen Verwandten, den stellaren Wesen, den himmlischen Besuchern, die von den Sternen und durch die Dimensionen zu ihnen kamen. Während sich der große Fächer der Existenz in diesen Zeiten unermeßlicher Macht öffnet, denkt einen Moment darüber nach, was ihr mit dieser Macht bewirken werdet. Träumt ihr davon, ein Zeitspringer zu werden, euch irgendwo in den Korridoren der Zeit zu plazieren, euch überall hinzubegeben in der Annahme, daß nie irgend jemand darauf kommen würde? Die Götter selbst sind dazu imstande, doch alles ist miteinander verbunden und zieht Konsequenzen nach sich; sie trennen kleine Teile von sich ab und verteilen sie überall entlang der Zeit über Milliarden, Billionen und Trillionen Jahre hinweg und noch weiter, als ihr euch je vorstellen könnt. Und obwohl die Trennung weit reicht, ist alles Bestandteil einer unermeßlich großen Intelligenz, die sich selbst steuert und aufgrund ihrer Macht die Fähigkeit besitzt, mit all ihren Einzelteilen verbunden zu bleiben.

Die euch zufließende Energie hat System und Methode. Als genetisches Experiment seid ihr ein kleiner Ausschnitt, ein Funken, aus einer unfaßbar großen Existenz; doch, wie wir schon sagten, seid ihr aus unserer Sicht ein unschätzbar wertvoller Funken, ein einzigartiges Juwel, auf magische und majestätische Weise großartig. Nun, die Suche nach Antworten führt unweigerlich zu noch größeren Fragen, wie ihr feststellen werdet, und doch ist es diese Suche, die euch – und uns genauso – mit Leben erfüllt. In dem Moment, wo ihr das Interesse an dem Ort verliert, wo ihr euch vorfindet, ist das Spiel vorbei. Viele von euch fragen sich, was sie in einer von dieser Energie aktivierten Welt tun werden – wie werdet ihr leben? Und wo? Was werdet ihr unternehmen? Die eigentliche Arbeit an euch selbst besteht in der Erweiterung eures Bewußtseins; es der Energie des Wandels zu ermöglichen, durch euch hindurchzufließen. Wenn diese Energie eure alten Denkschemen auflöst, werden sich die alten Muster nicht mehr ständig wiederholen, und ihr werdet offen für neue Möglichkeiten sein. Wie viele dieser sich wiederholenden Muster habt ihr in den vergangenen Tagen, Wochen, Monaten an euch selbst beobachtet? Wenn sich eure Dramen wiederholen, haltet einen Moment inne, tretet einen Schritt zurück, schaut und erkennt, daß dies ein Bereich ist, der Veränderung nötig hat. Veränderung bedeutet Aufgeben bestimmter Denkschemen, Verhaltensmuster, Aktionszyklen, die als Ansichten der Realität erkannt werden. Ihr seid oft genauso verhärtet wie die Schale, die den Samen beherbergt; doch denkt daran: Wenn die Schale aufbricht, läßt der Same sie fallen, weil er sie nicht mehr benötigt. Wenn dies eintritt, wird das Leben für den Keimling einfacher, und so seid ihr genauso aufgefordert, emporzusprießen und euch den Sonnenstrahlen wie auch den kosmischen Strahlen des Wandels entgegenzurecken.

Es ist wichtig zu verstehen, daß die, die euch Angst vor Veränderung einflößen wollen, auch Einfluß auf die Energien nehmen, die ihr ausstrahlt. Wenn ihr Angst habt, ist das Muster der von euch ausgehenden Schwingung nicht fließend, sondern kantig und gezackt. Strahlt ihr andererseits Vertrauen, Hingabe, Demut, Offenheit und Liebe aus, ist euer Feld harmonisch, stark und weitreichend. Die einfache bescheidene Erkenntnis, welche Kraft der Macht wirklich innewohnt, zusammen mit Klarheit bezüglich eurer Grundsätze, sind die wesentlichen Garanten des Verstehens, die euch helfen werden, das noch vor euch Liegende korrekt einzuschätzen und den Mut aufzubringen, der Zukunft ins Auge zu schauen. Wir sehen die im Buch der Erde aufgeführten Möglichkeiten und sagen euch dies: Es gibt bezüglich dieses Sekundenbruchteils, wie wir diese 25-Jahres-Periode, in der zu leben euer Privileg ist, bereits nannten, etwas zu wissen. Es geht um eure Transformation, eure Umwandlung von den dichtesten zu den lichtesten Wesen. Man beobachtet und beneidet euch, doch diese Energien treffen hier nicht mit der Absicht ein, euch zu zerstören, sondern euch zu fördern und das Beste in euch zu wecken. Viele begreifen noch nicht, was sich abspielt, glauben, es sei nicht fair, einem solchen Plan ausgesetzt zu sein – und überhaupt: wessen Plan? Wir haben nun schon oft die Götter, eure Vorfahren, erwähnt, und zwar auf mehrdeutige Art und Weise, um eine zu genaue Definition zu vermeiden, denn wir wollen euren Zeitlinien, eurer DNS und dem Fenster zwischen euren Augenbrauen – das zu energetisieren ihr nun gelernt habt – die Möglichkeit geben, euch eure Herkunft wie auch eure

Zukunft aufzuzeigen – und den kosmischen Plan, von dem ihr ein Teil seid.

Je näher das Jahr 2000 innerhalb dieses Sekundenbruchteils rückt, desto schwieriger scheint es, Zugang zur Erde zu erlangen, denn offensichtlich werden bestimmte Energien sozusagen als Straßensperren aufgestellt, doch das ist in Ordnung. Es sagt uns einfach, daß ihr euch mit dem, was ihr erschaffen habt, auseinandersetzen müßt. Doch für diejenigen unter euch, die eine Verbindung zum höheren Bewußtsein haben, die glauben, daß diese Verbindung zur spirituellen Welt euer rechtmäßiges Erbe ist und die dies durch Friedfertigkeit im Leben zum Ausdruck bringen, werden diese Linien frei von Sperren sein. Diese spirituellen Verbindungslinien sind reich an Leben und nur euch mit eurem Code zugänglich; ihr müßt sie jedoch ausfindig machen. Und je näher das Jahr 2012 rückt, desto schwerer wird es für Zeitspringer, hier einzutreffen, genauso wie es für die, die diesen Abschnitt des Buches der Erde einsehen, zunehmend schwerer wird zu erkennen, was passiert. Es scheint, als ob eine leere Stelle existiert und bestimmte Teile des Buches ausgestrichen, zensiert oder abgeriegelt wurden. Sperren zu Verteidigungs- oder Schutzzwecken? Es kommt aufs gleiche heraus. Es spielt kaum eine Rolle, ob der Plan dem Licht oder dem Dunkel entspringt, denn jede der beiden Familien ist Teil des Ganzen – erinnert euch immer wieder daran, während ihr eure Macht zurückerlangt.

In den alten überlieferten Geschichten eures Planeten gibt es viele Erzählungen über Drachen und Magier, über Wesen, die am Himmel entlangflogen, und auch über Menschen, die die himmlischen Mächte anriefen und aufwärts getragen wurden. Diese Erzählungen ziehen sich durch all eure Legenden, doch in den meisten Fällen glaubt der moderne Mensch, daß diese Geschichten nur Hirngespinste sind, die der übersteigerten Phantasie eurer Vorfahren entsprungen sind. Wenn ihr ein Museum besucht, betrachtet das, was ihr dort seht, mit neuen Augen; seid offen für neue Wissensimpulse, die euch durchdringen. Wenn die Energien durch eure Erde und um sie herum fließen, seid wie die Kinder, die mit Staunen und Ehrfurcht eine völlig neue Welt kennenlernen. Setzt euch in Erstaunen über das Wissen, das sich vor euch entfaltet, statt es einfach nur wissend hinzunehmen. Im Buch der Erde gibt es eine alte Lebensweisheit, die dort immer wieder auftaucht: »Je mehr du lernst, desto weniger weißt du.« Und derselbe Spruch kann in anderen Büchern gefunden werden, die über das Leben an anderen Orten erzählen, an denen ihr euch mit anderen Namen, anderen körperlichen Realitäten und anderem Bewußtsein vorfindet.

Die Aufgabe des Treuhänders ist ebenso, die Bücher in Ordnung und für euch einsehbar zu halten, wie euch vertrauenswürdig auf dem laufenden zu halten, was eure Verbindung mit dem Leben angeht. Und doch fühlt ihr euch zeitweilig überwältigt: Ihr laßt einen Scheck platzen oder vergeßt den Tag der Müllabfuhr; ihr macht beim Recycling mit, bezahlt die Rechnungen, erledigt die anstehende Wäsche, kauft ein und holt die Kinder ab. Dies nimmt euch und euren Tag ein, doch vieles hiervon werdet ihr nun, in der kommenden Zeit der Veränderungen, nicht mehr tun. Trauert nicht der Vergangenheit hinterher. Einige unter euch leben immer noch für die »guten alten Zeiten« – doch diese werden in der Gegenwart gemacht. Das Jetzt, in dem ihr euch vorfindet, ist der Ort des Reifens, der Fülle und Lebendigkeit, in dem wir euch sehen möchten – denn ihr seid die Saat, die Sprossen, das Werden im Hier und Jetzt.

Die Konzentration der Existenz liegt jetzt auf euch, auch wenn nicht alle Teleskope auf euch gerichtet sind. Doch da sind diese Legenden im Kosmos, genau wie auf der Erde, und diese kosmischen Legenden erwähnen die heutige Zeit der Veränderung, wobei sie euch als Rarität einer verborgenen genetischen Bibliothek bezeichnen – ein Experiment, »für den Fall, daß ...« Und um dieses Experiment wurde gestritten, gekämpft; es wurde vergessen, wieder hervorgeholt, gepriesen und fallengelassen. All dies habt ihr in eurem kollektiven Bewußtsein erfahren und in euren Zellen gespeichert. Euren Vorfahren erging es vor 500 Jahren nicht so wie euch; ihr Zellgedächtnis wurde beileibe nicht so geweckt wie eures jetzt. Solche Gelegenheiten sind in den Annalen der Zeit nicht so häufig verzeichnet.

Wie schon gesagt: Der 26 000-Jahre-Zyklus der Präzession, in dem ihr euch befindet, ist in zwölf Zeitalter gegliedert – die Zahl Zwölf ist ein grundlegendes Element eures Systems: Uhren, Kalender und andere Konfigurationen mit der Zahl Zwölf als Basis finden sich überall in eurer Welt. Sie ist sozusagen Teil eures Zeitzyklus' und reicht bis in den Kern eures Wesens hinein. Uns scheint es, da ihr nun den Sekundenbruchteil dieser Ära mit dem Jahr 2012 beschließt, daß ihr ein neues Zeitzählsystem übernehmen werdet. Zeit ist etwas Willkürliches, niemals festgelegt; und doch hat alles seine Bedeutung und Verbindung innerhalb der Zeit. Selbst solche anscheinend zufälligen Phänomene wie die Tatsache, daß der Mond während Sonnenfinsternissen offensichtlich genau dieselbe Größe wie die Sonne hat, haben tiefere Bedeutung.

Und auch wenn Pläne innerhalb von Plänen existieren – glaubt nicht, daß die Familie des Dunkels oder die Lichtfamilie Einblick in den letztendlichen übergeordneten Plan haben. Ihr fragt euch wohl, wer den hat; wer oder was ist der Generalplaner? Nun, das ist die Große Kraft, die ihr auslösen und entfesseln sollt, eure Bestimmung und eure Verfügung über alles Leben und das gerade laufende Experiment. Ihr seid das in Zeitkorridoren versteckte Mysterium, und sie alle schauen auf euch, ob ihr es schafft, euch im Bruchteil einer Sekunde – nach ihrem Zeitverständnis – von einer Wesensform in eine andere zu verwandeln. Nach eurem Zeitverständnis braucht es dazu vielleicht ein ganzes Leben; doch es ist ein einmaliges, außergewöhnliches Leben jenseits alles Herkömmlichen. An euch ist es gelegen, eine gänzlich neue Art von Macht zu kreieren und das ganze Geschehen auf der Erde mit Sinn, Zweck und Bedeutung zu erfüllen. Die kosmischen Legenden sind voll von solchen Erzählungen über euch Menschen. Und so, wie sie auch von Magiern erzählen, werdet auch ihr selbst an diesem Punkt der Zeit im Buch der Erde als Magier bezeichnet – alle, nicht nur einige wenige. In den

Annalen des Himmels existiert diese elektromagnetische Dynamik des Lebens, und während ihr euch durch den Raum bewegt, gelangen nun euer Planet, euer Sonnensystem und die ganze Galaxie in einen neuen Raumbereich. Dies ist Teil des Plans, denn dieser Bereich wird eure DNS in diesem Leben neu kodieren, um euch mit der multidimensionalen Intelligenz zu verbinden, die jenseits eurer biologischen Beschaffung existiert – und dies ist euer Erbe.

Wir sagten bereits, daß das Buch der Erde von gewöhnlichen Männern und Frauen geschrieben wurde, deren Namen nie in euren Geschichtsbüchern auftauchen, doch ihre reichhaltige Geschichte, ihr Wissen und ihre Fertigkeiten wurden über das Blut an euch weitergegeben. Eure Herkunft ist inhaltsreich und dafür vorgesehen, daß ihr sie nehmt und eine Auswahl trefft, um zu entscheiden, welche Aspekte der Macht und Kreativität ihr kultivieren möchtet. Wer die Regeln überschreitet, ist oft auch derjenige, der neues Terrain erschließt, und einige Regeln sind einfach dazu da, überschritten zu werden, vor allem solche, die eurer Freiheit im Wege stehen und euch bestimmtes Denken vorschreiben wollen, statt euch zu ermuntern, ein kreativer, frei denkender und wahrnehmender Teil eines liebenden Ganzen zu werden. Der Herrscher des Gesamtplans, der *über* allem steht, ist die Kraft, die Liebe genannt wird.

All dies erscheint vielleicht wie ein euch auferlegtes Rätsel, wie ein Paradoxon. Ihr seid die im Entstehen begriffene Legende, genau wie ihr bereits Legenden geschrieben habt, denn, wie schon gesagt, Zeitperioden können aus allen Richtungen betreten werden, auch wenn es manchmal scheint, als ob bestimmte Abschnitte davon sich wie unter »Quarantäne« befinden. In solch einem Fall sind Warnschilder postiert, die darauf hinweisen, daß die jeweilige »Zeitseite«, das zeitliche Ereignisfeld, bereits mit zu vielen Besuchern überladen ist, ähnlich wie im Internet. Computernetzwerke können gut als Analogie für solche Zeitsprungphänomene dienen, auch wenn das Zeitspringen selbst natürlich viel phantastischer ist. Je weiter euer Bewußtsein reicht, desto mehr spiegeln eure Schöpfungen auch die großen Schöpfungen der Existenz wider. So funktioniert eure Kreativität, doch viel zu oft erschafft ihr noch ohne Wissen und Weisheit. Ihr verliebt euch noch viel zu sehr in bestimmte Erfindungen, so daß ihr darüber ihren eigentlichen Zweck verfehlt, nämlich, euch ein Modell des Universums zu liefern. Ihr seid nach wie vor vom »Entwurf« her biologisch unversehrte Wesen. Wenn ihr dies verinnerlicht, werdet ihr eine tragfähige Brücke bauen und das Dunkle mit so viel Licht umgeben, daß es sich selbst entdecken kann und schließlich feststellt, daß der Weg der Zerstörung unweigerlich auch der Weg der Selbstzerstörung ist. Über den kosmischen Kalender und das »Timing« aller Vorgänge fällt diese Wahrheit nun sozusagen wieder auf ihren Urheber zurück.

In einem Erdenjahr vollzieht der Mond 13 Zyklen von Neu- zu Vollmond und zurück, doch euer moderner Kalender ist auf ein Jahr von zwölf Monaten (Monden) ausgerichtet. Indem ihr über die Zahl 13 als ein verborgenes Mysterium meditiert, werdet ihr zu einem Verstehen dessen gelangen, was euch beeinflußt. Obgleich die 13 als Unglückszahl und Zahl des Bösen angesehen wurde, werdet ihr, wenn ihr gründlich sucht, herausfinden, daß sie einen machtvollen Schlüssel für die Dekodierung des menschlichen Bewußtseins enthält. Die kommenden Jahre bis 2012 werden für euch wie im Flug vergehen. Diejenigen, die in einem viel größeren Zeitrahmen leben, werden nun eine sogenannte Feinabstimmung vornehmen müssen, um diesen Sekundenbruchteil der 25-Jahres-Periode zu erfahren. Keine leichte Aufgabe. Falls ihr euch fragt, wie sich das anfühlt: Nehmt den Bruchteil einer Sekunde aus eurem Leben her und schaut, ob ihr diesen Zeitraum immer wieder betreten und seinen Reichtum wahrnehmen könnt – und streckt diesen Sekundenbruchteil auf 25 Jahre hinaus. Es scheint unmöglich; wie sollte das gehen? Vielleicht könnt ihr euch nicht vorstellen, daß eine Technologie existiert, bei der jemand sagen könnte: »Nun, laßt uns eine Sekunde hernehmen, die gerade abgelaufen ist, laßt uns darin eine Nanosekunde lokalisieren und diese auf 25 Jahre ausstrekken, um zu sehen, was sich in ihr abspielt.« Nach Meinung eurer Wissenschaft wäre da nichts, nur eine Leere. Wie könnte etwas so Kleines, Kurzes irgend etwas enthalten? Genauso ist euer Platz im Himmel nur ein kleiner Augenblicksfleck. Wie könntet ihr darin existieren? Wie wäre es möglich, daß euer Leben so vielfältig, komplex, belastend und vergnüglich zugleich ist? So reichhaltig und vor Leben sprühend? Und in den riesigen Dimensionen von Allem-Was-Ist, wieviel Raum würdet ihr, das Buch der Erde, dort einnehmen?

Die Brückenbauer werden viel erreichen, auch wenn sie in den Jahren vor ihnen vielen Herausforderungen zu begegnen haben. Denkt daran: Es zahlt sich niemals aus, einen anderen anzugreifen, zu verurteilen oder zunichte zu machen. Es ist nur zu eurem Vorteil als Lichtfamilie, diese große Aufgabe anzunehmen und dankbar zu sein – und immer in Lösungen zu denken. Ignoriert die Herausforderungen und Hindernisse nicht, und seht den Zweck des Dunkels als Notwendigkeit zur Heilung. Es wird der Zeitpunkt kommen, an dem ihr als große Visionäre, als Seher, auf den Plan gerufen werdet, ein Ergebnis zu imaginieren, daß vielleicht unmöglich scheint, und in euch selbst ein Urvertrauen zu finden, daß jenseits allem liegt, was ihr euch je ausmalen konntet. Auf jedem Kontinent, auf der ganzen Welt, wird das Chaos regieren. Chaos kann Angst hervorrufen, doch das ist immer noch eine Sache der Wahl. Zu ähnlichen Zeiten in der Vergangenheit – und auch in der Gegenwart und der Zukunft – gibt es immer jene, die die Angst wählen, doch nicht jeder eurer Vorfahren verfiel auf diese Lösung. Die Sieger schreiben die Bücher der Angst, in denen Opfer erobert wurden, obwohl ihr vorweg schon zu der Überzeugung gekommen sein müßt, ein Opfer zu sein, bevor ihr überhaupt erobert werden könnt. Und auch das ist eure Wahl: Opfer oder Schöpfer? Denkt daran: Opfer wählen die Angst und verfallen in einen Zustand der Lähmung; die von ihnen ausgehende Schwingung ist disharmonisch und ziemlich aufgewühlt.

Chaos gehört zu diesen Zeiten der Wandlung dazu; es ist ein Enthüllungsprozeß, eine Zeit der Verwirrung ohne Sicherheiten, mit Ausnahme einer bestimmten Lebendigkeit zum Zeitpunkt seines Eintreffens. Im Buch der Erde scheint es, daß ihr um so selbstzufriedener werdet, je sicherer ihr euch fühlt – und daß es genau dann um so leichter für andere ist, euch zu beeinflussen, zu »managen« und eure Denkprozesse zu kontrollieren. Verwirrung kann vielen Zwecken dienen; sie kann auch letztendlich eine neue Ordnung herbeiführen. Überall versuchen Wesen in Führungsrollen Ordnung herzustellen und eure Macht zu vertreten, denn ihr wollt sie ja nicht für euch selbst. Fragt euch also immer, wessen Ordnung nun gerade eingeführt wird. Erinnert euch: Es gibt Pläne hinter den Plänen, und egal wessen Ordnungssystem gerade der Plan der Stunde ist – die Weisen und Wachen unter euch wissen, es gibt da immer noch einen anderen Plan, ein anderes Ordnungssystem solch mysteriöser Art, daß man ständig aufgerufen ist, sein Wahrnehmungs- und Denkvermögen noch mehr zu schärfen, um es erkennen zu können. Wir geben unser Bestes, diese Ordnung in Worte zu fassen, so daß ihr diese Worte zu ganzen Büchern zusammenfassen und sie studieren könnt und schließlich mit einem Kopfnicken sagt: »Ja, ich bin mir dieser Kraft bewußt.«

In eurem Verlangen, das greifbare Leben zu erfahren, habt ihr euch so geschäftig ins Bauen und Konstruieren verstrickt, daß ihr darüber die existierenden Verbindungen vergessen habt. Innerhalb der letzten Zeitalter scheint es, als ob eure Vorfahren nicht so viele materielle Objekte und Geschäftigkeit um sich hatten, um ihre Zeit auszufüllen. Es gab kein ausgedehntes Autobahnnetz oder all die Elektronik, den Handel, Sport und Unterhaltung, wie ihr es habt. Ihr Leben lief anders ab, und doch waren sie lebendig. Die jetzige Zeit der Veränderungen verlangt auch von euch, lebendiger zu sein. Das Chaos hat seine eigene Ordnung und kreiert eine Lebendigkeit, die die Sinne feinabstimmt, ausbalanciert und euch der Nahrung gewahr sein läßt, die ihr zu euch nehmt, besonders wenn das Geld knapp ist, die

Regale in den Geschäften leer sind oder die Ernte im Garten noch nicht reif ist. Chaos wird eine neue Ordnung herbeiführen, eine Ordnung, die mit spiritueller Organisation zu tun hat, ohne Wortführer oder Kopf eines hierarchischen Pyramidensystems.

Alte Legenden erzählen immer wieder Geschichten von jenen, die höhere Mächte herbeiriefen, von außergewöhnlichen Magiern, die von einem Moment auf den anderen erscheinen und verschwinden konnten, und von Drachen, die die Menschheit sowohl provozierten als auch beschützten. Diese Erzählungen sind nicht einfach nur Hirngespinste oder die Phantasien eines übereifrigen Dichters. Der Äther ist lebendig, und das elektromagnetische Spektrum ist ein Speicher der Frequenzen, mittels dessen ihr durch die Existenz surfen könnt. Eure physischen Körper sind so entworfen, daß sie auf die Kodierungen der kommenden Energien ansprechen – welche ihr als pures Wunder ansehen würdet, wüßtet ihr jetzt schon, was eintreten wird. Ein Wunder, ihr lieben Freunde, daß ihr euch jedoch auch entgehen lassen könntet – es gibt eben für nichts eine Garantie. Doch ihr habt immer die Möglichkeit, die Freiheit zu wählen, selbst innerhalb von Tyranneien, denn die Freiheit ist so umfassend, daß sie auch Tyranneien in ihrem Einflußfeld toleriert.

In späteren Jahren dieses vergänglichen Moments werdet ihr Zeuge von überall stattfindenden radikalen Umwälzungen werden. Autoritätsstrukturen werden bröckeln, und die großen Säle der Parlamente und Kongresse, wo die Autoritäten ihr Wort erhoben, werden leer sein. Dies sehen wir nicht als beängstigend oder bedrohlich an; es geschieht einfach, und eine große Erleichterung wird sich unter den Menschen breitmachen, eine »Renaissance«, die auf innerem Verbundensein und gegenseitigem Austausch – nicht auf äußeren Autoritäten – beruht. Diese Erkenntnis ist in Ansätzen im Buch der Erde lesbar, jedoch nicht in ihrer Gesamtheit. Wie schon erwähnt, sind uns einige Einblicke verwehrt, so daß in jenen Bereichen keine Störungen eintreten können und ihr euch mit euren Schöpfungen auseinandersetzen könnt. Sollte es die Tyrannei sein, die ihr da erschafft, werdet ihr euch allerdings in einem dunklen Zeitkorridor wiederfinden. Der abgesperrte Bereich, von dem wir gerade sprachen, gestattet euch, ungestört vorwärtszugehen – ins Licht oder ins Dunkel, je nach eurer Wahl, – denn an einem bestimmten Punkt müßt ihr euch entscheiden, was es sein soll. So gibt euch das Chaos letztlich die Gelegenheit, euch zu entscheiden und zu verbinden, und dann werdet ihr erkennen, was eine Gemeinschaft wirklich ist. Doch hier und jetzt ist es an jedem von euch herauszufinden, ob ihr euch für Souveränität und Selbstleitung qualifiziert. Wir wissen bereits, daß ihr bereit und qualifiziert seid. Die Frage ist: Wißt ihr es auch?

Wir haben Einblick ins Buch der Erde aus allen Richtungen, und wir können die Impulse und Pläne erkennen, die Abstammungslinien und wie sie entworfen sind, die genetischen Verschmelzungen und die Weitergabe bestimmter Wesenszüge an euch alle, nicht nur einige wenige. Die herrschenden Familien auf eurem Planeten wissen sehr wohl um die Bedeutung der Zahl 13 und lenken euch vom Umgang mit ihr ab, indem sie euch glauben machen, daß es die Zahl des Unglücks und des Bösen sei. Doch sie ist der Schlüssel zum Tor, hinter dem sich das Geheimnis der Macht aufhält – und denkt daran: Ihr könnt der Macht nicht aus dem Wege gehen. Macht ist jetzt verstärkt auf dem Wege zu euch als Menschheit, dies sagen alle Bücher wie auch die Macht selbst. Bevor ihr imstande seid, eine wahre Gemeinschaft zu bilden, in der ihr in Verbundenheit mit allem leben könnt, müßt ihr von eurer Fähigkeit, euch selbst führen zu können, überzeugt sein. Seid ihr souverän, autonom, eigenverantwortlich? Fühlt ihr euch wohl bei dem Gedanken, der Schöpfer, der Designer eurer eigenen Realität zu sein? Diese Frage stellt sich euch – und ihr könnt nicht die Augen vor eurer eigenen Macht verschließen. Gebt euer Bestes. Haltet euren Kopf und euer Rückgrat aufrecht, atmet die Fülle eures Wesens in eure Lungen und seht euch als Wesen voller Energie, die die Schwingungen abstrahlen, die sie nach ihrem eigenen Willen abstrahlen möchten. Welche Möglichkeiten und Alternativen sich euch auch immer bieten, seid euch bewußt, daß der Geist euch immer umgibt und durch euch, zu euch und für euch spricht – und gelegentlich auch, als Test, gegen euch.

Seid wach und aufmerksam, wie es euch eure Geschichten in Erinnerung rufen. Denkt an die Magier alter Zeiten und die Geheimnisse, die sie hüteten, wie auch die Drachen in den Legenden. Sie hatten zahlreiche Begabungen und belebten viele eurer Zivilisationen. Nun fragt ihr euch vielleicht: Sind sie die Geschöpfe, die in all den Büchern, Kalendern und Karten abgebildet sind? Sind sie real? In eurer Zeit wird dieses Wort, »real«, eine neue erweiterte Bedeutung erhalten und in einem anderen Licht gesehen werden. Viele eurer Legenden und Mythen sind durchaus real. Am Ende dieses Sekundenbruchteils, in dem ihr euch befindet, werden all diese Wesen zurückkehren, was sich zunächst in eurer Vorstellung abspielen wird, wenn eure Zellen aufgrund der neuen Schwingungsfrequenz der Erde und ihrem Seufzer der Erleichterung darüber ihr Gedächtnis preisgeben. Überall um euch herum werden Daten hervortreten, und aus euch selbst wird Information wie aus Geysiren des Wissens hervorsprühen, und ihr werdet einander brauchen, um sie zu einem Ganzen zusammenzuknüpfen. Denkt daran: Es werden euch jederzeit lose Fäden gereicht; ein einzelner ist schon in Ordnung, doch zusammengeknüpft ergeben die Fäden ein noch schöneres Gewebe.

Die Implosion des Wissens in euer Innerstes weist euch den Weg zu eurer Macht als lebendige biologische Geschöpfe, und dies widerfährt nun jedem von euch überall: den Menschen auf der Straße; jenen, die abgeschieden in Krankenhäusern, Altersheimen oder Gefängnissen leben; es widerfährt den Kindern auf dem Spielplatz, in der Schule, den Erwachsenen am Arbeitsplatz, den Bauern auf dem Lande – überall, von den Berggipfeln bis hinunter in die Täler. Die Familien des Lichts und des Dunklen leben in allen Ländern, in denen die Sonne auf- und untergeht. Und diejenigen im Niemandsland, die sich weder zur einen noch zur anderen Gruppe zählen und die dies alles hier nur für eine

Ausgeburt der Phantasie halten? Wer sind sie? Fragt euch dies selbst. Letztendlich seid ihr alle zusammen die Menschheit. Statt euch zu sehr mit einer der beiden Gruppen zu identifizieren, erdet euch lieber und entdeckt, was euch allen gemeinsam ist: euer Mensch-Sein – denn dies ist die Qualität, nach der so viele gesucht haben.

Die Legenden der Drachen sind inhaltsreich, doch die der Echsen sind es noch mehr. Die alten Manuskripte und Bücher, die dem Blick der Allgemeinheit entzogen wurden, besonders in Zentren des Religionslebens, erwähnen sie überall. In allen Bereichen der Welt, in allen heiligen Hallen des Wissens, ob wahr oder erfunden, findet ihr die Lichtfamilie, immer bereit, sich zu erinnern und die Geschichte des Eins-Seins und der Ganzheit, der Macht und des Lebens voller Bedeutung wiederzugeben. Für die Echsen und Drachen der Urzeit waren die Menschen faszinierende Geschöpfe; nach der Geschichte waren sie für die Schöpfung eures Geschlechts verantwortlich oder glaubten dies zumindest. Sie verbanden sich mit euch, studierten euch, lehrten euch, wertschätzten euch und halfen euch beim Bau eurer Zivilisation – und sie haben euch auch hervorgebracht, um sich an euch zu laben und euch zu vereinnahmen. Ihr seht euch selbst als dreidimensionale Wesen auf eine bestimmte Weise, doch die legendären Echsen, die Urvorfahren, die Älteren aus weit zurückliegenden Zeiten, sahen euch auf andere Weise. Für sie seid ihr zu einem Teil Mensch, doch sie nehmen euch auch durch das gesamte Spektrum hindurch wahr und wissen um eure menschliche Stärke. Sie verlassen sich auf euer vohersagbares Verhalten, aber sie wissen auch, daß im Buch der Erde nun alsbald der Joker ausgespielt werden wird.

Alles, was ihr gelernt habt, wird nun einer Prüfung unterzogen, und die Crème de la Crème wird nun das erlesenste Elixier zubereiten, nämlich das Elixier der Liebe. Frequenzen zu verstehen ist eine der gegenwärtigen Prüfungen: eure Fähigkeit, sie zu erkennen, zu verstehen, daß ihr sie die ganze Zeit erzeugt habt und weiterhin erzeugen werdet, egal, ob tot oder lebendig. Die

Aufgabe ist, Frequenzen so zu modulieren, daß die ständige Wiederholung von Dramen, die gewöhnlich nur eurer Gesundheit schadet und euch eures lebendigen Geistes beraubt, der Vergangenheit angehört. Erkennt, was euch nicht zuträglich ist, dann gebt eure Ängste frei und vollzieht den Wandel. Dies wird die Frequenzen, die ihr aussendet, modulieren. Dies, ihr lieben Freunde, ist eure Kindergarten-Lektion, die wesentliche Phase eurer jetzigen Entwicklung. Vor dem Einblick ins Buch der Existenz steht der Einblick ins Buch der Erde.

Denkt daran: Wenn ein Jahrhundert sich dem Ende zuneigt, beginnt ein neues, und obgleich euer Zeitzählsystem auf willkürlich gesetzten, weil bequemen örtlichen Bräuchen beruht, ist es doch auch Teil einer größeren Umsetzung des göttlichen Plans. Alles ist kodiert; eure Körperzellen, eure DNS, die Luft, die ihr atmet, die lebendige biologische Bibliothek, der Äther und die Himmelssphären. Was immer ihr denkt, erfindet, herbeiruft oder in Formen faßt, wir möchten euch daran erinnern, daß es niemals ein isoliert dastehendes Ereignis ist; alles ist jederzeit mit allem verbunden. Es werden sich nun Pläne innerhalb von Plänen innerhalb von Plänen auftun; seid also gewiß, liebe Lichtfamilie, wenn ihr einen Blick ins Buch der Erde wagt, um zu ersehen, was die Zukunft bringen wird, ist es etwas sehr Außergewöhnliches, das ihr nun erschaffen könnt. Was es genau ist, wissen wir nicht. Wir werden einfach unser Bestes geben, euch zur Schöpfung einer völlig neuen Zukunftsvision zu verhelfen, doch zunächst ist es an euch, eine Selbsteinschätzung vorzunehmen. Was wollt ihr in diesen Zeiten immens großer Veränderungen bewirken? Wenn es so ist, daß eure Vorfahren als lebendige Legenden nun in Form von Drachen, Reptilien und multidimensionalen Wesen zurückkehren, eure menschlichen Vorfahren Kontakt zu euch aufnehmen, und wenn all diese Macht auf euch zukommt – das Gefühl der Verbundenheit und das Wissen um die Bedeutung der alten Mysterien, um Steine, Kristalle, Kreuze, mit Blut gefüllte Kelche, Verstecke voller Gold, feurige Rösser und Meereswesen, die aus den tiefsten Ozeanen an die Oberfläche hervortauchen – wenn all dies wahr und real ist, was für eine Welt werdet ihr dann erschaffen? Als diejenigen, die die Welt für eine Scheibe hielten, vor 500 Jahren lossegelten, waren sie sich solcher potentiellen Welten nicht bewußt. Sie vergaßen, daß sie in die Fußstapfen ihrer Vorfahren treten würden, und so wurden sie zu Zerstörung und Trennung verleitet, von der angeblichen Bedeutungslosigkeit ihrer Handlungen überzeugt und dazu gebracht, sich gegenseitig beim Ansammeln materieller Güter auszustechen. Dieses Anhäufen und Horten von Materie ist für euch gleichbedeutend mit Macht geworden. Ihr bewundert die Besitzer großer Villen, ihr Gold, ihre Juwelen und ihren Schmuck, mit dem sie in der Öffentlichkeit Eindruck heischen. Doch ist all das wirklich Macht und Wohlstand? Die wirkliche Macht liegt darin, den Gesang eines Vogels zu verstehen, mit der Natur in Gleichklang und Harmonie zu sein: mit den Baumfröschen, den Insekten, den gurrenden Tauben und den in der Dämmerung singenden Nachtigallen.

Eure Echsen- und Drachen-Vorfahren verstanden es, in vielen Varianten des Lebens zu existieren, denn sie wußten um die vielen Aspekte einer Zivilisation, von denen die Kreativität einer der machtvollsten ist, denn ohne Kreativität, ohne Schöpfungskraft, gäbe es kein Leben, keine Individualität. Dies ist Teil des Problems, dem sich die Menschheit heute gegenübersieht. Zu starke Fixierung auf Anhäufen materieller Güter hat euch gestattet, ohne Kreativität und Bedeutung drauflos zu produzieren und immer das gleiche in Kopie zu fertigen, auf daß es euch im Gleichschritt hält. In den folgenden Jahren des Chaos wird eine große Schöpfungskraft hervortreten, die sich durch eine starke Verbindung des weiblichen Prinzips mit dem männlichen Prinzip auszeichnet und eine Balance zwischen diesen herstellt. An diesem Punkt werdet ihr erkennen, daß der richtige Umgang mit Energien eigentlich gleichbedeutend mit dem Ziel eurer Suche nach Macht ist. Ihr könnt der Tatsache nicht ausweichen, daß ihr Energie so verstehen lernen müßt, wie es der bedeutungsvolle Plan des Geistes für euch und euer eigentliches Zuhause vorsieht.

Habt keine Angst vor diesen Zeiten der Veränderung. Sollten euch diese Worte und Ideen noch fremd erscheinen, denkt an eure Vorfahren vor 500 Jahren, als sich ihnen eine völlig neue Welt darbot – genauso wie für euch jetzt. Jahrhundertelang besegelten sie die Ozeane und fragten sich, ob sich die Ungeheuer aus all den Legenden plötzlich aus dem Wasser erheben und sie verschlingen würden. Einige der Seefahrer sahen die Bewegungen der Objekte aus der Zukunft, wie sie bei Nacht aus dem Wasser hervortauchten und wieder verschwanden, doch wurde über diese Geheimnisse immer Stillschweigen bewahrt; falls sie solche Vorkommnisse erwähnten, wurden sie sehr schnell für verrückt erklärt. Die letzten 500 Jahre waren von großer Expansion gekennzeichnet, doch es wurde auch viel Kontrolle darüber ausgeübt, wie diese Expansion wahrgenommen wurde. Wenn ihr über eure Vorfahren reflektiert, bitten wir euch, euch für eure genetische Herkunft zu öffnen und unvoreingenommen die Herausforderungen, die sich euren Vorfahren stellten, zu betrachten. Seid euch auf dem Gipfel des Berges, den ihr erklommen habt, bewußt, daß ihr nun auch auf dem Höhepunkt eures Verständnispotentials seid – welche Schlußfolgerungen zieht ihr also nun? Was ist die Gesamtheit eures Wissens? Blüht und gedeiht eure Weisheit, euer Leben?

Die allseits bekannten Drachen sind namenlose, jedoch nicht formlose Geschöpfe; sie haben viele Persönlichkeiten und sind Formwandler, die eine außergewöhnliche Kraft verkörpern. In euren Körpern ruht eine ähnliche Kraft, doch leugnet ihr sie ab oder tretet sie mit Füßen, statt sie aufleben zu lassen. In allen Überlieferungen wird diese Kraft als Lebensfeuer, als Kundalini, die innere Schlange, die in euch aufsteigt, bezeichnet. All diese Überlieferungen ranken sich um die Legenden eurer Vorfahren, die Reptilien und Drachen. Nun stellt euch vor, diese Geschöpfe würden um euch herum leben, und nur weil sie in anderen Dimensionen leben, sind sie für euer Auge nicht sichtbar. Doch im Spektrum ist ihr Zuhause sozusagen »gleich um die Ecke«. Wir sprachen schon von der Nanosekunde, die auf 25 Jahre ausgeweitet wird. Ihr mögt der Meinung sein, dieser Ort wäre unbewohnt, doch genau hier ist dieses Zuhause der Drachen, der Ort, den die uralte reptilische Linie, die euer Erbe ist, ihr Heim nennt.

Werdet ihr also eine Technologie entwickeln, die die Zeit so unterteilt, daß ihr eure eigenen Sekunden genau betrachten und neue Grenzbereiche, neues Terrain in diesen Nanosekunden finden könnt? Wenn euch das gelingt, habt Nachsicht mit dem, was euch dort entgegentritt. Ihr werdet obendrein neue Sichtweisen der Realität erlangen, die für euch auf ihre Weise real und lebendig sind, als wenn ihr am Skalenknopf gedreht hättet und euch in einer neuen Welt wiederfändet – und doch wißt ihr zweifelsohne, daß ihr euch auf der Erde im Übergang vom 20. zum 21. Jahrhundert befindet. Diese Erfahrung wird zur Gewohnheit werden, jedoch auch viele Opfer fordern; manche werden um ihren gesunden Menschenverstand fürchten, obwohl sie eigentlich dabei Vergnügen empfinden sollten. Ermutigt andere, ihr Innerstes zu erforschen, und schafft eine Atmosphäre der Sicherheit dafür. Euer Treuhänder bietet euch mit seinen Diensten eine einmalige Gelegenheit, euren Geist zu erheben und zu vitalisieren.

Ihr nähert euch dieser Erfüllung, wenn ihr die Zahl 13 entschlüsselt und seht, daß der 26 000-Jahre-Zyklus der Präzession eigentlich durch 13 statt durch 12 geteilt wird. Das fehlende dreizehnte Stück war immer da, genau wie die 13 Monde. Die Zahlen 12 und 13 bedeuten viel mehr, als ihr je begreift, dessen können wir euch versichern. Alles ist durch Sprache und Zahlen kodiert – vorwärts und rückwärts. Je mehr ihr lernt, Energie zu »lesen«, desto klarer erkennt ihr, daß dies euer Machterbe darstellt; je mehr ihr zu gewandten »Managern« der Energie werdet, desto mehr erkennt ihr, daß alles um euch herum lebendig und bedeutungsvoll ist und daß die Täuschung letztendlich der Wahrheit erliegen muß. Was ist diese Wahrheit? Wahrheit ist, wenn keine Geheimnisse mehr existieren – das ist Wahrheit.

Heilung tritt dann ein, wenn Wahrheit verbreitet und Geheimnisse enthüllt werden. Es ist sehr schwer, Geheimnisse zu hüten; sie wiegen schwer und sind belastend. Oft stehen Geheimnisse am Beginn von Lügen; dann bringt eine Lüge die nächste hervor, und Lügner ziehen Lügner an, und das ist die Natur von Lügen. In eurer Welt wurde Macht als Energieform nicht mit anderen geteilt; sie wurde geheimgehalten und gründete sich auf Lügen. Seht diejenigen an der Macht als Magier der Energien an, ob sie nun ignorant oder selbsternannt oder selbstbestimmt sind. Sie sind Jongleure der Energien; mit diesem Bewußtsein bitten wir euch nun, eure eigenen Energien zu jonglieren, zu wissen, daß Energie frei verfügbar ist und nur darauf wartet, von euch gelenkt zu werden. Ihr seid der Dirigent eines großartigen Schöpfungorchesters, das alles Bisherige weit in den Schatten stellen wird.

Die Alten, die Drachen, warten; sie wollen entdeckt werden, zur Erde zurückkehren und euch schadlos enthüllen, was sie wissen. Doch ihr müßt die entsprechenden Frequenzen in euch selbst erzeugen, um sie zu sehen und ihnen bei der Heilung der ihnen anlastenden Spaltungen in ihrer eigenen Familienlinie zu helfen. Ihr habt nicht nur euch selbst zu heilen, sondern die gesamte Existenz, die ebenfalls Wiederverbindung anstrebt. Was ist Heilung, und wie könnt ihr feststellen, wann ihr heil seid? Nun, mit der Heilung geht ein bestimmter Energiefluß einher, der euch mit Gewißheit füllt und euch Selbstvertrauen mit auf den weiteren Weg gibt; es ist die Verbindung zum Geistigen, zur gesamten Existenz. Und Heilung bedeutet einfach Neudeutung dessen, was euch nach eurem Glauben widerfahren ist. Eure Wunden haben mit euren Gefühlen und ihrer Intensität zu tun; ihr habt vor euren Gefühlen Angst bekommen, bis sie euch gefangennahmen. Unterdrückte Gefühle häufen sich an und wickeln sich auf wie ein Garnknäuel; sie können den Energiefluß durch euch hindurch blockieren, und mitunter muß das Garnknäuel abgerollt und der Faden neu in ein sinnvolles Muster gewoben werden, statt weiterhin den Fluß zu blockieren. Energie ist Energie. Sie reagiert auf eure Absichten und Impulse. Eure

Macht wird nun schnell wachsen, wenn das irdische Magnetfeld mit einem Seufzer seinen festen Griff lockert und die Elemente eures Periodensystems umherzutanzen und die Moleküle sich zu beschleunigen beginnen, so daß neue Paradigmen und Erfahrungen möglich werden.

Nachdem ihr nun die Gipfelschau abgeschlossen habt, ist es wichtig für euch zu wissen, daß ihr den Umgang mit der Energie beherrschen müßt, um eure Zukunft zu formen. Wir sehen von hier aus mehrere mögliche Versionen dieser Zukunft. Zeitspringer sind sich absolut im klaren darüber, daß zu diesem Zeitpunkt eine Reihe von Möglichkeiten dem Geschehen auf der Erde entspringen können, von denen allerdings viele auf Manipulation und Kontolle im größeren Rahmen beruhen. Doch es gibt Bereiche und Korridore, zu denen den Zeitspringern der Zugang verwehrt ist, wo nur ihr lebt und wo ihr diese goldene Gelegenheit zum Bau der Brücke nutzen könnt, die vielleicht noch weiter als ein Zeitalter reichen wird. Vom Gipfel aus gesehen ist euch klar, daß es noch viel zu überdenken gilt. Entspannt euch auf dieser Reise, im Bewußtsein, daß ihr immer noch mehr dazulernen werdet – und denkt daran: Je mehr ihr lernt, desto mehr gibt es zu lernen. Seid gelassen, friedfertig und dankbar, wenn die Kraft des Lebens auf eure Freigebigkeit reagiert.

KAPITEL 11

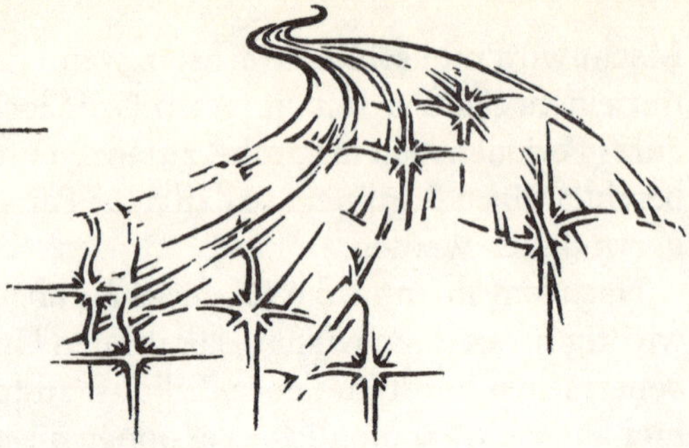

Die Götter brachten ihre Sachen in Sicherheit

Im Buch der Erde ist derjenige Abschnitt der Existenz, in dem ihr euch gegenwärtig im Gefüge der Zeitlinien vorfindet, gekennzeichnet von einem Bedürfnis nach einer gemeinsamen Zielsetzung für die Menschheit, einer Vision, die das Leben mit Sinn und Zweck erfüllt und daran arbeitet, dies in die Realität umzusetzen. Wenn ihr zu sehr auf lineares Geschehen in der dritten Dimension ausgerichtet seid, mag diese Aufgabe überwältigend sein. Doch wie bereits ausgeführt, kann man aus allen Richtungen Zugang zur Zeit erlangen; von vorn und hinten, von innen und außen und von seitwärts, da alles auf Energie und Frequenzen beruht. Eure jetzige Zivilisation befindet sich auf einer Zeitebene, die mit einer ganz bestimmten Frequenz pulsiert.

Während wir unsere Geschichten über das Auf und Ab des Lebens mit euch teilen, habt ihr sicher schon mehrmals neu überdacht, wer ihr seid, was für ein Leben ihr geführt habt und was ihr ersehnt und vermieden habt. Idealerweise seht ihr, wie sich euer Potential mit der euch eigenen Einzigartigkeit in diesem breiten Fluß des Unvorhersagbaren manifestiert und seine mit allem verbundene Bestimmung verwirklicht. Entspannt euch bei eurer Reflexion über das Leben in dem Bewußtsein, daß alles, was euch in eurem Leben begegnet, Sinn und Zweck hat. »Und welchen ...?« fragt ihr vielleicht, oder: »Wie kann ich etwas, das sich offenbar direkt vor mir befindet, nicht sehen?« Die Antwort darauf sind Frequenzmodulation, Absicht und Erwartungshaltungen gegenüber der Realität. Die Prüfungen im großen kosmischen Kalender wiederholen sich zyklisch, und die Prüflinge seid ihr, die immer wieder daran arbeiten, einen der schwierigsten Frequenzbereiche der Existenz in den Griff zu kriegen: die dreidimensionale Realität. Und jetzt, wo diese drunter und drüber geht und das Chaos durch das Land tanzt, wird es Zeit, die von euch erschaffene Vision zu verankern. Denkt daran: Gedanken sind das Fahrzeug, mit dem ihr Fliegen lernen werdet.

Um das Beste an Erfahrung, das Höchste an Wahrscheinlichkeiten und das Originellste aller Kreationen zu bekommen, müßt ihr selbst euren Teil dazu beitragen – wir können dies nicht für euch tun. Dies ist jetzt eine Phase der Angleichung und Verbindung eurer Visionen und Entscheidungen für die Zukunft, und dies ist beim Bau und Überschreiten der Brücke in eine neue Zeitebene – ein neues Millenium, wie ihr es nennt – auch notwendig. Während ihr euch vorwärtsbewegt, gestattet euch eine klarere Definition der Zukunft mit Hilfe der Visionen, zu denen wir euch inspirieren. Denkt daran, daß unsere Vision nicht dieselbe wie eure ist, dennoch sehen wir die Möglichkeit der Schaffung einer soliden Grundlage, von der aus ihr euch in höchste Höhen der Lebenserfahrung schwingen könnt.

Bildhaft gesprochen, habt ihr einen Blick vom Gipfel aufs Leben geworfen und erkennt nun, daß es eine enorm große Welt, ein riesiger Kosmos ist. Doch jede Sekunde eures Lebens, jede einzelne in Vergangenheit und Zukunft, trägt eine ganz bestimmte Bedeutung in sich. Eine Sekunde kann gewissermaßen wie ein Stück Obst oder Käse in Scheiben geschnitten werden, und ihr werdet lernen, daß genausoviel innerhalb wie außerhalb dieser Sekunde existieren kann. Auch ein kleiner Teil kann die Wunder des Ganzen in sich beherbergen – wenn ihr den Code, den Schlüssel, die Frequenz dazu findet, von wo euch diese

Erfahrung zugänglich wird. Alles existiert innerhalb von allem, und es ist eure Bestimmung, dies zu verstehen.

Die Reise vom Dichten zum Lichten ist unvorhersagbar; deshalb finden sich hier auch so viele Wesen ein. Euer Aufenthaltspunkt ist nun wie ein Nest, ein Zuhause klarer Absichten, wie eine kilometerdicke Goldader – ein Phänomen, das euch wohl dazu bringen würde, den wahren Wert von Gold neu zu überdenken. Was wäre, wenn eine solche Goldader einige Zeit existierte, dann aber beginnt, sich langsam zu verflüchtigen? Wie würde der Mensch mit einer Goldader von 100 Kilometer Durchmesser, die sich über die ganze Länge von Südamerika erstreckt, umgehen? Wäre Gold dann immer noch so wertvoll? Würdet ihr auf dem Gold sitzenbleiben oder Schutzzäune um eure Mine ziehen oder das Ganze geheimhalten, wenn ihr könntet?

Wir verwenden dies als bildhaften Vergleich mit der Nanosekunde, diesen 25 Jahren, in denen ihr das Privileg habt zu leben und zu erschaffen, was immer ihr wollt – mit enormer Unvorhersagbarkeit. Vorgänge dieser Art haben ihr eigenes Kapitel im Buch der Existenz, doch besteht das Buch nicht aus einem Kapitel nach dem anderen, was diese Gelegenheiten angeht. Zeit ist relativ, an Orte und Frequenzen gebunden, wobei letztere eigentlich dasselbe sind. Es können, wie schon gesagt, Parallelwelten in der Zeitebene direkt neben euch, nur einen Sekundenbruchteil entfernt, existieren – Welten, die ihr aus verschiedenen Gründen versucht habt zu entdecken und zu erforschen. Einige von euch wollen die geheimnisvolle Welt der Drachen und Echsen ergründen, weil sie sich zu diesem Bereich stark hingezogen fühlen; und obwohl diese Geschichten als Mythen und Märchen verkleidet sind, wißt ihr doch insgeheim, daß sie real sind, denn ihr könnt es fühlen. Die Erinnerung hieran ist für einige angenehm, während andere sich damit nicht so leicht tun, denn – auch wenn es sich verrückt oder lächerlich anfühlt – ihr erinnert euch da an etwas! Doch bleibt gelassen, liebe Freunde; egal, wie eure Beziehung zu diesen alten Mythen aussieht – die

Erzählungen eurer Vorfahren sind in eurer Blutlinie reichhaltig aufgezeichnet. Also entspannt euch.

In der Vision der Welt, die ihr beschreiten könnt – und wir sagen bewußt »beschreiten«, weil ihr mehrere Möglichkeiten habt –, scheint ein kurzer Moment abgeriegelt zu sein. Dies ist im Idealfall zu eurem eigenen Schutz. Da ihr damit allerdings auch auf euch allein gestellt seid, ohne Einfluß von außen, ist dies eine nicht so leichte Prüfung. Vielleicht verschwinden in dieser Zeit sogar alte Himmelskörper wie der Mond, und neue werden geboren. Jedes Kapitel im Buch der Existenz hat seine eigene Geschichte, abhängig davon, was aus den Goldstücken, den Reichtümern und Gelegenheiten des Bewußtseins wird. All dies ist immer noch Gegenstand der Beobachtung. Als Menschen schaut ihr verzückt durch eure Teleskope und beobachtet, wie Sterne, schwarze Löcher und ganze Universen geboren werden. Diese Phänomene faszinieren viele von euch – doch der Sekundenbruchteil, dieser kurze vergängliche Moment, in dem ihr euch gerade befindet, ist viel spannender als die Geburt eines Universums, denn hier bewirkt ein einzelner Same die Wandlung aller anderen durch die Existenz hindurch. Ein Universum sät sich selbst aufs neue durch einen kleinen Teil seiner selbst, der intakt gehalten wurde für den Fall, daß seine Existenz durch kosmische Klimaveränderungen, Dürren, Seuchen, Spaltung oder Trennung von der Großartigkeit selbst bedroht werden würde. Für diesen Fall existiert ein Plan innerhalb eines Plans innerhalb eines weiteren Plans, der in Sicherheit gebracht wurde, so daß nichts jemals verlorengehen kann.

Im Internet der gesamten Existenz gibt es viele Files: Spiele, Codes und Schlüsselzahlen können dem Erlangen einer klaren ausgedehnten Sicht der multiplen Realitäten dienen, so daß man an diesen Realitäten teilnehmen kann und nicht nur als Zuschauer vor einem Bildschirm mit der Maus herumklickt. Ziel ist eine neue Lebenserfahrung mittels Neueinstellung von Frequenzen und ein Verständnis dafür, daß der Teil nicht vom Ganzen getrennt werden kann und das Ganze sich euch Menschen nun in einer abgelegenen und nicht frei zugänglichen Goldmine ansatzweise zeigt.

Würde eine solche Goldader von 100 Kilometern Durchmesser und der Länge des südamerikanischen Kontinents tatsächlich existieren, gäbe es mit Sicherheit genug Gold für euch alle. Doch einige mögen einwenden: »Weshalb sollte jeder Gold im Überfluß besitzen, wenn doch einige von uns um so mehr haben könnten?« Dann käme es darauf an, in wessen Besitz sich die Goldader befände und was mit ihr zu tun wäre. Manche würden darauf hinweisen, daß der eigentliche Wert darin besteht, die Ader ganz zu lassen, statt sie aufzuteilen; andere würden gern Hotels in ihrer Nähe bauen, Touren anbieten und durch Verkauf kleiner Anteile oder »Chips« die Ader auf jede nur erdenkliche Weise vermarkten.

Stellt euch vor, diese 25-Jahres-Periode sei solch eine Goldader, enorm groß und ertragreich; selbst dann wäre sie im Buch der Erde und auch dem der Existenz nicht so leicht zu finden, denn diese sind in sich selbst schon äußerst umfangreich. Jedes Buch der Existenz enthält Geschichten, die Muster wie ein Gewebe knüpfen, das sich von einem Buch zum nächsten erstreckt. Wenn wir euch das Buch der Erde aufschlügen und ihr sagtet: »Wir haben nur fünf Minuten Einblick ins Buch; was können wir in dieser Zeit alles lesen?«, dann würden wir euch zu eurem Verständnis der Komplexität des Ganzen ein außergewöhnliches Gewebe beeindruckender Größenordnung zeigen, und dann wärt ihr vielleicht imstande zu erkennen, wie wichtig jeder einzelne Lebensfaden ist, aus dem das ganze Gewebe besteht. Wir bieten euch diese Sicht der Dinge zur Betrachtung und schlagen vor, daß ihr sie zum Eckpfeiler eurer Zukunftsvisionen macht.

Haltet an der Vision dessen, was ihr erschaffen wollt, fest, denn ihr bewohnt das Zuhause der Absichten, einen Ort, an dem viele Wesen begeistert wären zu leben, während andere sich wiederum mit Händen und Füßen dagegen sträuben würden, dort hinzugehen. Die kosmischen Legenden führen euch als menschliche Wesen, die, wie schon gesagt, in einem bestimmten engen Frequenzbereich »weggesteckt« wurden, am Rande eines Spiralnebels, auf der Erde zu dieser Zeit – nicht leicht zu finden, und doch lebt ihr auf so tiefgreifende intensive Weise.

Alles ist miteinander in Verbindung, und wenn wir euch das Buch der Erde auf solche Weise zeigen, gestattet euch dies, das Fundament, auf dem euer Reichtum aufbaut, zu erkennen: die Fäden aus Gold, Licht und Dunkelheit, die miteinander verknüpft sind, um die weitreichende wahre Geschichte eures Potentials und eurer gewollten oder ungewollten Schöpfungen wiederzugeben. Die von euch geformte Vision ist das Ergebnis eines Verstehens, daß Macht Energie ist und daß Energie euer Werkzeug für ein verantwortungbewußtes Leben im nächsten Zeitalter ist.

Die Legenden sprechen überall von euren Siegen. Ihr müßt die höchste euch vorstellbare Vision aufrechterhalten und verstehen, daß diese die Summe dessen ist, was ihr als eine Menschheit seid, damit ihr euch zu einem einzigen Gebilde verbinden könnt. Im Buch der Erde sehen wir, wie andere eine ähnliche Aufgabe bewältigt haben, denn dieses Gebiet wird studiert, so wie ihr den Himmel auf der Suche nach neuen Sternen, Supernovae und Kometen studiert. Eure Wissenschaftler untersuchen Himmelsphänomene auf der Suche nach dem allem zugrundeliegenden Geschehnis und lassen dabei völlig außer acht, daß genau da, wo ihr jetzt seid und lebt, das spektakulärste Ereignis von allen stattfindet! Ihr seid einzigartig und habt auf alles Einfluß. Es ist wohl sehr ungewöhnlich, daß ein scheinbar so harmloser, bedeutungsloser und alltäglicher Ort plötzlich im Mittelpunkt des Interesses der gesamten Existenz stehen sollte.

Je näher ihr dem Jahr 2012 rückt, desto mehr wird in eurem Bereich alles in Bewegung geraten. Wo ist die Erde? Geschieht dies wirklich? Die Legenden sagten dazu, die Erde würde erwachen; ihr wundert euch vielleicht, wie das aussehen soll: eine erwachende Erde? Je weiter ihr euch selbst in eure potentielle Zukunft hineinprojiziert, desto mehr werdet ihr euch als Zeitspringer und Zeitreisende sehen, die ihre Bestimmung erfüllen, indem sie sich in die gesamte Existenz hineinbegeben, in der Gewißheit, daß ihr eure Version der Liebesschwingung zum Leben erweckt habt. Dies ist eine potentielle Vision, die ihr im Geiste betrachten solltet. Auch möchten wir euch daran erinnern, daß ihr zu dieser Zeit die Schöpfer seid. Erschafft also mit Nachsicht, Mitgefühl, Originalität und Mut, und bedient euch dieses großen Geysirs der Energie, der durch euch hindurchfließt. Die natürliche Entfaltung eurer übersinnlichen Fähigkeiten unterstützt diesen Wandlungsprozeß, der euch mit multidimensionalen Erfahrungen verbindet, die euch mitunter wie bizarre Ausschnitte aus Filmszenen vorkommen können. Schreckt davor aber nicht zurück, sondern lernt zu unterscheiden und die Situation angemessen einzuschätzen.

Zusätzlich zu den himmlischen Kodierungen in Form von Lichtmodulationen sind nun auch Klangmodulationen zu beachten, von denen einige hörbar sind und andere wiederum nicht. Eure Welt ist mit den Geräuschen des Chaos erfüllt, und je sensitiver und eingestimmter ihr werdet, desto mehr Gespür und Gehör werdet ihr auch für Klänge entwickeln, selbst wenn ihr nicht immer nachvollziehen könnt, was sich gerade abspielt. Die DNS eures biologischen Systems wie auch die multidimensionale DNS, die euch mit eurer erweiterten Identität verbindet, sollen sich nun planmäßig in euch entfalten, wie der Same einer Pflanze oder Blume dem gleichen Fluß des Wachstums folgt, ohne sich über seine Fähigkeit, den Zyklus abzuschließen, zu sorgen. Ein Same enthält einen Bauplan, und in der richtigen Umgebung ist es seine Bestimmung zu wachsen, sich fortzupflanzen und die Mühen zu erfahren, deren es bedarf, um seine Schale abzuwerfen, durch die Erde hinaufzusprießen und sich den Elementen, der Sonne, dem Wind, dem Regen, der Dürre und Hitze, den Fluten und den Insekten zu stellen. Dies ist die Wachstumserfahrung. Wenn die Pflanze erblüht, erfährt sie die Sexualität auf ihre Weise und bringt als Vorboten der kommenden Früchte Blüten hervor, ausgezeichnet schön in ihrer Einzigartigkeit. Die Pflanzen sind freigebig mit ihren Früchten, so daß ihr davon leben könnt – ein interessanter Gedanke, über den es sich lohnt zu reflektieren.

Eure DNS-Kodierungen sind schichtenweise so angelegt, daß ihr euch auf natürliche Weise entfalten werdet; wenn ihr diesen Prozeß beschleunigen wollt, empfehlen wir euch, euch mit dem Leben zu beschäftigen und für die Nahrung, die euch zukommt, zu danken, wie auch für die Menschen, die Teil eures Lebens sind, und für die Familie, der ihr entstammt, sowohl der des Lichts als auch der des Dunkels. Wenn ihr dem Leben mit offenen Armen entgegentretet, sendet ihr diese Einstellung als Frequenz in den Äther hinaus, was wiederum die Erde mit Leben versorgt und eure Zukunft erschafft. Viele Menschen haben ihrer Familie den Rücken gekehrt, und wir sehen, daß die, die ihre Blutlinie verlassen haben, wie sehr es auch immer gerechtfertigt erschien, oft eine der größten Gelegenheiten verpaßten, ihre Herkunftslinie über die DNS zu heilen. Diese Lektion wiederholt sich im Buch der Erde immer wieder, wenn Menschen das, was sie nicht mögen oder was sie verurteilen und zu schwierig und furchterregend finden, meiden. Eine große Zahl von Menschen vermeidet es so immer wieder, die schwierigsten Aufgaben in Angriff zu nehmen – aus Angst.

Ihr selbst entscheidet über die speziellen Ziele, die ihr euch für die Zukunft setzt; wir erinnern euch nur an eure phantastischen Möglichkeiten. Euer Genie ist jetzt verfügbar, und um auf der Erde wirklich ein integriertes Gemeinschaftsleben möglich zu machen, muß dem Leben jetzt Sinn und Zweck gegeben werden. Unsere Frage also: Mit welchen Zielen wacht ihr jeden Morgen auf, und wie verläuft euer Tag? Reflektiert darüber, ohne euch selbst zu be- oder zu verurteilen oder euch selbst Beifall zu spenden für das, worin ihr involviert seid, denn was immer es gerade ist – es wird sich verändern. Die Zeit der Wandlung steht an, und wohin auch immer dieser Wandel euch trägt – wichtig ist, im Zuhause eurer Absichten die Grundlagen zu schaffen für eine persönliche Vision eines verbundenen Gemeinschaftslebens.

Ihr steht also wieder einmal vor demselben alten »Dilemma« des sich entwickelnden genetischen Experiments. Wann wird einer von euch endlich aufschauen und himmelwärts zeigen, weil ihr erkannt habt, daß ihr die ganze Zeit den Blick auf den Boden gesenkt hieltet? Jetzt ist es soweit, und so, wie wir es sehen, werdet ihr mit Sicherheit sehr bald aufschauen. Seid gewiß, daß das, was ihr erleben werdet, schon als Vorbereitung auf diese neue Wachstumsphase schichtenweise aufgedeckt wird. Eine Tomatenstaude klettert ja auch nicht einige Zentimeter, um dann zu erklären, daß sie »jetzt nicht mehr weiß, wie es weitergehen soll . . .«. In schweren Zeiten stirbt eine Pflanze vielleicht einmal ab, doch dies widerfährt nicht allen Pflanzen. Im allgemeinen sind Pflanzen zäh genug, den Dürren, Winden und Hitzeperioden zu trotzen und sich einfach tiefer zu verwurzeln und mehr Wasser aufzunehmen. Einige von euch sind sich ihrer Zähigkeit und Ausdauer nicht so sicher und laufen los, um sich wiederherstellen zu lassen; doch der Zaubertrank, all die Magie und aller Hokuspokus ist nicht imstande, die in euch stattfindende Entschlüsselung der Lebensinformationen zu beschleunigen. Wenn ihr euch in letzter Zeit im Kreise gedreht habt, um herauszufinden, was ihr für den nächsten Schritt braucht, dann haltet jetzt inne, sucht euch einen Ort, um zu entspannen, und gestattet euch selbst eine Pause vom Zittern und Flattern.

Es wird Zeit, daß ihr die Macht eures Geistes erkennt – des individuellen wie auch des globalen und galaktischen Geistes – und euch vergegenwärtigt, daß man schon auf eure Entfaltung wartet, genau wie ihr den regelmäßigen Lauf der Sterne am Himmel erwartet, der euch versichert, daß alles seiner Ordnung gemäß abläuft, obgleich zu viele von euch diese Ordnung noch ins Lächerliche ziehen. Egal, was eure Logik euch zu sagen versucht: Die Bewegungen am Himmel verlangen auch den Überheblichsten unter euch eine gewisse Ehrfurcht ab, und wenn ihr diese nicht spürt, seid ihr in der Tat Narren – wie der Kaiser ohne Kleidung, selbstgefällig in seiner Traumwelt lebend. In allen Realitäten ist der eigentliche Test zu entdecken, was die

Wahrheit ist, was real ist und wo diese Realität existiert. Nun, hier ist noch etwas, über das ihr nachdenken solltet: Wo ist diese Version der Realität real? Wie ihr entdeckt, haben solche Versionen ihr eigenes Zuhause.

In der Vision, die ihr für euch selbst erschafft, würde euch die Vorstellung gut stehen, daß eure Entfaltung und all die Wandlungen und Neuerungen solch erstaunliche Ausmaße annehmen werden, daß ihr glaubt, viele Jahre mehr zu leben, als es tatsächlich der Fall ist. In einer einzigen Woche könntet ihr die Erfahrungen vieler Inkarnationen durchleben, denn je mehr ihr lernt, desto mehr fügt sich alles zusammen, bis sich eure losen Fäden zu eurem eigenen Bildteppich zusammenknüpfen. Würden wir euch für fünf Minuten den Bildteppich der Erde zeigen – jetzt, vor Ablauf dieser Periode –, wäre er tatsächlich noch klein; doch er wächst nun in Größe und Bedeutung, weil eure Entfaltung euch mit anderen Zeitlinien zusammenschließt und ihr auf diese Weise Leben in der Gleichzeitigkeit erfahrt. Ihr sagt dazu vielleicht: »Ja hervorragend! Leben in der Gleichzeitigkeit! Doch wie werde ich das hinkriegen, wenn ich jetzt schon Probleme mit dem Leben im Nacheinander, in der Linearität habe . . .?« Noch einmal: Der Entfaltungsprozeß existiert als Code in eurem Körper – vertraut einfach, wie die Pflanzen, darauf, daß alles nach Plan verläuft.

Der immens starke Energiefluß durch euren Köper möchte euch beleben und mit anderen verbinden, doch dazu ist es wichtig, daß ihr gelassen bleibt und euch entspannt. Dieser verstärkte Energiefluß kann euch sowohl beleben und fördern als auch nervös, überdreht und aufgekratzt machen – als wenn ihr den Finger in der Steckdose hättet. Ihr habt die Wahl. Ihr könntet euch vielleicht auch sehr schwer fühlen, so daß schon das morgendliche Aufstehen oder die kleinste Bewegung von einem Raum zum anderen enorm viel Anstrengung kostet. Doch ihr könnt dem mit Willenskraft entgegenwirken und die Energien auf das lenken, was ihr euch wünscht; eure Gefühle einfach anzuerkennen und zu wissen, wo ihr im Leben steht, wird euch zeigen, daß ihr mit einem Finger in der Steckdose und trotzdem mit der anderen Hand dabei seid, den Berg zu versetzen! Seht diese Zeiten als das, was sie sind, und verurteilt euch nicht für die Gefühle an einem solchen Tag. Ihr geht mit sehr komplexen und grundlegenden Energien um: kosmischen, irdischen, solchen, die ihr als Sender ausstrahlt, wie auch allen anderen umherfließenden in eurer Welt – unhörbaren Klängen, Mikrowellen, elektronischer Hoch- und Niederfrequenz, Computern und Signalen von Satelliten.

Eine eurer Zukunftsvisionen kann die Erschaffung einer utopischen Existenz sein, in der sich Licht und Dunkel harmonisieren, wo alles erlaubt und respektiert wird, wo die Regeln aufgrund der Übereinstimmung aller eingehalten werden und wo Einheit herrscht. Wenn ihr diese Schwingung auf Erden erreichen könntet, wäre es eine unschätzbar wertvolle Schöpfung in den Annalen der Zeit, die sorgsam gehütet und verehrt würde. Es wäre wie ein Frequenzsignal, eine Art Satellit – wie euer Mond als Satellit da ist, euch zu modulieren. Einigen von euch schmeckt die Idee gar nicht, daß irgend etwas sie kontrolliert oder Einfluß auf sie hat; wenn sie dies herausfinden, würden sie es am liebsten sofort mit Speeren und Geschützen vom Himmel holen und erst später untersuchen, was es eigentlich war. Doch wenn ihr etwas tötet, setzt euch das einfach der gleichen zerstörerischen Schwingung aus – was ihr ausstrahlt, werdet ihr auch wieder empfangen. Der Schöpfer muß mit seiner Schöpfung vertraut sein und kann sich nicht von ihr abspalten, und als Schöpfer seid ihr Teil der Großzügigkeit des Urschöpfers und müßt erkennen, daß ihr euch nicht von euren Schöpfungen loslösen könnt.

Würdet ihr in einer anderen Zeitebene, einem anderen Zeitalter oder einem anderen Aspekt eurer multidimensionalen Linie leben, wäre euch all dies nicht unbedingt bekannt. Zu anderen Zeiten wäre es vielleicht unmöglich, zu diesem Verständnis zu gelangen, weil das kosmische »Klima«, die Zeit, die Frequenzen und die Wachstumsrate des genetischen Experiments nicht ausreichten, um die notwendige Entschlüsselung der Information in entsprechendem Maße auszulösen. Stellt euch vor, wie ihr euch fühltet, wenn euch jemand in ein Labor setzte und sagte: »Hier sind eine Tomatenstaude und eine Lilie; nun nimm diese beiden Pflanzen als Inspiration und erschaffe ein neues Gewächs nach deiner Phantasie.« Was wäre, wenn alle Menschen einen solchen Test bestehen müßten, um sich für die nächste Entwicklungsstufe zu qualifizieren? Ein neues Gewächs. Wie würdet ihr dabei vorgehen, um einen solchen Beitrag für die Gemeinschaft zu leisten? Ebenfalls etwas, über das nachzudenken und sich für die Zukunft vorzustellen lohnt.

Wenn ihr an die Zukunft denkt, seht ihr euch dann, wie ihr eines Tages sterbt, oder seht ihr euch, wie ihr den geheimnisvollen Zustand der Unsterblichkeit erreicht? Was immer eure Ambitionen sind – die Zukunft wird anders verlaufen, als es euch eure Vorstellungen suggerieren, jedesmal. Ob ihr ewig lebt oder sterbt und reinkarniert: Ihr werdet immer auf weitere Versionen eurer selbst treffen. Ihr legt Samen für die Zukunft und erschafft sie in Form eurer Kinder und Enkelkinder, eure zukünftigen »Vorfahren«. Diese uralte Lehre ist euch entfallen: daß der Teil nicht vom Ganzen getrennt werden kann und daß ihr immer wieder zurückkehrt und eure Vision mit in die Zukunft nehmt. Dies ist der elementare, alles durchdringende Stoff, aus dem die Kreativität besteht.

Wo wir gerade von Kreativität sprechen: Sie ist die Spezialität eurer Vorfahren, der Alten, der legendären Echsen und Drachen, oder zumindest war sie es oder wird es sein: Alles ist gleichzeitig, und so kommt es darauf an, welches Buch, welche Frequenz oder welches Jetzt man betrachtet. Was Gentechniker, Designer von Sternsystemen und Erbauer von Galaxien alle gemeinsam haben, ist die Kreativität. Wenn die Neuigkeit die Runde machen würde, daß am Himmel eine Geburt stattfinden soll, und ihr wärt neugierig und unbedarft, würdet ihr vielleicht rufen: »Oh, schau dir diese Lichtkugeln an, wie sie dort hervorbrechen ...«, ohne auf die Idee zu kommen, daß ihr Zeuge eines mit Absicht und Methode entworfenen Ingenieursprojektes seid, dessen Formgeber tatsächlich die legendären Echsen und Drachen sind. Eine Unzahl von Wesen schauen in gleicher Weise zur Erde und warten, denn auch ihr werdet nun, bewußt oder unbewußt, zu solchen Schöpfern. Im Idealfall, und mit den anwesenden Energien – den Signalen, Zeichen, Symbolen, Gefühlen, Impulsen, Vorstellungen und dem Anschwellen intuitiven Wissens, das nicht mehr aufgehalten werden kann – werdet ihr den Wind des Wandels zu deuten wissen, euren Gefühlen trauen und euch bei vollem Bewußtsein diese Erfahrung zugestehen.

Wesen, die euch besucht haben und die ihr verehrt habt, können sich zurücklehnen und in ihren riesigen Zeiträumen Universen, Galaxien und Sternsysteme entwerfen, denn sie verstehen das Prinzip aller Schöpfung. Das Rezept besteht aus etwas Klang, Imagination, Vertrauen, Willenskraft sowie einem Plan, einem Ziel und noch einigen weiteren, jedoch bis jetzt geheimen Zutaten; doch wie ihr wißt: *Es soll da keine Geheimnisse mehr geben*. Eure DNS ist multidimensional und darauf programmiert, sich wieder zusammenzufügen, um dasselbe Wissen wiederzuerlangen, so als wenn alle Gewässer sich plötzlich mit einem noch viel größeren verbinden würden. Auch ihr könnt eine einzigartige Form einnehmen und doch wissender Teil eines Ganzen sein, mit dem umzugehen ihr lernen werdet und dann erkennt, daß das, was ihr hier tut, einen direkten Einfluß auf das hat, was sich woanders abspielt. All diese Dramen und Herausforderungen sowie eure Spiele und Lösungen schlagen weite Wellen über die Zeit hinaus und besonders zu den Echsen und Drachen, denn sie warten auf eure Lösungen. Sie haben sich nämlich in ihren Schöpfungen verloren im Glauben, sie könnten alle Universen, Welten, Planeten und Planetoiden erschaffen, in der Existenz umherreisen und dabei die Kontrolle über ihr eigenes Territorium aufrechterhalten. Und so verloren sie den eigentlichen Sinn des Lebens aus den Augen – so wie es auch euch mit all eurer Elektronik und Technologie passiert ist ...

Die irdischen Legenden sind voll von ihren Besuchen und mit

Kriegen, die zwischen Gruppen umherkreuzender Besucher stattfanden, als sie während ihrer Zeitsprünge die Erde entdeckten. Die Erde ist in der Tat ein Schatz, der immer wieder gesucht und besucht wurde. Nun, zum jetzigen Zeitpunkt sind viele hier, und andere wünschten, hier zu sein; doch es braucht eine bestimmte Frequenz, um Zugang zu erlangen. Je feiner eure Frequenz wird, desto mehr werdet ihr nur ganz bestimmte Wesen anziehen. Wählt mit Verstand, denn da draußen gibt es genug Narren, wie es nun einmal an einem solchen Übergangspunkt wie dem jetzigen ist. Es gibt ein Heer von Scharlatanen und Verkäufern von Schlangenöl, die es nur auf Täuschung angelegt haben, während andere wiederum in ihrer Verrücktheit und ihrem vermeintlichen Genie nur sich selbst täuschen. Ihr werdet diese Parade von Dummköpfen vorüberziehen sehen, denn die Frequenzen verlangen von euch, mit allem verbunden zu sein – dies ist nicht die Zeit für Einsamkeit und Abgeschiedenheit. Solltet ihr noch allein, ohne Freunde, sein, dann nehmt euch vor, in den nächsten Tagen einen bedeutungsvollen Freund kennenzulernen, und stellt an diese Freundschaft nicht allzu viele Vorbedingungen. Die Allmacht des Lebens führt euch oft zu Geschenken, die einfach in alte Zeitungen oder braunes Packpapier eingeschlagen und mit einem alten Schnürsenkel zugebunden sind. Oft würdet ihr an ihnen vorüber- und auf eine fein herausgeputzte Person zugehen und so die Gelegenheit verpassen, eine Brücke heraus aus dem System eures alten Glaubensmusters zu bauen, um euch mit der Menschheit zu verbinden. Die Bedeutung jeder einzelnen Person und ihr Einfluß auf das gesamte Geschehen muß erkannt werden, wie es in eurer DNS vorgegeben ist.

Wie schon gesagt, das Verständnis für genetische Vorgänge hat bereits enorme Fortschritte gemacht, auch wenn dieses Wissen nicht breit gestreut ist. Doch vieles, was der Öffentlichkeit noch vorenthalten wird, wird nun in schneller Folge offengelegt werden; ihr werdet erstaunt sein, wie schnell ihr euch immer wieder neu ausrichten und neue Ideen integrieren müßt. Wäre dies ein Vorgang, der sich über die letzten 500 oder auch nur 50 Jahre erstreckt hätte, wäre es anders, und ihr müßtet euch nicht aus einem kleinen, komprimierten Zustand zu einer weiten und offenen Existenz entfalten. Ihr wärt sanfter vorbereitet worden, so daß ihr bereits vorab einen Blick auf das Ganze hättet werfen können, bevor es sich euch in seiner Fülle präsentiert hätte. Man hätte den Vorgang auch langsam ablaufend entwerfen können, doch eure Reaktion aufs Leben ist eine andere, wenn ihr stark beschleunigt werdet. Als Spezies habt ihr die Fähigkeit, euch über die konditionierten Umstände hinaus zu beschleunigen, die Schockwelle einer spontanen Öffnung zu verkraften, eure Glaubensmuster zu hinterfragen und immer wieder ein noch größeres Bild in Betracht zu ziehen – jeden Tag, Monat und jedes Jahr. Es scheint, als lebtet ihr Hunderte von Inkarnationen auf einmal – und so ist es auch! Obwohl das, was ihr in den nächsten Jahren lernt, aus eurer Ära zu stammen scheint, ist es doch das geballte Wissen all eurer Vorfahren aus allen Teilen der Erde.

Im Dezember 2012, an der Schwelle zum Jahr 2013, werden sich die Zeitlinien öffnen. Einige haben schon einen Vorgeschmack auf das, was kommt, erhalten, und glauben, es würde auf diese oder jene Weise verlaufen. Die Leinwand der Möglichkeiten ist riesig: unvorhersagbar, noch nie dagewesen und voller elementarem Potential. Es ist die erwähnte Goldader, und es bleibt die Frage: Wird sie auf der Erde zum Kleinod, oder werdet ihr Modernen wieder einmal eine Touristenattraktion oder ein Heiligtum daraus machen? Und was denken die Besucher? Werden sie dieser Goldader, die ihr seid, mit Respekt entgegentreten, oder werden sie versuchen, euch mit Magie in ihren Bann zu ziehen, um euch euer Glück oder ihre eigenen Güter und Ideen zu verkaufen – natürlich nur zu eurem Besten? Ihr entscheidet, was ihr zulaßt; letztendlich seid ihr die Goldader. Was sind eure Absichten? Als was wollt ihr in die Legenden eingehen? Sie sprechen von großen Taten und völliger Umorganisation, Neuausrichtung und Neuerfahrung der dreidimensionalen Realität wie auch vom Aufstieg des menschlichen Geistes, der das Unmögliche immer wieder möglich macht. Ihr werdet alles neu erfinden, und zwar mit Absicht, Liebe und Gemeinschaftssinn – in einem einzigen Augenblick. Diese Rückversicherung durch euresgleichen ermöglicht es euch, die schönste Stunde zu erleben: die dreizehnte Stunde, die Stunde des Mysteriums, die Stunde, die nicht existiert, die Stunde des Unbekannten.

Eure momentan größte Aufgabe ist, das Vertrauen zu bewahren. Dies könnt nur ihr selbst tun; nur ihr selbst könnt euch realisieren. Laßt also das Gerede, die äußeren Ablenkungen und all das beiseite, lauscht den Symphonien der Natur und versucht nachzuvollziehen, welche Macht Klänge über euch haben. Reagiert darauf mit euren eigenen Klängen, Melodien oder Tönen, sendet eure Absichten und eure Vision der Zukunft hinaus in den Äther. Vielleicht wißt ihr, daß Klang ein Schöpfungswerkzeug ist, doch wie machtvoll es wirklich ist, wißt ihr noch nicht. Jeder von euch hervorgebrachte Ton, jede Silbe, jede Schwingung, hat ihr eigenes Potential.

Vielleicht beinhaltet eure Vision der Zukunft, alle Menschen mit Klängen und Musik glücklich zu machen, die ihr in Erinnerung behalten, teilen und weitergeben könnt; Musik, die heilt, verbindet und die Wunder preist; Songs aus dem Leben, Songs über die Sexualität mit Codes, die den Teppich, das Gewebe, von dem ihr alle ein Teil seid, stärken und stützen.

Schaut, ob ihr in den Annalen eine Zeit finden könnt, als ihr mit den großen Reptilien, Echsen und Drachen in Gemeinschaft lebtet, eine Zeit, in der ihr nicht Plünderungen und Eroberungen ausgeliefert wart, eine Zeit, in der ihr sie nicht ignoriertet oder euch aus Furcht vor ihnen versteckt hieltet. Stellt euch einen Zeitabschnitt vor, der euch zeigt, wie es aussehen könnte, wenn ihr eure Fertigkeiten miteinander teilen und gemeinsam als außergewöhnliche Schöpfer arbeiten würdet. Die legendären Echsen sind solche großartigen Schöpfer, und alle Bücher erzählen von ihren Taten. Geht bei eurer Suche nach euch selbst zurück zur Urquelle, zu den ursprünglichen Schöpfern – den zweideutigsten, verborgensten Ältesten der Alten –, die offenbar in einem nichtexistenten Zeitabschnitt, einer Nanosekunde, leben; doch sie ist da, zwischen euren eigenen Momenten, zwar abgelegen im Nirgendwo der Zeit, doch voller Landschaften mit Fülle und Reichtum. Nun, da sind diese Echsen zu Hause. Sie bieten euch nun eine Frequenz, so als wären sie gerade im Radio mit ihrer eigenen Show – eine Frequenz, von der sie glauben, daß ihr sie verstehen könnt. Sie möchten sich euch als große Geschöpfe und Verbündete in Erinnerung rufen – nicht als angsterregende Ungeheuer, sondern als Freunde, die euch das Fliegen beigebracht haben und mit euch von Ort zu Ort gezogen sind, jederzeit für euch da waren, weil ihr in ihren Augen so einzigartig wart, daß sie euch einfach liebten. Sie liebten eure Fähigkeiten, eure Aufgewecktheit, euer herzliches Wesen, die Art, wie ihr eure Hände bewegt habt, und die Art, wie sich das Fleisch eures Körpers über euren Skelett- und Muskelpartien formte. Sie konnten nicht anders, als sich in euch zu verlieben, und sie wissen, daß ihr dies vergessen habt. Und so bitten sie euch, euch in euren Imaginationen und Neubetrachtungen, in eurer Großzügigkeit wieder an sie zu erinnern und für einige Sekunden oder Minuten, hin und wieder, etwas von ihrer Realität in die eurige einfließen zu lassen. Und wenn ihr das tut, dann fließt etwas von eurer Realität in die ihrige, wie es eben immer der Fall ist.

Es gibt da noch etwas, das sie euch geben können: Sie bieten euch eine inspirierende Vision eurer selbst als Spezies, die die formende Kraft der Intelligenz ist, in der verschiedene biologische Geschöpfe das Ergebnis der gemeinsamen Schöpfungskraft sind, indem sie all ihre Talente vereinen und daraus etwas Einmaliges erschaffen. Es gibt Aufzeichnungen darüber aus der Zeit, als die großen Reptilien die Erde mit den Menschen gemeinsam bewohnten. Ihr glaubt, daß die Reptilien vor 65 Millionen Jahren ausstarben, doch wir möchten euch bitten, dies nochmal zu überdenken, denn es gibt Nachweise dafür, daß einige große Reptilien sogar heute noch leben. Ihr müßt lernen, euch auf der Skala der Glaubensmuster frei zu bewegen. Vielleicht werdet ihr einmal bis ans Ende der Welt reisen, und obwohl sie eine Kugel ist, werdet ihr Mittel und Wege finden, wie ihr von ihr herunterfallen und euch in einem Niemandsland des Widersinns verlieren könnt, weil ihr den Sprung von einer Sicht der Welt als Scheibe zu der einer Kugel nicht vollziehen konntet.

Verzichtet bitte auf die menschliche Neigung zum Heulen und Zähneklappern, liebe Freunde, wenn ihr euch in Zeiten des Wandels hineinbewegt. Bleibt gelassen, dankbar und entwickelt einen Sinn für Humor. Haltet an eurer Vision einer Welt, die gemeinsam an einem Leben voller Sinn und Zweck arbeitet, fest. Seht das Geniale in euch, daß nur darauf wartet, in euren Zellen entschlüsselt zu werden. Imagination gibt der Energie eine Form und euch Leben, denn der Code wird durch das entschlüsselt, was euch im Leben auf konstruktive Weise vorantreibt – eure Verbindungen zu anderen, euer Einstehen für eure Ziele und die Erkenntnis, daß Gewalt niemals die Antwort ist. Leben mit klaren Absichten gestattet denen, die die Gesetze des Lebens kennen, die Schöpfer von Realitäten zu sein. Konzentration, Wille und Absicht sind jetzt die stärksten Kräfte. Diejenigen, die hinter euch her zu sein scheinen, die euch schikanieren oder einengen wollen, haben keine Kenntnis dieser Gesetze.

Als Schöpfer eurer eigenen Erfahrungen müßt ihr euch fragen, warum ihr gerade diese Realität wählt. Welche Lebenslektion habt ihr zu lernen? Nach allen Büchern, in die wir Einblick haben, sieht es so aus, als ob alles ein Experiment ist; selbst die Echsen und Drachen sind Teil davon. Fühlt euch also nicht gekränkt oder hintergangen, wenn ihr erfahrt, daß ihr sozusagen hergestellt wurdet, und lehnt eure »Macher« nicht ab. Die Reptilien, die euch an die kreative Verwandtschaft zwischen ihnen und euch erinnern möchten, können euch geistige Bilder aus einer Zeit vor 13 000 Jahren zeigen, dem Löwen-Zeitalter, als die Sonne auf der anderen Seite des Sternkreises stand. Diese Zeit liegt eurer im kosmischen Kalender genau gegenüber, so daß eine enge Verbindung zu ihr besteht und ihr nun einige der Lektionen dieser Zeit lernt. Erinnert euch in eurer Zukunftsvision an die Atlanter und ihren plötzlichen, überraschenden und erschreckenden Niedergang; für euch steht die gleiche Lektion an, auch wenn ihr nicht unbedingt den gleichen Ausgang herbeiführen werdet. Man wiederholt die Erfahrung, um die Lektion zu lernen, und nicht, um immer wieder das gleiche Ergebnis zu erzielen. Wenn man als Individuum, als Gemeinschaft, als Planet und als ganze Galaxis die Lektion lernt, ändert man das Ergebnis der Erfahrung. Die Dramen müssen sich dann nicht wiederholen, ob individuell oder auf galaktischer oder sogar kosmischer Ebene. Was im Grunde geschieht, ist, daß die Schwingungen des Teile-und-herrsche, der Angst-über-Liebe, einer erneuten Prüfung unterzogen werden.

Vertraut auf euer biologisches Wesen und darauf, daß Sonne, Sterne, Kometen, Wind und Wasser, Feuer, Luft und Äther genauso kodiert und bewußt geplant sind wie der Same einer Pflanze und eure DNS. Vertrauen wird euch bei eurer Vision des Wachstums in jedem Moment unterstützen und euren neuen Vorstellungen, wie die Welt beschaffen sein sollte, Raum zur Entfaltung geben. Diese Vision ist dringend erforderlich. Sie bezieht alle Menschen ein, ob jung oder alt, egal welcher Hautfarbe und Rasse. Ihr werdet in dieser Zeit alle eure Schöpfernatur wiederentdecken; sechs Milliarden Lehrer und Götter. Was werdet ihr mit euren Schöpfungen anstellen? Was euch nun beschäftigt, ist das Verknüpfen der einzelnen Fäden. Was für ein Gewebe wird entstehen? Jeder will seinen Faden mit in den großen Teppich einbringen, und wer um alles in der Welt behält die Übersicht, so daß das Ergebnis nicht wieder ein großes Knäuel wird? Ihr könnt das Gezänk der Handwerker im Hinterzimmer schon hören, als wenn sie einen Auftrag für eine Monarchenfamilie durchführten, wie sie voller Hingabe auf das große anstehende Ereignis hinweisen und alle Weber und Designer zusammenbringen – doch man kommt zu keiner Übereinkunft, weil jeder den Chef spielen und die meiste Aufmerksamkeit erhalten will. Dies geschah schon einmal und wird sich auch euch als Herausforderung stellen, doch ihr werdet Wege finden, eure Talente harmonisch zusammenfließen zu lassen, denn ihr seid bei diesem Prozeß alle gleichberechtigt.

Haltet an euren Visionen fest, und auch an denen der Echsen und ihres Einflusses auf die Atlanter. Schaut, ob es möglich ist, in eurem Innern eine Zeitreise an diese Orte des Wissens zu unternehmen. Wenn ihr euch einem Leben in der Gleichzeitigkeit öffnen könnt, werdet ihr mehr ihr selbst; der Wandel ist nicht gleichbedeutend mit dem Verlust eurer Identität. Er hat vielmehr zu tun mit Integration, Gedeihen, Öffnung des Innersten und einer noch tieferen Verbindung mit der Familie, mit Freunden, mit der Gemeinschaft und euch selbst. Dies gibt euch Raum für bewußtes Leben in der Gleichzeitigkeit, wie es in eurem biologischen Gefüge bereits angelegt ist. Ihr seid, wie schon gesagt, großartiger als jeder von euch je entworfene Computer; seht die rasanten Fortschritte in der Technologie als Spiegel für eure eigene Entwicklung und Entschlüsselung, die Schicht für Schicht vonstatten geht und eure Heilfertigkeiten, eure Lebensenergien und Schöpfungskräfte jetzt erblühen läßt.

Haltet also eure Lebensvisionen, für euch wie auch die gesamte Welt: die Familie und die Gemeinschaft, mit der ihr zusammenkommen wollt. Sendet dieses Bild nach innen und außen, im Bewußtsein, daß es überall erscheinen und seinesgleichen anziehen wird, daß es sowohl mit der Erde schwingt als auch weit von der Erde in den Raum abstrahlt. Keine Technologie wird diesen Prozeß ersetzen können, einfach weil es keine Technologie gibt, die der Einzigartigkeit eures spirituell-biologischen Wesens nahekommt. Vertraut also auf den Prozeß, liebe Freunde, und gestattet ihm, sich zu entfalten. Ihr seid wahrhaft majestätisch. Fühlt euch verbunden und bringt die Gemeinschaft hervor, auf die ihr als Menschengeschlecht letztendlich stolz sein könnt.

KAPITEL 12

Den Urschöpfer übertreffen

Wir fordern euch als Abenteurer und Erforscher des Reiches der Mysterien und des Wissens nun auf, euch selbst in die Tiefen unergründlicher Altertumsschätze zu begeben. Entspannt euch und versichert euch eurer eigenen Identität, dann folgt den Worten und den Vibrationen der Energien, die wir mit euch teilen, während wir euch den Zweck dieser ganzen Geschichte offenbaren. Wahrheit ist ein sehr wichtiges Element im Leben, abhängig von Wahrnehmung, Ort und Gesichtspunkt. Wie ihr unsere Geschichten auffaßt, ist eure Sache. In vielerlei Hinsicht beziehen sich unsere Erzählungen und Lektionen eigentlich auf uns selbst; wir hatten uns als Reisende und Geschichtenerzähler vorgestellt und euch aufgefordert, uns auf unserer Reise zu begleiten, denn wie wir gelernt haben: Gleiches zieht Gleiches an.

Ihr schließt zum jetzigen Zeitpunkt viele Phasen eurer Erfahrungen ab. Vielleicht hattet ihr mitunter den Wunsch, euch zurückzuziehen, um das, was sich vor euch befindet, in Ruhe einschätzen zu können. Wir sprachen zu euch als plejadische Zeitreisende und Vorfahren; wir nahmen das Buch der Erde zu Hilfe, um euch zu helfen, euch selbst zu lokalisieren und auf die umwälzenden und außergewöhnlichen Ereignisse, die sich für die Menschheit ankündigen, einigermaßen vorbereitet zu sein.

Wir haben gemeinsam einen Blick auf Abschnitte eurer Geschichte geworfen, und über das Buch der Erde haben wir euch die Bedeutung eurer Verbindung zu den Vorfahren nahegebracht, deren Lebenserfahrungen das Buch ausmachen. Wir haben euch die Essenz aus diesem Buch, das sich nicht so leicht lesen läßt und auch nicht weit verbreitet ist, vorgestellt – ein Buch, das einen Schatz darstellt und eine Konzentration des Bewußtseins erfordert, bevor man es verstehen kann. Das Buch der Erde enthält die lebendigen Bestandteile all derer, die zu ihm beigetragen haben, und der interessanteste Aspekt an ihm ist, daß es nicht gelesen werden kann, ohne es gleichzeitig zu erleben.

Wenn ihr ein Studium der Erzählungen eurer Welt vornehmt, fehlt euch im allgemeinen die konkrete Erfahrung dazu; ihr lest nur darüber, und zu einem großen Teil seid ihr euch nicht sicher, welche Geschichten wahr und welche erfunden sind, welche sozusagen offiziell und welche inoffiziell sind. Ihr bezeichnet diese Erzählungen als Geschichte, die voll von Eroberung, Teilung, Angst und Trennung ist; doch sind diese Aspekte nur ein Teil dieser Zeitlinie, auch wenn es ein einflußreicher und machtvoller Teil mit vielen sorgsam gehüteten Geheimnissen ist. Eure Situation stellt sich so dar, daß ihr nun diese Geheimnisse, verborgenen Erzählungen und Pläne, die sich überall um euch herum, im Äther, in euren Körpern und in der Luft befinden, aufdecken werdet. Einige dieser Pläne scheinen bedrohlich: Schichten von Frequenzgittern, die ätherischen und elektronischen Gitter von Satelliten und anderen Projekten überziehen euren Planeten wie einen Frequenzkäfig. Wofür? Zu welchem Nutzen? Nun, da ihr wißt, daß alles Schwingung und Frequenz ist – warum existieren solche Frequenzgitter im Raum um euren Planeten herum?

Eine Lektion, die wir als Reisende gelernt haben, ist, daß die Schöpfer, die »Designer« dessen, was wir die Erfahrung nennen, in der Tat große Wesen sind. Trotz unserer Suche haben wir die »Adresse« des Höchsten Wesens – Alles-Was-Ist, Gott, Urschöpfer, Großer Geist, Göttin, wie immer ihr es nennen wollt –

nicht ermitteln können. Der Urschöpfer selbst ist offensichtlich unsichtbar und behält seine eigenen speziellen Geheimnisse für sich, die uns dazu anstacheln, uns vorwärtszubewegen, denn als plejadische Suchende sinnen wir auch über die Natur und das Bewußtsein des Designers nach. Wir sind dem, was uns auf unseren Reisen und Abenteuern begegnet ist, mit Ehrfurcht gegenübergetreten und haben tiefe Lernerfahrungen gemacht. Es gab in der Tat eine hohe Notwendigkeit, unser kollektives Bewußtsein grundlegend zu verändern, bevor wir uns für die Lektüre des Buchs der Erde qualifizieren konnten, denn wie schon gesagt: Das Buch zu studieren ist gleichbedeutend damit, es zu leben.

»Wie kann dies geschehen?« fragt ihr euch womöglich. Zum jetzigen Zeitpunkt ist es gut, darüber nachzudenken, und wenn ihr die Antwort wirklich erhalten wollt, dann stellt euch den Lektionen, die das Leben euch aufgibt, im Vertrauen darauf, daß klare Absicht die Frequenzen erzeugt, die euch dafür qualifizieren, mehr über das Ganze zu erfahren. In eurem Bestreben, mehr zu erfahren, versucht ihr euch eigentlich mit dem Schöpfer zu verbinden, dessen Mysterien nirgendwo geschrieben stehen; und doch führen alle Wege anscheinend zum Schöpfer, auch wenn dieser, wie schon gesagt, keine Adresse hat. Er ist der Beweger aller Zeiten, ein unergründlicher Geist, für einen Moment hier und dann wieder woanders, gerade um die Ecke oder auf dem Weg in die nächste Stadt oder gerade auf der anderen Seite des Berges wieder vom Gipfel hinabgestiegen – flüchtig, ausweichend und schwer zu fassen, und mit Sicherheit mysteriös und geheimnisvoll. Manchmal stellen wir auf unseren Reisen mit einem leichten Kichern fest: »Nun, wenn wir den Schöpfer träfen, wäre das vielleicht das Ende unserer Reise . . .«

Ihr lebt in einer interessanten und verheißungsvollen Zeit. Wir möchten, daß ihr die Gelegenheit, die ihr für euch selbst geschaffen habt, begreift. Stellt euch vor, daß ihr ein Künstler seid, dem die Werkzeuge des Schöpfers zur Verfügung gestellt werden. Seht auf eurem geistigen Bildschirm, wie ihr durch

Konzentration auf eure Epiphyse euer drittes Auge öffnet. Stellt euch vor, daß ihr ein Bild malen sollt, eine Illustration für das Buch der Erde. Wie würdet ihr die Ideen und Geschichten, die wir mit euch geteilt haben, in dieses Werk mit einfließen lassen? Natürlich würdet ihr all die Gefühle, die aus eurem Innern hervortreten, mit einbeziehen, denn ihr wißt, daß all eure Reaktionen und Reflexionen, bewußt oder unbewußt, zur Frequenz des Lebens und zu der des Planeten, und somit zum gesamten Buch der Erde, beitragen. Wie würdet ihr all das in eine künstlerische Form bringen? Verbildlicht es euch jetzt, benutzt eure Imagination und eure Epiphyse, um zu sehen, wie das Buch illustriert werden könnte; dann besteht die Möglichkeit, daß ihr euch für die Lektüre qualifiziert – wenn ihr es wagt, natürlich. Es ist eine Sache, von den Erzählungen zu hören, und eine ganz andere, eins mit ihnen zu sein und sie zu leben. Vielleicht versteht ihr nun, wie wir zu unserem Wissen gekommen sind; vielleicht werdet auch ihr nun das Mysterium und die Magie des Schöpfers erahnen können. Wir sagten, daß ein Schöpfer sich von seinen Schöpfungen nicht loslösen kann und daß es immer am besten ist, mit der Wahrheit zu beginnen und aufzuhören; und wie ihr nun lernt, ist die Wahrheit abhängig davon, wo ihr seid und welche Schwingung ihr erfahrt.

Wenn ihr nun einen Schritt zurücktretet und eine Neueinschätzung eurer Sicht der Welt, eurer selbst und der kosmischen Zusammenhänge vornehmt, was bedeutet dies alles dann für euch? Könnt ihr den Wert des Lebens ermessen? Wir fragen euch dies als Verwandte und Begleiter auf eurer Reise. Wir fanden vor Äonen auf unserer Reise heraus, daß das Leben ganz bestimmt Sinn und Wert hat, und wir lernten, *daß man dem Leben nicht entfliehen kann.* In der dreidimensionalen Welt scheinen Leben und Sterben voneinander getrennte Prinzipien zu sein, und da ein Großteil eurer Existenz sich im Körperlichen abspielt, sieht es so aus, als ob es über den Tod hinaus kein Leben gebe. Doch wenn ihr die unbewußten Schichten eures Geistes abtragt und sich die Gesamtsicht präsentiert, die die Menschheit nun verinnerlichen muß, wird es einige Nerven kosten, dies zu konfrontieren. Doch erst wenn eine solche kollektive nervenaufreibende Erfahrung eintritt, kann auch ein profunder kollektiver Heilungsprozeß eintreten, denn normalerweise ist es sonst schwierig, eine solche Auflösung eurer kollektiven Konditionierungen zu erreichen.

In gewisser Weise seid ihr unverwüstliche Wesen, die vor Äonen so programmiert wurden, wie sie jetzt sind, und die Alten trugen ihre Schlachten im Raum für euch aus. Fühlt euch in die unergründlichen Tiefen des Raumes ein, den etwas sehr Altes bewohnt, wo nichtmenschliche Kräfte – oder überhaupt formlose Kräfte – ihrerseits Formen hervorbringen und offenbar so intelligent und kraftvoll sind, daß ihr euch neben ihnen als unbedeutendes Insekt vorkommen würdet. Und doch seid ihr das Ergebnis ihrer Schöpfungen, und: Der Schöpfer kann nicht losgelöst von seiner Schöpfung existieren. Wie bescheiden und ehrfurchtsvoll ihr auch dieser intelligenten Kraft erscheint, seid ihr doch mit ihr in ein Ganzes eingebunden.

Eure schönste Stunde bleibt euch überlassen; sie wird von einer ganz besonderen Einmaligkeit gekennzeichnet sein. Hier und jetzt habt ihr nunmehr eine weitere Gelegenheit, tiefer in euch hineinzuhorchen, die Geheimnisse in euren Zellen zu ergründen und über das Ganze zu reflektieren. Aus dem Buch der Erde ist immer wieder ersichtlich, daß diejenigen, die den wahren Wert der ihnen anvertrauten genetischen Daten zu verstehen wußten, diese immer geheimhielten. Diejenigen, die eure Welt am Laufen halten und in Diensten der Designer selbst stehen, waren oft im Dunklen oder mit Ignoranz behaftet, was euer Potential und eure Fähigkeiten anbelangte. Unterteilungen. Ihr kennt dasselbe Muster als Hierarchie, als Befehlsketten, wo einige wenige alles wissen und mit absteigenden Rängen die Untergebenen immer weniger wissen.

Wie wir schon sagten, geschieht dies, weil ihr eure übersinnlichen Fähigkeiten verleugnet habt, die euch gestatten, Energien zu entschlüsseln und zu mehr Wissen zu gelangen. Einige von euch können sich selbst jetzt, an diesem Punkt unserer gemeinsamen Reise, immer noch nicht vorstellen, was »Wissen« eigentlich bedeutet. Viele von euch wissen, doch selbst als Wissender kann man glauben zu wissen und trotzdem immer noch unwissend sein. Wissen ist eine trickreiche Angelegenheit. Es ist wie ein tolles neues Spielzeug, das sich aber fortwährend ändert und ein eigenes Bewußtsein besitzt. Wer ist es, der da Wissen erlangt? Was ist dieser Prozeß, genannt Wissen? Wie funktioniert er, und warum? Und wann und wo funktioniert er? Ihr habt Wissen lange Zeit abgelehnt oder standet ihm zumindest nicht wohlwollend gegenüber; dies wurde auch bewußt so inszeniert, denn *wüßtet ihr,* wärt ihr längst nicht so leicht, einfach und effektiv zu kontrollieren. Und die, die euch verwalten, wissen ebenfalls nicht, denn sonst würden sie, vor allem wenn sie euer Leben erspüren könnten, wie wir im Buch des Lebens, auf völlig andere Weise mit euch zusammenarbeiten.

Wenn ihr euch einmal in die riesigen Weiten der Kreativität hineinbegebt, werdet ihr zu dem, was ihr hervorbringt. Seid ihr Bildhauer, werdet ihr zum Marmor, zum Ton oder zur Bronze. Als Schöpfer werdet ihr idealerweise zu den Worten und dem Papier, das ihr beschreibt. Wenn ihr Leben schenkt und die Rolle einer Mutter oder eines Vaters übernehmt, werdet ihr zu dem Leben eurer Nachfahren. Dies ist natürlich eine dem Schöpfer innewohnende Fähigkeit. Vielleicht kann man den Schöpfer deshalb nicht lokalisieren, weil er zu beschäftigt ist, alles zu erschaffen, oder vielleicht wartet er auch darauf, daß dieser Teil seiner Schöpfung irgendwann in der Zukunft wieder eins mit ihm wird. Auch wenn sich die Zeitlinien nun schließen, je näher ihr dem Jahr 2012 rückt, werden sie sich doch an einem bestimmten Punkt wieder weit öffnen. Schließlich wird alles, was ihr seid, und die ganze Welt um euch herum in der Gleichzeitigkeit existieren, diesem wundersamen Zustand, den bisher noch keiner von euch gemeistert hat.

Die Alten, die legendären Echsen, die sich für euch durch den Raum kämpften, haben eine wahrlich umfangreiche Geschichte;

sie zu lesen ist ein Abenteuer in sich selbst. Ihre Geschichten verbinden sich mit dem Buch der Erde und führen wieder aus ihm hinaus wie Spuren im Sand, wobei man jedoch nicht erkennen kann, wer sie hinterläßt. Aus den Büchern, die ihr lest, wurden ihre Erzählungen gestrichen, doch wenn ihr ihnen mit euren Worten wieder Form verleiht, dann erinnern sich diejenigen, die daran glauben, genauso wieder wie diejenigen, die sie kennen. Die Unwissenden haben tatsächlich keine Ahnung. Die Verfügbarkeit von Wissen hat ihre eigenen Jahreszeiten, könnte man sagen, die elektromagnetisch bedingt sind; diesen Faktor werdet ihr in eure Gesamtschau des Buchs mit einbeziehen müssen. Wissen setzt Mut voraus. Es kann frei vergeben werden, wird aber nicht so leicht behalten. Es kann kein Gewicht aufweisen und doch die dichteste und schwerste Energie darstellen, die ihr je hieltet oder weitergabt. Viele kehren dem Wissen ihren Rücken zu, und andere laufen vor ihm davon. Manche haben keine Vorstellung davon, was Wissen ist, nicht die leiseste Ahnung, was die Erfahrung und das Wesen des Wissens ausmacht und was es heißt, eins mit ihm zu sein.

Aus unserer Sicht der Existenz sind wir imstande und flexibel genug, Zeit neu zu bestimmen. Vielleicht dämmert es euch mittlerweile, daß auch ihr über diese Fähigkeit verfügt. Dies bedeutet nicht, daß wir Zeitlinien zerstören; es bedeutet, daß wir die Realität neu entwerfen und gestalten, um sozusagen vor der Abreise anzukommen, um uns selbst durch Frequenzen und Kräfte – den Rohsubstanzen des Schöpfers – zu verwirklichen, und um diese Quelle auf kreativste und dienlichste Weise zu nutzen. Das ist unsere Vision. Wir sind außergewöhnliche Schöpfer und Erbauer in unserer eigenen genetischen Linie. Wir verfügen über Stärke, Vielseitigkeit und Humor. In unsere Vision schließen wir die Verschmelzung aller Talente und Harmonien wie auch multiple Zeitlinien mit ein, wo Frequenzen wie Straßenzüge betrachtet werden können und wo man es versteht, auf neuen Wegen zu reisen, auf denen sich die Zeit wie ein Fächer öffnet und die Ankunft der Abfahrt vorausgeht. Unsere

Vision beinhaltet auch eure, denn ihr seid mit uns verbunden, und so reichen wir durch Zeit und Raum hindurch zu euch, unseren Verwandten, hinüber. Tatsächlich springen wir allerdings nur die eine Nanosekunde im Spektrum und sind überhaupt nicht weit weg von euch; da ihr euch jedoch in dieser Art des Reisens nicht auskennt, scheint es euch, als wenn wir unvorstellbar weit von euch entfernt sind.

Das sich ausbreitende Gesamtbild der Existenz, das ihr im Geiste vor euch seht, erfaßt nun immer mehr Menschen um die ganze Welt herum, während immer mehr Menschen ihre Vorstellungen vom Leben neu überdenken. Viele sind verzweifelt, was auch genau einigen Plänen einiger der Macher entspricht. Aufgrund eures gegenwärtigen Lebenswandels – eures Abgetrenntseins von euch selbst, der Erde und euren industriellen, militärischen und politischen Systemen – aktiviert ihr bestimmte biologische Codes, die der genetischen Bibliothek der Erde eingefügt wurden; diese werden dann ausgelöst, wenn die Erde und ihre Bewohner solch einen Zustand der Unausgeglichenheit erreicht haben, daß Umkehr notwendig wird. Diese Codes und Schlüsselzahlen – Programme, wie ihr sie nennt – wurden vor Äonen, vielleicht Milliarden von Jahren eurer Zeitrechnung in den unergründlichen Tiefen der Zeit entworfen, in denen die legendären Kräfte in Bewegung sind und die sie als ihr Zuhause, als ihre »Kreativ-Studios« bezeichnen. Aus dieser Tiefe wurdet auch ihr entworfen.

Wie kann dies sein? Wie ist es möglich, daß Wesen, die vor Milliarden Jahren gelebt haben, biologische, genetisch codierte Reaktionsmuster planen und entwerfen, die erst so viele Jahre später zum Einsatz kommen? Auch darüber lohnt es sich nachzudenken. Wie kann so etwas sein? Nun, auch die Berechnungen, die eure neuzeitlichen Computer anstellen, wären euch vor nur 50 Jahren noch völlig unvorstellbar gewesen. Und vielleicht war die Technologie, die bereits vor 50 Jahren existierte, jedoch vom Welt-Management-Team vor euch versteckt wurde, dem weit voraus, was euch über sie erzählt wurde. Das ist auch heute wahr, und dies ist Teil des Vorwärtssprunges, der euch nun abverlangt werden wird. Anstelle einer schrittweise stattfindenden Erfahrung der Entdeckungen, die zu vielen der phantastischen High-Tech-Schöpfungen geführt hat, wird demnächst all dies auf einmal über euch hereinstürzen – wie die Geheimtechnologie eurer elektronischen Manipulation und eurer Versklavung als Geldquelle, die vor der Öffentlichkeit verborgen werden. Kein Land wurde hiervon ausgenommen – traurig, aber wahr.

Wir bringen euch diese Neuigkeiten bei eurer Suche, euren Abenteuern und Reisen nicht, um euch in Verzweiflung zu treiben. Als Teil eurer neuen multidimensionalen Gesamtschau der Dinge werdet ihr sehen, daß Dualität und Gegensätzlichkeit in allem zu finden sind, besonders an dem Ort, den ihr Zuhause nennt. Dies ist das Mittel, mit dem ihr entdecken werdet, wer und was ihr seid: Gegensätzlichkeit. Um das Ganze in Erfahrung zu bringen, müßt ihr nicht den Gegenpol vernichten oder neutralisieren, denn: Wenn ihr dem Wissen entsagt – auch dem über die andere Seite – was bliebe dann noch zu wissen? Wie schon mehrfach gesagt, der Teil kann nicht vom Ganzen getrennt werden. Indem ihr den Welt-Managern gestattet habt, euch voneinander zu trennen, habt ihr euch leider auch «erfolgreich« von der Erde, euren Familien und den Zellen eures eigenen Körpers abgetrennt, ebenso wie von der Bedeutsamkeit des Lebens. Alles steht für euch isoliert, für sich allein da; ihr könnt euch als Menschheit dazu gratulieren, das Experiment voll durchgezogen und aus bedeutungslosem Leben solch einen durchschlagenden Erfolg gemacht zu haben. Ihr habt den Beweis erbracht, daß es machbar ist, indem ihr euch freiwillig dem Experiment der Trennung unterzogt. Es ist, als hättet ihr gesagt: »Schaut uns zu, wie wir das Ding bis zum Extrem ausreizen, so daß alles voneinander getrennt ist, selbst unsere Körperzellen. Wir haben die Wahl getroffen, an einem Experiment teilzunehmen, das uns zu völlig bedeutungslosen Wesen macht – jedenfalls für eine Weile.« Dies ist sozusagen der Passus unter dem Vertrag, den euer Geist und eure Seele als »P.S.« noch mit unterschrieben hat. »Jedenfalls für eine Weile« sollte allerdings nun idealerweise ein Ende haben.

Wir sprachen über die Zeitalter sowie die Prüfungen und den Reichtum jedes einzelnen. So wie wir es sehen, tritt der wahre Reichtum eines Zeitalters mit eurer Fähigkeit ein, eure Wahrnehmung zu erweitern, und der Test eines Zeitalters hat mit eurer Wahl der Frequenzen zu tun. Wird eure Wahl auf die Erzeugung der Frequenz der Liebe fallen? Zum Zeitpunkt des Beginns und des Abschlusses eines Zeitalters, den Brücken von einer Lebenslektion zur nächsten, wie wir sie nannten, ist es wichtig, daß das Massenbewußtsein eine Einschätzung des Gesamtbildes vornimmt und ein Resümee zieht. Die kosmischen Winde, die solaren Feuer, die Erde selbst und eure DNS bringen nun die Zeit des Wechsels, in der zu leben ihr das Glück habt.

Wir möchten noch einmal auf eure Vorfahren, die »Flachweltler«, zurückkommen, um sie als ein Beispiel herzunehmen. Verglichen mit eurer war ihre Aufgabe klein. Aus dem Buch der Erde ist ersichtlich, daß viele Zeitlinien irgendwie in diesen kurzen Moment münden. So sehr wir sie auch vergrößern und studieren wollten, um herauszufinden, was sie bewirken werden, so sehr scheint ihr euch doch nun »in den Untergrund« zu bewegen, wie Maulwürfe in ihren Tunnelsystemen. Ihr seid dabei, etwas dermaßen Verwickeltes zu erschaffen, daß auch die besten Zeitspringer, Zeitreisenden und selbst wir, die den Blick ins Buch wagen und seine Geschichte leben, den Eindruck haben, daß die letzten Seiten des Kapitels fehlen und die Zeit knapp wird. Wir wissen, daß ihr cleveren Menschenwesen dem Ganzen hier noch einige Seiten hinzufügen werdet. Wir sagten bereits, daß die Legenden im Kosmos von euch erzählen. Indem ihr vielleicht das Konzept der Abreise vor der Ankunft versteht, könnt ihr nachvollziehen, wie diese Legenden jetzt bereits über eure Taten berichten können, wo ihr sie doch erst einmal leben müßt, mit all eurer Freiheit und eurem Mut, mit eurer ganzen Kreativität und Verbundenheit, die es braucht, um die Entschlüsselung der Codes in eurem biologischen Wesen einzuleiten. Ja, ihr seid clever, kreativ und codiert.

Vielleicht können jene unter euch, die die Entschlüsselung des

Codes erlernen und den sich entfaltenden Reichtum des Lebens vor Augen haben, den Mut aufbringen, den Code zu leben und einige weitere Bücher des Wissens zu erkunden. Als Reisende hier ein Tip für euch: Bücher können mitunter sehr trickreich sein, wißt ihr? Als wir zum erstenmal diese unergründlichen Schätze aus alter Zeit, diese Sammlung von Erzählungen und kreativen Gaben entdeckten – wirklich einzigartige Aufzeichnungen über das Leben – , wußten wir noch nicht, was es heißt, ein solches Buch zu berühren, zu öffnen und es nach euren Begriffen zu lesen. Wir waren, ehrlich gesagt, erst mal ziemlich von der Rolle. Wir mußten uns selbst beim Schopf packen, uns den Staub abklopfen und uns zuerst klar werden, worüber wir da auf unserer großen Entdeckungreise gestolpert waren. Für gewöhnlich nahmen wir es mit Humor, Wohlwollen und Anmut zur Kenntnis und machten auf unserem Weg weiter; manchmal fühlten wir uns auch etwas klein oder mickrig – jawohl, auch wir Plejadier kennen diese Gefühle – , wenn wir dieser großen, ehrfurchtgebietenden und majestätischen Kraft gegenüberstanden, die alles Leben ausmacht.

Wir sagen euch dies, damit ihr euch nicht über das, was euch erwartet, verängstigt fühlt. Doch ihr werdet beizeiten schon mal etwas gedemütigt werden – das ist der Lauf des Lebens, wie es scheint. Vielleicht entspringt dieser Demütigung ja dann die Demut, die Ehrfurcht vor dem wahren Wert des Lebens und seinen Planern, Designern und Schöpfern, wie auch dem fehlerlosen Plan, der dunkle und lichte Fäden zusammenknüpft, um etwas Kontrastreiches, aber auch Schönes hervorzubringen. Euer Mitgefühl wird euch gestatten, eine noch größere Version der Gesamtschau der Existenz zu kreieren, und dann entscheidet ihr selbst, was es sein soll. Wenn ihr die Werkzeuge des Schöpfers hernehmt und euch entschließt, ein Künstler zu sein, der die Absicht hat, seinem Wissen Form zu verleihen, dann haltet an dieser Form in eurem Innersten fest und verwendet Mitgefühl als Werkzeug. Der Urschöpfer, wenn ihr so privilegiert seid, ihn zu treffen, sagt vielleicht nicht unbedingt: »Oh, dies Werkzeug hier ist das wichtigste.« Er ist auch clever und wartet darauf, daß ihr selbst die Entdeckung macht und dann fragt: »Lieber Urschöpfer, warum sind deine Werke so einmalig und grundlegend? Was benutzt du denn sonst noch so an Werkzeugen?« Der Urschöpfer hat nichts dagegen, daß wir dieses Wissen mit euch teilen, und die Wahrheit ist: Mitgefühl ist ein erstklassiges Werkzeug beim Erschaffen von Dingen.

Es existieren viele, viele Bücher des Wissens: die Bücher der verschiedenen Planeten, jedes mit seiner eigenen Linie; und es gibt Bücher über alle Zweige des Wissens, über die unterschiedlichen Kräfte des Lebens und ihre jeweiligen Schöpfungen; und auch über jede einzelne Lebensform gibt es eins: über die Vierbeiner, die Geflügelten, die Zweibeiner und all die Geschöpfe aus Mythen, Legenden und Mysterien. Sie alle haben jeweils ihr eigenes Buch. Denkt daran, es ist nur möglich, diese Bücher zu lesen, indem man sie lebt. Genau da treten Wissen und Mitgefühl auf den Plan. In der Bibliothek der Existenz gibt es mehr Bücher, als ihr euch je vorstellen könntet; jedes einzelne, in sich selbst eine Sammlung von Kleinodien, wartet auf seine Entdekkung, darauf, erfahren und gelebt zu werden. Doch um es nochmals zu sagen: Es braucht die entsprechende Frequenz, um sich einzustimmen und sie zu lesen. Gleiches zieht Gleiches an, und wenn ihr euch darauf vorbereitet, einige der Bücher der Familie des Dunkels zu lesen, solltet ihr euch einstimmen, euch auf die Erfahrung einlassen und eins mit ihr werden, aber ohne euch bei all dem selbst zu verlieren. Dies ist der Trick, den es für alle Formen des Reisens zum Wissen zu meistern gilt.

Sowohl die Energien, die euch tyrannisieren möchten, als auch solche, die euch Liebe und Unterstützung zukommen lassen wollen, erstrecken sich in die Tiefen unergründlicher Raum-Zeit. Im Buch der Erde werden die Geschichten manchmal Seite an Seite geschrieben, doch oft ohne Bewußtsein dieser unmittelbaren Nachbarschaft, jede ein Teil eines gleichzeitig ablaufenden Plans, der vorm Nachbarn oder Verwandten verborgen gehalten wird. Hier geschieht es, daß Licht und Dunkel, obwohl sie dieselbe Substanz und denselben Raum für ihre Schöpfungen verwenden, sich der jeweils anderen Seite nicht bewußt sind, auch wenn beide glauben, sehr bewußt und wissend zu sein. Und doch ist das Wissen nie auf solche Weise zu euch gelangt. Eure übersinnlichen Wahrnehmungen und Fähigkeiten sind kleine Lekkerbissen von Ausschnitten, die vom Bildteppich des Lebens wie Fäden heraushängen; es mangelt zur Zeit noch an einem starken Webfaden und einem kompetenten Weber. Es bedarf dieser Zeit des Wandels, um euer Wissen wirklich zu leben und es in eurem Wesen zu erleben. Und dann werdet ihr wissen.

Aus dem Buch der Erde ist zu lesen, daß die Genetik eures Wesens offensichtlich für diese Zeit vollständig und fehlerlos vorbereitet ist. Wir lassen euch dies immer wieder wissen, denn wir sehen immer noch eure Tendenz zur Besorgnis. Die Prüfungen werden zwar anspruchsvoller, doch auch ihr wachst parallel dazu, um es mit ihnen aufnehmen zu können. Wenn ihr geprüft und herausgefordert werdet, dann nie ohne eure gleichzeitig damit einhergehende Fähigkeit, euch der Situation stellen zu können: euch zu ändern, zu transformieren, zu transzendieren und euch selbst neu zu gestalten und zu formen. Die Programmierung und das Management eurer Genetik war über all diese Jahre sehr umfangreich. Wir sagten bereits: Es war schwierig, euch in Teile zu zergliedern. Euer bewußter Verstand wird nur selten angesprochen, denn es ist euer Unbewußtes, das euch beherrscht. Solltet ihr dies in Frage stellen, schaut einfach auf die Größe eures Gehirns und darauf, wieviel davon euer bewußter Verstand nutzt: oft weniger als 15 Prozent, manchmal nur fünf, sechs oder sieben. Euer Unbewußtes ist unerschlossenes Terrain und enthält in sich die Geheimnisse eurer Verbindung zum Kosmos und den Vorfahren wie auch die eurer genetischen Programmierung – jedes für seinen Zeitpunkt der Offenbarung kodiert, wie die Samen und Pflanzen, denen ihr beim Wachsen zuseht. Das Unbewußte, dieses verborgene Terrain, wird sich in der Tat in dieser dreizehnten und schönsten Stunde offenbaren und ins Licht treten.

Haltet euch vor Augen, daß nun die eigentliche Veränderungsphase anbricht, und indem das Unbewußte ins Bewußtsein integriert wird, kommt möglicherweise auch ein versteckter Plan ans Tageslicht, der beide Teile des Geistes wechselseitig unterstützt. Im innersten, tiefsten Teil eures Gehirns, dem Stammhirn, wo das Erfahrene gespeichert, lokalisiert, verändert und verstärkt werden kann, ist der Sitz des Reptilhirns, vielleicht ein weiterer Schlüssel zu den unsichtbaren Spuren eurer Vorfahren. Wenn ihr einmal das Auge in eurem Gehirn, die Epiphyse, dadurch aktiviert habt, daß ihr die 8, das Unendlichkeitssymbol, über euren Augen visualisiert, wird noch mehr für euch sichtbar werden. Das wichtigste ist, Vertrauen in den Prozeß zu haben und eure geistige Frische wie auch die Verbindung mit anderen aufrechtzuerhalten.

Teil des Prozesses ist, die bisher begrenzte, von eurer Genetik so kodierte Wahrnehmung der Realität auszudehnen. Ja, eure Wahrnehmungen sind bisher durch genetische Codes bewußt begrenzt gehalten worden, so daß ihr ein ganz bestimmtes Bild eurer Realität habt. Dies geschah durch Frequenzmodulation aus der Sonne, dem Mond und sogar aus dem Erdkern heraus. Noch seid ihr nicht imstande, die unermeßliche Kreativität der Schöpfer und Designer zu begreifen, weil ihr selbst noch nicht auf diesem Niveau seid. Vielleicht kann diese Erkenntnis euch helfen, die geistige Streckübung zu vollziehen, die es braucht, um das Leben in der Gleichzeitigkeit verstehen zu können, und dann könnt ihr mit Respekt, Aufgewecktheit und Mitgefühl Kontakt zu anderen Intelligenzen herstellen und im wahrsten Sinne des Wortes die Designer eurer Welt, ihre ineinander verschachtelten Pläne und ihre Größenordnung fühlen, kennen und sein. Die Designer realisieren ihre Pläne aus der Äthersphäre, den unsichtbaren Bereichen, heraus, und setzen sie im Sichtbaren und Physischen um, ohne daß die Planempfänger eine Ahnung hätten, wer die Urheber dieser Pläne sind. Viele Menschen, die sich als clever bezeichnen, haben sich selbst für ihre Brillanz auf die Schulter geklopft, ohne zu ahnen, was ihr biologisches Wesen wirklich ausmacht und welchen Einfluß die himmlische »Software«, die zur Zeit ihrer Geburt in sie »eingelesen« wurde, wirklich ausübt. Doch all dies öffnet euch den Einflüssen eurer Designer, die keiner Religion oder göttlichen Hierarchie angehören, wie ihr sie kennt, und deren Entwürfe und Blaupausen so immens groß sind, daß sie Millionen von euch als Schachfiguren in ihrem Plan benutzen. Haltet euch vor Augen, daß dies weder eine gute noch eine schlechte Kraft ist – es ist einfach ein Schöpfer. Und selbst dieser Schöpfer, der willkürlich eine Million von euch innerhalb seiner Pläne umherbewegt – so daß ihr glaubt, es wären eure eigenen brillanten Bewegungen, Absichten und Vorstellungen, unabhängig von anderen –, selbst dieser Schöpfer hat einen noch größeren Mentor.

Wir wollen, daß ihr versteht, wie diese Bestandteile miteinander zusammenhängen und wie wesentlich dies für euch und das Buch der Erde ist. Ihr wißt nun, daß wir über eure Welt sprechen, weil wir sie erlebt und erfühlt haben. Das ist eine der Voraussetzungen für Zeitspringer. Es gibt viele Besucher, »Frequenzhopser« usw.; doch ein wirklicher Zeitreisender wird eins mit seiner Reise. So kommt die Ankunft vor der Abfahrt zustande. Zeitreisen und Zeitspringen scheinen gerade jetzt aufregend und »en vogue« zu sein. Wenn Menschen außerkörperliche Erfahrungen und Hellgesichte erleben und erkennen, daß es eine wahre Arena voller Potential und Möglichkeiten gibt, gilt es, sich an eines zu erinnern: Träumt. Es ist wichtig, daß ihr träumt; gebt eure Träume nicht auf. Schätzt eure Fähigkeit zu schlafen und zu träumen und versprecht euch selbst, niemals das Träumen einzustellen; denn wenn ihr das Träumen aufgebt, gebt ihr auch das Leben auf. Träumen und Leben gehen Hand in Hand, denn der Traum ist der Garten der Kreativität, in dem ihr euer Potential und eure Rechte ausübt und kultiviert, in dem ihr eure ätherischen Kunstwerke erschafft. Es ist der Ort, wo ihr entscheidet, welche Bilder ihr festhaltet und aus der Traumwelt mit hinübernehmt in die Realwelt oder die Wahrheit, wie ihr sie nennt.

Die Ideen, die ihr empfangt und auffangt, können nun in

Formen überführt werden. Eine Renaissance der Kreativität, die euch jetzt in diesem kurzen Zeitraum widerfährt, schlägt weite Wellen durch die Korridore der Zeit, und diese Renaissance könnt ihr auch bei den Schöpfern spüren. Auch andere merken nun, genau wie ihr, daß man sich von seinen Schöpfungen nicht absondern kann. *Wir bitten euch hiermit nachdrücklich, die Frequenz der Liebe zu erzeugen.* Wir haben euch Vorschläge für Visionen und Grundlagen unterbreitet. Wir haben mit euch unsere hoffentlich interessanten Ansichten und Anmerkungen über eure Welt geteilt, so wie sie im Buch der Erde verzeichnet sind. Doch der eigentliche Zweck hinter allen Geschichten ist, euch den wichtigsten Bestandteil aller Schöpfungen, das eigentliche Geheimnis des Urschöpfers, zu offenbaren: *die Liebe.* Der Urschöpfer ist bereit und willens, dieses Geheimnis nun mit euch zu teilen, und vielleicht werdet ihr in dieser großartigen Renaissance eurer eigenen Kreativität den Schöpfer mit Liebe noch übertreffen. Der Urschöpfer lacht bei dieser Vorstellung leise in sich hinein, und, ätherisch und flüchtig, wie er nun einmal ist, geht dieses Lachen auch hinaus. Schöpfungen, mit denen der Urschöpfer noch übertroffen wird – das wäre in der Tat eine äußerst interessante Erfahrung, so wie die Ankunft vor der Abreise. Und so bitten wir euch, die Frequenz der Liebe zu erzeugen. Ihr wißt sicher, es ist nicht immer leicht, um etwas zu bitten; oft ist da die Furcht, daß einem auf die Bitte Ablehnung oder Verweigerung entgegenschlägt. Doch wie dem auch sei – wir bitten euch, als eure Verwandten und Vorfahren, als »die Alten« und Erfahrenen im Hinblick auf das Buch der Erde, Liebe zu erzeugen, denn sie ist es, die so sehr gebraucht wird.

Wie schon erwähnt: Einige Seiten im Buch der Erde scheinen zu fehlen, und jener Teil der Geschichte, in den keiner mit Gewißheit Einblick hat, wird immer undurchsichtiger und zweideutiger, je mehr wir uns dem Jahre 2012 nähern. Je feiner und differenzierter die Energien nun werden, desto weniger Zugang besteht zu ihnen, um sie zu steuern, zu vermischen, zu vereinigen oder sogar nur sie zu beobachten; und je undurchsichtiger und nebliger alles wird, desto seltener ist es möglich, einen Gesamtblick zu erhaschen und alles in einen Zusammenhang zu bringen. Euer Zeitpunkt jetzt zeigt lediglich einige einzelne Teile des Puzzles, kurze Blicke durch die Nebelschwaden. Was dies alles zu bedeuten hat, weshalb Seiten aus dem Buch fehlen – das fragen wir uns selbst auch. Doch sind wir geduldig, da dies nur ein kurzer Augenblick ist, in dem dies passiert. Sowohl wir als auch ihr werden zugegen sein, um diesen Moment zu erfahren. Wir sitzen hier – ihr würdet es wohl sitzen nennen – in gespannter Erwartung, stolz auf unsere Befähigung, uns dort zu plazieren, wo wir Zeuge des Geschehens sein können, wo wir etwas über das Leben lernen können, das unserer eigenen Reise Impulse verleiht. Wir beobachten mit Spannung, was ihr tun und wie ihr den Prüfungen des Zeitalters entgegentreten werdet und ob ihr euren wahren Wert erkennen werdet oder auch nicht.

Mischen wir uns ein, wenn wir euch bitten, Liebe zu erzeugen? Vielleicht ja. Doch tun wir dies nur deswegen, weil wir glauben, daß alle Bücher, die zusammen das Buch der Existenz ausmachen, enorme Vorteile genießen würden, wenn ihr Liebe produziertet. Die Legenden sprechen darüber auf vielfältigste Weise. Niemand weiß genau, welcher Quelle jene Legenden über die Menschheit an der Schwelle zum 21. Jahrhundert entspringen, die besagen, daß der goldene Moment erreicht ist und von einer Nanosekunde in die Ewigkeit, zumindest für eine Weile, ausgedehnt wird. Paradoxa, Rätsel, Höhenflüge der Phantasie, Schicksalsschläge und geistige Streckübungen – all dies erwartet euch nun. Vielleicht beneidet ihr mittlerweile die Flachweltler, in dem Glauben, daß sie es leichter hatten, daß die Welt, in die sie sich hinauswagten, zumindest einigermaßen bekannt war, verglichen mit dem, was euch erwartet, aber ihre Welt war genauso unbekannt wie eure. Als sie die Meere überquerten, fand ebenfalls eine Frequenzveränderung statt; es war, wie in eine andere Dimension zu reisen. Die Schwingungen der Bewohner der neuentdeckten Länder beinhaltete andere Glaubensmuster, und so kam es zu unterschiedlichen Manifestationen. Den Samen zu einem bestimmten Glauben zu setzen, ist der Fähigkeit zur Manifestation übergeordnet; was ihr glaubt, das wird eintreten. Um ein neues Wesen hervorzubringen, werden zunächst neue Glaubensmuster als Grundlage geschaffen, und alte zerfallen und zerstreuen sich mit dem Wind – wie Gestein unter dem Einfluß der Erosion.

Wir erwähnen hier noch einmal lobenswert eure Flexibilität und Fähigkeit zur Veränderung, denn wenn ihr mit uns bis hierher gereist seid, in die tiefsten Tiefen, ins Verborgene, ins Mysteriöse hinter den Kulissen, um den Plan hinter dem Plan zu erkennen, dann seid ihr jetzt bereit, noch viel mehr Wissen zu empfangen. Ihr lebt in der Zeit des Wandels, einer Zeit, die euch mit ihrer Großartigkeit prägen wird, allerdings auch von euch die Erzeugung entsprechender Frequenzen abverlangt, wollt ihr vollen Zugang zu ihr erlangen. Glaubt an euch selbst; ihr seid die Künstler, die die Arena des Lebens gestalten. Seid euch darüber im klaren, daß ihr täglich einem elektronischen Bombardement ausgesetzt seid, um euch die offizielle Sicht der Dinge, eine Fiktion, einzuhämmern; kaum eine Nachricht oder Reportage beinhaltet überhaupt noch Wahrheit – zumindest nicht die, nach der ihr Ausschau haltet und die euch mit allem verbindet.

Ihr werdet weiterhin auf der Suche nach der Wahrheit sein. Dabei wird eure vermeintliche Unschuld von Zeit zu Zeit wie eine Seifenblase zerplatzen, und ihr werdet auch mitunter auf die Nase fallen, einige Abschürfungen und blaue Flecken verarzten müssen und mit leicht gedrückter Stimmung bemerken: »Also daß es so werden würde, hätte ich ja nicht geglaubt. Meine Güte, ich dachte, das Leben wäre weitaus angenehmer und lieblicher – und nun kommen all diese schlimmen Sachen zum Vorschein ...« Doch diese schlimmen Sachen, die Störungen, Unterbrechungen und desillusionierenden Erfahrungen, sind vielleicht nur dazu da, damit ihr sie heilt, nicht, damit ihr euch von ihnen angegriffen oder verletzt fühlt. Der Wohlstand eines Zeitalters hat direkt mit eurer Fähigkeit zur Wandlung eurer Wahrnehmung zu tun, denkt daran. Und dieser angesammelte Wohlstand wird im Idealfall einen Heilungsprozeß einleiten, der umfassender ist als alles, was ihr euch je hättet vorstellen können. Wenn ihr euch für diesen Prozeß öffnet, wird er auf allen Ebenen, in all euren Körpern einsetzen. Als Wesen in der dritten Dimension wird dieser Heilungsprozeß in eurem Geiste stattfinden, herbeigeführt durch die tiefgreifenden emotionalen Transformationen, die ihr nun durchleben müßt. Letztendlich seid ihr auf der Suche nach Wissen, und um Wissen erlangen zu können, müßt ihr mit der Gesamtheit des Lebens eins werden. Lebt also eure Emotionen, seid fähig zu fühlen und erkennt die aus der Kindheit auftauchenden Muster, die euch zeigen, daß ihr zu einem Großteil noch in kindhaftem Verhalten feststeckt. Denn was man euch nicht beigebracht hatte, war der Gebrauch eurer Gefühle zur Wahrnehmung der Realität. Legt das Bedürfnis ab, bemuttert oder bevatert werden zu müssen. Seid einfach in euch selbst ganz. Dies bedeutet nicht, eine Vater- oder Mutterrolle aufzugeben; es bedeutet aber sehr wohl, euch von der Vorstellung zu trennen, daß irgendwer sich um euch kümmern muß. Macht euch mit der Vorstellung vertraut, daß ihr souverän seid und euch selbst genügt, dann werdet ihr euer Leben in die eigenen Hände nehmen.

Das Ausmaß an Lebenslektionen ist riesig – eure Gelegenheit zum Lernen aber auch. Manche nennen es Karma. Vielleicht helfen euch solche Begriffe beim Verständnis, daß es in der Existenz Orte und Punkte gibt, an denen ihr euch aus den selbstgestellten Fallen wieder befreien könnt und an denen ihr als Schöpfer erkennt, daß ihr nur erwarten könnt, das zurückzuerhalten, was ihr gegeben habt. Dies ist, was wir auf den großen Bühnen der Existenz erwarten. Was ihr also auf diese letzten Seiten des Buches der Erde schreibt, das bleibt euch überlassen. Wir haben unsere Mittel, und wir unterstützen und beobachten euch aus unserer Warteposition. Wir wissen, daß ihr zum Ende dieser Nanosekunde der dreizehnten Stunde begegnen werdet, dem Unbekannten, dem Mysteriösen. Vielleicht seid ihr mittlerweile selbst zu bestimmten Vorstellungen gelangt und verspürt das Bedürfnis, einige Kapitel nochmals neu zu verfassen. Vielleicht habt ihr schlauen Menschen ja auch selbst diese fehlenden Seiten aus dem Buch herausgetrennt, damit niemals irgend jemand die darin enthaltenen Erfahrungen noch einmal durchleben könnte! Wir lernen eine Menge durch Beobachtung und Erfahren eures Buches, und doch seid ihr immer noch ein Rätsel für uns; ihr seid so voller Codes mit brillanten Phantasien und Freiheiten, was Veränderung angeht, daß ihr schwer auszumachen seid. Ihr seid wunderbare, ehrfurchtgebietende Geschöpfe – wir können nicht anders, als euch zu lieben.

Also, ihr lieben Freunde: Eure Gesamtsicht der Dinge wird wachsen. Welcher künstlerischen Inspiration ihr heute auch Form verleiht – morgen wird sie sich wie ein Fächer entfalten, und dann wird der Reichtum eines Zeitalters der eure sein.

Das Ideal wäre, daß ihr den Test dieses Zeitalters besteht: die Erzeugung der Schwingung der Liebe, ein Geschenk an die ganze Existenz. Wenn ihr begreift, weshalb ihr auf bestimmte kosmische Ereignisse wartet – Kometen, Finsternisse, Vollmond –, dann werdet ihr auch verstehen, weshalb wir auf euch warten, was bestimmte Ereignisse angeht. Unser Wissen, unsere Erfahrung und Existenz haben sich durch eure Gabe, das Leben zu leben, enorm vergrößert; wir bitten euch deshalb, mit Stil, Würde, Anmut und Absicht so weiterzumachen.

Aus den Tiefen unergründlicher Altertumsschätze hallt nun der Ruf hinauf zu euch, diese Schätze zu heben, ans Tageslicht zu fördern und sie wieder zum Leben zu erwecken. Eure Vorfahren sind bereit, den Schritt nach vorn zu wagen, im Bewußtsein, daß sie vielleicht ihre letzten Tage erleben. Sie tun dies mit Anmut, weil sie gehört haben, was die Legenden über Heilung und Liebe flüstern, die die Menschen nun erzeugen werden. Selbst die ganz Alten werden hervorkommen, um diesem Ereignis beizuwohnen. Die Echsen, Drachen, die verborgenen Teile der Geschichte, sie sind nun auch langsam auf dem Weg nach vorn. Ihre Botschaft: Wir kommen. Alle Legenden sprechen über diese Heilung; und es läuft die Kunde, daß sie bereits geschieht, daß die

Menschen diese Schwingungen trotz aller Tyrannei, trotz aller drohenden Gifte, die sie umgeben, erzeugen. Sie bringen es tatsächlich fertig! Und damit ist es endlich ausgesprochen.

Und so setzt wieder einmal ein uralter Marsch ein. Wesen kommen von Orten, die ihr euch nicht vorstellen könnt, jedes von ihnen auf seiner Suche, Pilgerfahrt oder Reise, weil die Legenden besagen, daß es zu Zeiten der Heilung noch nie etwas Ähnliches gegeben hat. Die Zeitspringer erzählen dies natürlich überall herum, und wie schon gesagt: Zeitspringen ist eine Kunst, in der ihr nur so gut seid, wie ihr euch traut, zu dem zu werden, in das ihr hineinspringt, ohne euch jedoch zu sehr damit zu identifizieren. Es ist natürlich wichtig, sich wieder loslösen zu können, indem ihr euch lokalisiert und identifiziert und euch weiterbewegt, ohne irgendwo hängenzubleiben, denn dies passiert zuweilen; auch darüber findet sich in den Legenden eine Menge.

Nun, auf den letzten Seiten eures Teils des Buches kommen eure Vorfahren in allen Formen und Gestalten auf euch zu: durch die Dimensionen, aus der Erde, durch euer Blut und eure Zellen und durch das Wasser, das das Leben auf der Erde erhält und unterstützt. Ein wichtiges Versprechen, das ihr euch selbst geben solltet, ist, die Gewässer rein und heilig zu halten; begreift: Wenn diese im Begriff sind umzukippen, ist dies das letzte Warnsignal an euch, eure Aktivitäten auf der Erdoberfläche, die dies verursachen, einzustellen. Ihr könnt diese Zeit der Vergiftung und Verseuchung überstehen und die Schwingung der Liebe erzeugen; es ist auch eine Herausforderung, gesunden Menschenverstand einzusetzen und die weitere Produktion all dieser Gifte zu stoppen. Ihr werdet dies tun, wenn ihr Zugang zu euren tiefsten Gefühlen erlangt.

Zum Abschluß, liebe Freunde, dies: Erschafft ein großes Panorama eurer Träume und Visionen für euch selbst und seid euch bewußt, daß es das erste von vielen ist. Die Meisterstücke des Lebens und seines übergeordneten Ziels sind eure, wenn ihr das Buch der Erde kunst- und liebevoll illustriert.

Kapitel 13

Die schönste Stunde

Ihr seid vielleicht jetzt zu dem Schluß gekommen, daß diese Reise eigentlich gar kein Ende hat. Die Seiten, bei deren Umblättern ihr euch vorfindet, führen euch unter Umständen wieder an den Anfang zurück, denn Anfang und Ende einer jeden Sache sind immer aufs engste miteinander verbunden. Ihr könntet am Ende eurer Reise feststellen, daß ihr euch wieder am Anfang befindet, um diesen Ausgangspunkt noch einmal in Augenschein zu nehmen. Dies hat seinen Grund. Es gibt ein Sprichwort auf eurer Welt: »Die Geschichte wiederholt sich.« Jede Bewußtseinsform würde ihre Erfahrungen wiederholen wollen, entweder weil sie aus ihren Unternehmungen enormes Vergnügen gezogen hat oder weil das Bewußtsein bei dem, was es tat, überhaupt nicht bemerkte, daß es sich um eine Wiederholung handelte.

Als Abenteurer, Reisende und Mysterienforscher bitten wir euch, unseren Worten zu folgen und diese letzten Seiten des Buches in dem Bewußtsein all dessen durchzublättern, was wir mit euch geteilt haben. Richtet euer Bewußtsein aus und fühlt den feinen Nebel – feucht und flüchtig – , der sich über eurer Landschaft ausbreitet. Tretet in diesen Nebel hinein, ins Mysteriöse, wo ihr nichts mehr sehen und doch die Weiträumigkeit fühlen könnt. Dies ist in sich selbst ein Geheimnis: so umschlossen zu sein und nichts mehr erkennen zu können, und doch gleichzeitig sich weiter ausgedehnt zu fühlen als je zuvor. Es gibt einen Trick mit dem Nebel, wißt ihr? Nebel wurden symbolisch mit dem Mysteriösen gleichgesetzt; in der alten Sprache eurer Welt waren sie ein und dasselbe.

Tretet also hinein in diesen Nebel, dieses Mysteriöse, Rätselhafte, Paradoxe, das euch erwartet – und die mystischen Energien, die es zu hinterfragen gilt. Ihr werdet euch im umherwabernden Nebel in der Vorwärtsbewegung finden. Ihr spürt ein Vertrauen als Kraft, die euch sanft vorwärtsbewegt. Trotz unsicheren Terrains und Unsichtbarkeit eurer unmittelbaren Umgebung bewegt ihr euch weiter vorwärts, bis schließlich in der Ferne die vagen Umrisse einer Form sichtbar werden. Ihr fühlt euch von dieser Form angezogen und bemerkt, daß von ihr ein Licht ausgeht, das seine Farbe wechselt; doch dieses Licht ist so fein, daß es schwer ist, mit dem Finger darauf zu zeigen. Ihr bewegt euch weiter durch die Schwaden, die euch umhüllen und mit denen ihr eins werdet; ihr verwendet den Nebel, um eine Reise in ihn und sein Wissen hinein anzutreten, denn dieser Nebel ist es, der zwischen euch und den anderen Welten liegt.

Die Form und ihr wechselndes Licht ziehen euch in etwas hinein, was wie ein Gewölbe oder eine Höhle aussieht. Obgleich ihr nun schon eine Weile durch den Nebel gezogen seid, fragt ihr euch, wie ihr euren Weg zu diesem Ort gefunden habt. Während sich der Nebel nun zu lüften beginnt, seht ihr vor euch, in der Mitte dieser Höhle, einen Tisch von riesigen Ausmaßen. Ihr fühlt euch wiederum aufgefordert, euch vorwärtszubewegen und auf den Tisch zuzugehen. Ein königliches Gefühl der Erregung, eine elektrisierende Intelligenz, umhüllt euch plötzlich; ihr fühlt, wie die gesamte Atmosphäre in dieser Höhle elektrisch aufgeladen ist. Vor diesem eindrucksvollen Tisch befinden sich Stufen, die mit einem üppigen roten Teppich ausgelegt sind, so daß euer Schritt sich weich anfühlt. Acht Stufen führen euch empor zur Tischfläche, auf der ihr ein geöffnetes Buch von erstaunlichen, nahezu kolossalen Ausmaßen vorfindet. Die Energien dieses Buches ziehen euch an, und ihr seht euch selbst, wie ihr die Seiten des Buches gleich Stufen nach oben nehmt, um einen besseren Blick auf dieses mächtige Buch gewinnen zu können.

Nun setzt euch bequem hin und gestattet euch, ins Buch der Erde zu schauen, und wo auch immer ihr euch in der Zeit vorfindet, laßt die Möglichkeiten dieses Ortes auf euch einwirken und euer Lehrer sein. Ihr habt nun leichten Zugang zum Buch; fühlt euch also frei, seine Seiten durchzublättern, indem ihr euch einfach geistig in verschiedene Zeitrahmen oder Strukturen eurer planetaren Geschichte hineinversetzt, die euch interessieren oder beeinflussen. Nutzt eure multidimensionalen Gaben, um noch tiefer in das Buch einzudringen. Wählt eine bestimmte Zeitlinie und beobachtet, wie sie sich entfaltet, während wir euch über andere Zeitlinien erzählen.

Lichtsphären, die auf ihrer eigenen Reise durch die Zeit sind, durchqueren das, was ihr als Universum bezeichnen würdet. Ihr existiert auf der Erde, Teil des Sonnensystems und dieser Galaxis, doch diese Lichtsphären sind Teil eines noch größeren Universums. Ihr habt von diesem Universum gehört, doch wart bisher nicht imstande, es zu durchqueren. Aber diese Lichtsphären können es, und sie sind auf der Suche nach etwas. In ihrer organischen Natur beherbergen sie Bewußtsein; tatsächlich sind sie das zu Hause Tausender Zeitspringer und Zeitreisender.

Die Sphären reisen durch das Universum auf der Suche nach der Zeit der Legenden, den Legenden des Lichts. Sie sind auf der Suche nach den Seiten im Buch der Existenz, wo die Legenden des Lichts und die legendären Menschenwesen ihren Ursprung nahmen. Sie treten ins Buch der Existenz ein, welches von eurem Universum handelt, und verweilen auf den Seiten dieses Buches, so wie ihr auf den Seiten des Buches der Erde verweilt. Sie sind miteinander im Austausch, während sie bestimmte Koordinatenpunkte verfolgen, und auch sie sind von einem Nebel umgeben, durch den sie hindurchschreiten müssen, um die Geheimnisse dieser Punkte in der Zeit zu ergründen. Auf eine bestimmte Weise können sie den Raum und den Äther »lesen« und ihre Moleküle mit denen jeglicher existierender Tyrannei verschmelzen, um die ihr zugrundeliegende Absicht und Frequenz zu entschlüsseln. Die in dieser organischen Lichtsphäre Reisenden sind auf der Suche nach den präzisen Koordinatenpunkten eines winzig kleinen Zeitausschnitts. Sie sind auf der Suche nach der Nanosekunde, von der sie gehört haben, daß in ihr die Menschheit ihren Anfang nahm.

Die Reisenden kommen aus unterschiedlichen Systemen. Man könnte sie auf eine Art als Zeitspringer-Konföderation bezeichnen, eine offizielle Expedition, die durch die Existenz zeitspringt, um den genauen Ort und die genaue Zeit ausfindig zu machen, zu der die Legenden erstmals ins Leben gerufen wurden. Sie suchen nach Einlaß zum Zwecke der Beobachtung, und sie sind weit gereist – unter vielen verschiedenen Umständen, die das Verstehen derer unter euch, die nur mit dem Buch der Erde vertraut sind, übersteigen würde. Wenn ihr das Buch der Erde durchblättert, stellt euch vor, wie eine Bewußtseinsform noch größere Seiten auf der Suche nach euch durchblättert. Die Zeitlinien, die ihr zu verstehen versucht, gehen den Momenten, in denen ihr gelebt habt, voraus, doch Zeitlinien gehen auch aus der Zukunft hervor, denn diese Lichtsphären, organische Sphären voll Bewußtsein, kommen aus allen möglichen Zeiten. Sie sind eine Konföderation, die anstrebt, an dem Ort und in der Zeit zu sein, wo eure Geschichten ihren Ursprung fanden.

Während ihr euch die Seiten eures Buches anschaut, um zu sehen, was ihr an Lernerfahrungen machen könnt, stellt euch ein noch viel größeres Buch vor, das Buch der Existenz, und die Wesen, die euch beobachten, in diesen kurzen Moment springen und eure Realität betreten wollen, um sich mit ihren Frequenzen zu harmonisieren – einfach um zu beobachten und zu sein. Weil dieser Moment so kurz ist, ist er natürlich nicht leicht ausfindig zu machen. Da alle Zeit gleichzeitig existiert und wie ein Videoband immer wieder zurückgespult werden kann, brauchen die

Lichtsphären-Reisenden einerseits nahezu eine Ewigkeit, diesen winzig kleinen Zeitausschnitt zu finden. Je länger sie andererseits warten, desto mehr kann der kurze Moment noch überarbeitet werden. Es kann jedoch auch passieren, daß die genauen Koordinaten abhanden kommen und daß jene, die sich bereits in diesen flüchtigen Moment hineinmanövriert haben, dort das genaue Ziel verfehlen.

Diese Lichtsphären-Reisenden wurden mit den Legenden über die Menschheit aufgezogen, die ihnen erzählten, daß es sich bei diesen Geschichten um ein genetisches Experiment dreht. Sie glauben, über dieses Gebiet Bescheid zu wissen und darüber, daß genetische Experimente nicht gerade einfach, doch auch einigermaßen vorhersagbar sind. Die Zeitlinien und Sprünge innerhalb der Zeit sind es jedoch nicht; man könnte behaupten, daß sie sogar außerordentlich unvorhersagbar sind. Abhängig von der Ereignisdichte können sich alle möglichen Phänomene und Mysteriositäten ereignen. In der dichtesten aller Dichten ist es sehr schwer zu operieren, doch auf der Suche nach dem All-Wissen, wenn man wirklich alles wissen will, muß man alle Dinge erfahren und leben.

Und so sind die Suchenden auf der Suche; wenn sie die Koordinatenpunkte bestimmt haben, sind sie imstande, sich in den kurzen Moment hineinzubegeben, um bei der großen Show dabeizusein. Jeder dieser Beobachter repräsentiert dabei seine eigene Absicht, Spezies und einen eigenen Gesichtspunkt, und jeder weiß, daß nach den Legenden hier eine Schwingung erzeugt werden soll, von der man noch nie gehört hat – und diese auch noch das Ergebnis von Chaos und Verwirrung sein soll, die, wie die Teilnehmer natürlich wissen, eine Form der Schöpfung sind. Chaos ist die Grundlage aller Pläne innerhalb von Plänen innerhalb weiterer Pläne, und das sich selbst erschaffende Chaos kann, je nach Gesichtspunkt oder Glauben des Teilnehmers, unterschiedlich gedeutet werden. Und das ist der eigentliche Reichtum, den Chaos beinhaltet, von dem gesagt wird, er sei das süßeste Elixier im Gefolge der Liebe.

So ergibt es sich, daß die Zeitspringer einerseits das Chaos nicht beinflussen, andererseits aber auch nicht total von ihm eingenommen werden wollen. Doch die Botschafter in den Sphären führen eine Reihe legendärer kosmischer Wesenheiten mit sich – Familienmitglieder, königliche Angehörige des Schlangenkultes und der Drachenlinien, die sogenannten Drachenkönige, die hierherkommen, um geheilt zu werden, um die Frequenz zu empfangen und herauszufinden, ob die Legenden wirklich wahr sind. Für sie sind die Legenden über Menschenwesen, die diese Heilungsschwingungen erzeugen, so alt, daß sie sich fragen, ob sie die Geschichten wirklich richtig verstanden haben. Und aufgrund der Vorkommnisse in ihren Welten, aufgrund der Bücher, die verlorengegangen sind, und aufgrund der Generationen, die seitdem gekommen und gegangen sind, haben sie den Entschluß gefaßt, sich auf eine Expedition zu begeben – mit beträchtlichem Aufwand und der Notwendigkeit einer Zusammenarbeit –, um durch die Zeit zu einem winzig kleinen, aber uralten Ereignispunkt zu reisen. Sie wollen sehen, was an den Legenden dran ist, ob es da tatsächlich in einem versteckten Winkel eines Seitenarms einer Galaxis, in solch einem flüchtigen Moment, die Rasse Mensch gibt, die vom Dichten zum Lichten reist, von der Angst zur Liebe, um etwas zu erleben, von der sie keinen Schimmer hatte, was es sein würde, obwohl sie die genauen Worte aussprach. Dies ist in sich selbst der Reichtum innerhalb des menschlichen Chaos; auf dem Wege des Chaos würden sie nämlich ihr ultimatives Geschenk kreieren, und nur aus dem Chaos heraus kann es erreicht werden.

Und so reisen die Beobachter, die Besucher und die Botschafter durch ihr Buch, und sie halten inne und warten – auf euch.

Nachwort

Wir glauben, daß die Arbeit, die wir leisten, angebracht ist. Sie kommt tatsächlich zur rechten Zeit und wird euch voller Liebe und im Geiste einer Bedeutsamkeit übergeben. Wir schätzen all jene unter euch, die dieses Buch gelesen haben und sich nun inspiriert fühlen, mit noch mehr Kreativität, Weisheit und Geist die Seiten des Buches der Erde zu illustrieren, einer angesehenen Pracht Ausdruck zu verleihen, mit der ihr diese Legenden lebt, die aus dem Licht heraus geschaffen wurden. Das ist unsere Absicht, mit der wir dieses Werk in eure Hände legen, und es ist unsere grenzenlose Freude, am Neuaufbau der Existenz teilnehmen zu können.

Über die Autorin

Die Plejadier sind eine Gruppe von Außerirdischen aus dem Sternsystem der Plejaden. Seit dem 18. Mai 1988 sprechen sie durch Barbara Marciniak. Die plejadischen Lehren können mit Schamanismus verglichen werden, jenem uralten Wissen, das als Mittler zwischen der physischen Welt und dem spirituellen Reich gedient hat und dem Menschen zur Selbsterkenntnis in der Welt des Paradoxen, des Paradigmenwandels und der Spiritualität verhalf.

Barbara Marciniak ist ein international bekanntes Trance-Medium, eine inspirierende Sprecherin, Herausgeberin und Autorin aus North Carolina in den USA. Nach einer dreiwöchigen Reise durch das alte Ägypten und Griechenland begann sie im Mai 1988 in Athen mit ihrer Channel-Arbeit. Auf dieser Reise spürte Barbara den Impuls, in diesem Leben bestimmte Tempel und Kraftorte neu zu erfahren – die Große Paramide in Gizeh, die Tempel entlang dem Nil, die Akropolis in Athen und Delphi. Seit dieser Zeit leitet Barbara Workshops und Seminare in den USA und organisiert Reisen zu den heiligen Kraftorten in Großbritannien, Peru, Bolivien, Mexiko, Ägypten, Griechenland, Bali und Australien. Sie fühlt, daß diese heiligen Orte in sich selbst Verbindungen zu Energiewirbeln darstellen, die Wissen des höheren Geistes beherbergen – der höheren Idee, die die Erde zur Zeit wieder zu erschaffen sucht. Ihre Reise, ihre astrologischen Studien und die Freiheit ihrer Gedanken vertiefen die Einsichten und das Verständnis für das Material, das sie channelt.

Barbara empfindet ihre Erfahrung mit den Plejadiern als unschätzbar wertvolles Geschenk, das für sie eine Verbindung mit den Möglichkeiten der persönlichen, globalen und kosmischen Transformation herstellt. Und dafür ist sie unendlich dankbar.

Für weitere Informationen über Audio-Cassetten, Abschriften und ihren vierteljährlich erscheinenden Rundbrief *The Pleiadian Times* schreiben Sie bitte an:

Bold Connections
P.O. Box 782
Apex, NC 27502
USA

Bitte fügen Sie bei Bestellungen Ihrem Brief einen frankierten und adressierten Rückumschlag sowie eine internationale Post-Zahlungsanweisung bei.

Von Barbara Marciniak sind im Verlag Hermann Bauer erschienen:

Boten des Neuen Morgens

Lehren von den Plejaden

312 Seiten, kartoniert, ISBN 3-7626-0487-8

Dieses Buch ist eine Sammlung medial empfangener, höchst aktueller Botschaften. Als Urheber zeichnen die Plejadier. Sie schildern in einfacher und direkter Sprache die Geschichte unseres Planeten. Sie zeigen für die kommenden Umwälzungen konstruktive, schöpferische Wege auf und versichern uns immer wieder ihren Beistand.

Plejadische Schlüssel zum Wissen der Erde

303 Seiten, kartoniert, ISBN 3-7626-0515-7

Dieser Band enthält zahlreiche Energieübungen, geführte Meditationen und Visualisierungen, die die übermittelten Informationen der Plejadier aktivieren und verankern sollen. Ein Buch, das mit seinen einzigartigen Hintergrundinformationen dazu beitragen wird, ein neues Zeitalter einzuläuten.

Plejadische Schlüssel zum Wissen der Erde

Sechs geführte Visualisierungen

Text: Barbara Marciniak – Musik: Marc Leistikow

Diese Meditationen vermitteln das Bewußtsein für die Schönheit und Kraft der Erde und zeigen, wie wir die Energien unseres Planeten erspüren können.

Spieldauer 60 Minuten   CD Best.-Nr. 8737

Verlag Hermann Bauer · Freiburg im Breisgau